책, 그 살아 있는 역사
BOOKS : A Living History

책, 그 살아 있는 역사
BOOKS: A Living History

마틴 라이언스 지음 · 서지원 옮김

21세기북스

Contents

1쪽 그림: 드니 디드로의 『백과전서, 과학, 예술, 기술의 이론 사전』에 등장하는 판화로 식자공이 일하는 모습을 보여주고 있다. 35권으로 구성된 디드로의 『백과전서』는 그 당시 이룩된 기술적 진보의 상당수를 그림으로 표현했다.

2쪽 그림: 미국 시인 리처드 하워드의 아파트 내부 벽을 따라 서 있는 책이 빼곡히 채워진 서가의 모습.

5쪽 그림: 폼페이 소재 율리아 펠릭스 소유의 부지에서 발견된 벽화. 잉크병, 펜, 파피루스 두루마리 그리고 밀랍 판 등 로마의 필기도구가 보인다. 현재 나폴리 국립고고학박물관에 소장되어 있다.

머리말 · 책, 그 힘과 마력 · 7

1 고대와 중세 · 15

메소포타미아 | 고대 중국 | 파피루스, 양피지 그리고 종이 | 고대 그리스 | 위대한 알렉산드리아 도서관 | 고대 로마 | 일본의 아코디언북과 겐지 이야기 | 고대 불교 기록 | 두루마리에서 코덱스로 | 수도원 도서관 | 필경사의 삶 | 켈스의 서 | 기도서 | 코란과 이슬람 세계 | 히브리어 책

BOOKS: A living history by Martyn Lyons
©2011 Thames & Hudson Ltd., London
All Rights reserved.

This edition first published in Korea in 2011 by Book21 Publishing Group
Korean edition © Book21 Publishing Group
Published by arrangement with Thames & Hudson, London
Through Bestun Korea Agency, Seoul
All rights reserved.

이 책의 한국어판 저작권은 베스툰 코리아 에이전시를 통하여 저작권자인 Thames & Hudson Ltd.와 독점 계약한 (주)북이십일에 있습니다. 저작권법에 의하여 한국 내에서 보호를 받는 저작물이므로 어떠한 형태로든 무단전재와 복제를 금합니다.

KI신서3318
책, 그 살아 있는 역사
1판 1쇄 인쇄 2011년 9월 9일
1판 1쇄 발행 2011년 9월 23일

지은이 마틴 라이언스 옮긴이 서지원
펴낸이 김영곤 펴낸곳 (주)북이십일 21세기북스
출판콘텐츠사업부문장 정성진 출판개발본부장 김성수 인문실용팀장 심지혜
기획편집 박혜란 외주편집 임정량 해외기획 김준수 조민정 디자인 에이틴
마케팅영업본부장 최창규 마케팅 김보미 김현유 강서영 영업 이경희 우세웅 박민형
출판등록 2000년 5월 6일 제10-1965호
주소 (우 413-756) 경기도 파주시 교하읍 문발리 파주출판단지 518-3
대표전화 031-955-2100 팩스 031-955-2151 이메일 book21@book21.co.kr
홈페이지 www.book21.com 트위터 @21cbook 블로그 b.book21.com

ISBN 978-89-509-3074-5 03900
책값은 뒤표지에 있습니다.

이 책 내용의 일부 또는 전부를 재사용하려면 반드시 (주)북이십일의 동의를 얻어야 합니다. 잘못 만들어진 책은 구입하신 서점에서 교환해 드립니다.

2 인쇄 문화의 등장 · 55

구텐베르크와 성경 | 인쇄공의 작업 | 인쇄술, 세계를 정복하다 | 라틴어와 방언 | 루터 성경 | 과학 혁명과 책 | 지도책과 지도 제작 | 인쇄 책 | 알두스 마누티우스와 고전 | 엘제비어와 '네덜란드의 기적' | 크리스토퍼 플랑탱의 다국어 성서 | 종교 재판과 금서 목록 | 메소아메리카의 고문서 | 돈키호테 | 아르스 모리엔디: 죽는 법에 관한 책 | 엠블럼집

Printed and bound in China by Toppan Leefung

3 계몽주의와 대중 · 95

서구의 문해율 | 인쇄소의 진화 | 계몽주의 시대와 검열 | 금서 | 이윤의 창출 | 디드로의 백과전서 | 책의 예술 | 로마체와 고딕체 | 저작권을 위한 투쟁 | 전 세계로 퍼져나간 천로역정 | 챕북 | 연감 | 세계적 베스트셀러 작가 월터 스콧 | 유럽 주변 지역

4 출판업자의 출현 · 131

인쇄의 기계화 | 19세기 책 삽화가 | 출판업자의 역할 | 저작권과 로열티 | 서점의 부흥 | 순회 대출 도서관 | 그림 형제의 세계 | 월간지 소설 | 다임 소설 | 러시아의 루보크 | 부유하는 세계를 그린 일본의 인쇄물 | 대중 소설의 대가

5 만인을 위한 지식 · 167

신기술의 등장 | 백과사전의 로맨스 | 펭귄북스와 페이퍼백의 혁명 | 바이마르 공화국의 소비자 문화 | 로맨스 소설: 밀스 & 분 | 일본 만화 | 현대의 아랍 세계 | 노벨 문학상 | 아동 문학 | 책의 삽화와 디자인 | 화보집 | 글로벌 미디어 | 세계화와 문화 정체성 | 책의 적 | 가상의 책 | 계속되는 디지털화의 진전

맺음말 · 책의 새로운 시대 · 209

용어해설 · 214
추천문헌 · 216
삽화제공 · 218
찾아보기 · 219

머리말

책, 그 힘과 마력

역사상 인류가 만들어낸 기술 중 최고의 유용성, 다목적성 그리고 지속성을 갖춘 것의 하나로 책을 들 수 있다. 어디든 갖고 다닐 수 있고, 참고하기 용이하며, 방대한 양의 데이터를 한 권에 축약할 수 있는 책은 우리 삶의 필수불가결한 요소가 되었다. 책이 없었더라면 서구 역사의 위대한 전환기적 사건이 과연 가능했을까? 르네상스, 종교개혁, 과학혁명 그리고 계몽주의 모두 활자의 힘을 빌려 이데올로기를 전파하고 영속적인 영향력을 미칠 수 있었다. 지난 2500여 년 동안 인류는 필사본 혹은 인쇄본 형태의 책을 이용해 자료를 기록하고, 국가를 통치하고, 신을 숭배하고, 후대를 교육했다.

전자책의 등장으로 위기에 봉착한 종이책 애호가들은 책은 건전지가 필요 없고, 악성 바이러스에 감염될 우려가 없으며, 데이터가 지워질까봐 '저장' 버튼을 눌러야 할 필요도 없다며 종이책에 대한 옹호론을 펼치곤 한다. 사실 책은 언제나 유용한 사물 그 이상의 존재였다. 우선 교육의 수단이자 종교적 영감의 근원 그리고 그 자체로서 예술 작품의 기능을 해왔다. 더 나아가 종교의 근간 그리고 거대한 정치적 권력의 원천이기도 했다. 세계 3대 종교(기독교, 유대교 그리고 이슬람교) 모두 성서 혹은 경전을 핵심으로 하고 있다. 역사상 존재한 위대한 국가와 제국 모두 조세, 법령 및 행정을 기록하는 문서를 통해 막강한 힘을 행사했다. 억압 체제의 그늘에 숨죽여 살던 민중들은 정부의 권력과 행정 체계가 문서화된 글에 의존한다는 사실을 간파하고 있었다. 셰익스피어의 작품 『헨리 6세』 2부에 등장하는 1450년대 켄트의 반란 세력은 위정자의 책과 글 문화에 대항해 구전 문화의 힘을 옹호하며, '모든 변호사를 교수형에 처하라!'라고 울부짖는다. 1789년 프랑스 혁명 당시 봉기에 가담했던 소작농들의 주된 취미는 세금 문서를 불태우는 것이었다.

오랜 세월 인류는 글에 마력이 있다고 믿어왔다. 한 예로, 카리브 해가 식민지 통치를 받던 시절 스페인 역사가 곤살로 페르난데스 데 오비에도 이 발데스(1478~1557)는 식민지 토착민들이 스페인 정복자가 쓴 편지를 초자연적인 물체로 여긴다며 다음과 같이 기술하였다.

'토착민들은 편지가 받는 이의 미래를 예견해준다고 믿는 듯하다. 이들 중 가장 미개한 부류의 일부는 편지에 영혼이 담겨 있다고 생각하곤 한다.'

민족지학자 다니엘 파브르가 기록한 19세기 피레네 산맥 루르드의 어떤 마을에서 일어난 사건에 따르면, 그 당시 유행이었던 마법 책 『르 쁘띠 알베르Le Petit Albert』를 읽던 한 여성이 악마에 홀려 다리가 마비되었는데 마을을 방문한 순례단이 치료해준 후 겨우 다시 걷게 되었다고 한다. 많은 전통 사회에서 책은 소수의 종교 엘리트 집단만이 사용할 수 있는 기적과 상징의 힘을 지닌 것으로 간주되었다. 종교 집단의 문자 독점권을 빼앗으려 하는 자는 이단으로 몰렸으며, 이는 영국 롤라드파와 프랑스 카타르파가 겪었던 고난, 더 나아가 우상 숭배라는 이유

플랑드르 출신 르네상스 시대 화가 로히어르 판 데르 베이던의 1440년 작품 『수태고지(Annunciation)』로 동정녀 마리아가 손에 책을 들고 있는 모습을 볼 수 있다. 이 작품은 루브르 박물관에 소장되어 있다.

로 식민지 마야의 책을 불살랐던 스페인 가톨릭교 정복자의 사례에서 증명된다.

서구에서 성서는 특별한 마법과 치유의 능력을 지닌 책이었다. 17세기 영국과 뉴잉글랜드 사람들은 성서가 코피를 멎게 해주며, 출산 시 합병증으로부터 여성을 보호해준다고 믿었다. 후기 빅토리아 시대 잉글랜드 햄프셔에서 살았던 한 여성은 발작을 치료하기 위해 신약성서를 한 장씩 찢어 샌드위치 중간에 넣는 식으로 한 권을 모두 먹었다고 한다. 한편 성서는 신탁의 도구로 쓰이기도 했다. 해결해야 할 문제가 생겼을 때, 사람들은 임의로 성경을 펼쳐 나타난 구절에서 해결책을 찾곤 했다.

파리 페르 라쉐즈 묘지에는 그 자체가 책 모양으로 조각된 매우 인상적인 19세기 묘석이 있다. 자연스레 굽이치는 책장의 모양이 한 장 한 장 세밀하게 표현되어 있다. 기독교 문화에서는 영혼이 최후의 심판을 받는 날 개개인의 선행과 악행이 죄악과 구원을 기록해놓은 거대한 장부에 기록된다고 믿었다. 저지른 악행만큼 선행을 베풂으로써 '잔고의 균형'을 맞추지 못한 이들은 화를 당할 것이라 생각했다. 이런 면에서 책은 인생 그 자체를 의미한 셈이다.

그러나 오늘날 책은 힘을 잃었고 더 이상 정부 행정의 필수불가결한 요소도 아니다. 비누나 감자와 다를 것 없는 일상의 소비재가 되어 버렸다. 게다가 21세기 초 정보화 혁명을 거치면서 책의 위상은 회복할 수 없을 만치 훼손되었고 일부 극단적인 예측에 따르면 앞으로는 책이 더 이상 필요하지 않을 것이라 한다. 그러나 전 세계적으로 종이의 소비가 증가하고 있다는 사실을 고려할 때, 종이 기반 기술의 종말을 예언하는 것은 어불성설일 듯싶다. 지금이야말로 책의 현재를 짚어보고, 시선을 과거로 돌려 필사본에서 인쇄본으로, 거대 판형에서 소형 페이퍼백으로, 그리고 두루마리에서 코덱스(현대의 책과 비슷한 형태로 낱장을 묶어 표지로 싼 제본 형태-옮긴이)를 거쳐 전자책으로 이어지는 책의 역사와 진화를 살펴봐야 할 때다.

기독교와 유대교에서는 '생명의 책(Book of Life)'에 이 세상에 태어난 모든 개인의 이름과 함께 이들의 행동 및 악행이 적혀 있어 이를 근거로 신이 응당한 처벌을 내린다고 믿었다. 파리 북동부 지역 페르 라쉐즈 묘지에 위치한 책 모양의 묘석은 이러한 믿음을 말 그대로 형상화하고 있다.

책의 혁명

인쇄술의 도입 외에도 이에 상응하는 중요한 의미를 갖는 변화가 책의 역사와 독서 방식에 발생했다. 그 최초의 혁명적 사건으로 코덱스의 발명을 들 수 있다. 2~3세기를 전후해 기독교 세계에서 유래한 코덱스는 책의 형태를 두루마리 혹은 볼루멘에서 낱장을 느슨하게 한데 묶은 제본 형태로 바꾸어놓았다. 코덱스는 펼쳐서 읽는 긴 두루마리 대신, 넘길 수 있는 책장으로 구성되었다. 코덱스의 등장은 책의 형태 자체를 혁명적으로 바꾸어 오늘날까지 수세기 동안 지속되어온 책의 물리적인 형태를 정의했다는 점에서 인쇄의 발명과 구분할 수 있다.

두 번째 혁명은 음독에서 묵독으로의 점진적 전환이다. 역사학자들에 따르면, 고대 세계에서 독서란 훈련된 전문 연설가(orator)가 청중 앞에서 책을 큰 소리로 혹은 열변을 토하듯 읽는 것을 뜻했다고 한다. 즉 독서 자체가 하나의 공연이었던 셈이다. 그러나 중세 유럽의 수도승 사이에서 예배의 형태로 책을 조용히 읽는 묵독의 관행이 차차 퍼지기 시작했다. 완전한 연속적 형태로 존재했던 책의 텍스트에 최초로 초기 단계의 구두점과 단어 사이의 띄어쓰기가 생겼다. 덕분에 사람들은 혼자서 묵독을 더 쉽게 할 수 있었고, 경험이 적은 연설가도 낭독을 더 수월하게 할 수 있었다.

18세기 후반 이른바 '읽기 혁명'은 여가를 위한 문학과 정기간행물의 폭발적인 증가를 불러왔는데, 영국 낭만파 시인 윌리엄 워즈워스(1770~1850)와 같은 전통주의자들은 이를 속독이자 피상적 독서라 부르며 그 확산에 우려를 나타내기도 했다. 자신이 펴낸 시집의 판매가 신통치 않자 이에 워즈워스가 불만을 품은 것이라 비꼬는 이도 있겠지만, 많은 독자들이 대중 문학, 특히 감상적 소설에 눈길을 돌리면서 고전이 무시당하고 있다는 불만에는 사실 워즈워스뿐만이 아니라 그 당시 교육가와 기타 문학계 엘리트들도 의견을 같이 했다.

벨기에 화가 레오나드 드프랑스의 1780년도 작품 「아 레지드 드 미네르브A l'Egide de Minerve」(미네르바 여신의 보호 아래라는 뜻으로, 미네르바는 로마 시대 지혜의 여신이다—옮긴이) 서점 앞의 풍경. 유럽 전역에서 도착한 책 꾸러미가 들어오는 광경과 함께 학자들이 한데 모여 인사를 나누고 의견을 교환하는 모습을 볼 수 있다. 드프랑스는 계몽주의 사상의 지지자로, 전경에 표현된 성직자들과는 공감하는 바가 거의 없었다.

19세기 서구에서는 거의 모든 이들이 글을 읽고 쓸 수 있는 문해 능력을 갖추게 되었는데, 사실 학교 진학률은 19세기 후반까지도 매우 저조한 수준이었다. 영국과 프랑스의 일반 대중이 글을 읽을 줄 알게 된 것은 일반인을 대상으로 한 초등학교 교육이 의무화되기 이미 전부터였다. 늘 그렇듯 일반 대중의 문해 능력 취득에 대해 많은 반대론이 존재했다. 보수적 엘리트 계층은 소작농들이 교육을 받음으로써 위험한 사상을 품게 되고, 고달픈 노동으로 점철된 농촌의 삶을 버리고 도시의 일자리를 찾고자 하는 능력과 욕구가 생길 것이라 두려워했다. 18세기 식민지 미국의 일부 지역에서는 흑인 노예에게 쓰기를 가르치는 것이 금지되었다. 독립 혁명 후 남부 주에서는 노예에게 읽기 교육을 금하도록 했다. 대중에게 읽기와 쓰기를 허용하면 이데올로기적 도전과 반란이 발생할 것이라 생각한 것이다. 1640년대 영국 내전과 1789년 프랑스 혁명과 같은 사태는 일반 대중의 문해 능력 취득에 대한 지배층의 두려움을 한층 가중시켰다. 자본가 계층은 피고용인이 질문을 던지거나 사회적 신분상승이라는 가당치도 않은 야심을 품기를 바라지 않았다. 19세기 후반에 들어서야 몇몇 계몽주의에 눈뜬 공장 자본가들이 질서와 도덕을 유지하기 위해, 그리고 근로자들에게 고상하고 교화적인 사고를 주입하기 위한 수단으로서 문해 능력의 가치를 인정하기 시작했을 뿐이다.

19세기 출판의 산업화는 또 다른 혁명을 야기했다. 일련의 기술적 발전으로 인쇄업과 제지업이 큰 변화를 겪었고, 철도가 건설됨으로써 책은 전국적 더 나아가 국제적인 유통과 판매의 기회를 갖게 되었다. 종래의 낡은 천이 아닌, 식물성 원료를 기반으로 제조된 종이와 금속 인쇄기 및 증기 인쇄기의 발전은 모두 출판업의 급성장으로 이어졌으며, 책의 가격 역시 그 어느 때보다도 저렴해졌다. 또한 바로 이 시기 출판업계는 보다 현대적인 오늘날과 비슷한 비즈니스 모델을 개발하였다. 서구에서는 19세기 후반 들어 효과적인 사업 모델이 정립되면서 마침내 작가, 서적상, 인쇄업자 그리고 출판업자 모두 응당한 보수를 보장받을 수 있었다. 최초로 작가에 대한 로열티(판매 부수를 기준으로 수익의 일부를 가져가는 것-옮긴이) 지급과 지적 재산을 생산하는 전문 직업인을 위한 국제저작권 보호제도가 이와 같은 시스템의 근간으로 자리 잡게 되었다.

마지막으로 코덱스의 개발 이후 나타난 가장 커다란 변화가 바로 전자 혁명이다. 전자 혁명은 책의 전통적인 구성 물질, 즉 종이를 완전히 제거함으로써 책의 물리적 형태를 바꿔놓았다. 전자 커뮤니케이션의 혁명은 500여 년 전 인쇄술의 발명을 둘러싸고 그랬던 것과 같은 반응과 두려움을 불러일으켰다. 인쇄기가 그랬던 것처럼 인터넷은 지식의 생산과 유포의 무한한 가능성을 열어준 반면, 마찬가지로 허위 사실과 터무니없는 망설을 퍼뜨리는 효과적인 수단이 될 수도 있다. 15세기 로마 가톨릭교회는 오늘날 각국 정부가 처한 상황처럼, 지식의 유포를 통제하던 교회의 권력이 약화되는 것을 지켜봤다. 책의 '살아 있는 역사'라는 보다 폭넓은 문맥에서 봤을 때, 오늘날 인터넷과 전자책의 등장을 둘러싼 우려는 처음 인쇄술이 등장한 시절 팽배했던 공포와 순진함에 찬 수사여구와 별반 다르지 않다.

정보 기술은 놀랍도록 빠른 속도로 변화하고 있다. 문자를 이용한 커뮤니케이션의 역사 전체를 1년으로 가정하고 1월 1일을 수메르에서 쓰기가 시작된 날이라 하면, 코덱스는 9월

플랑탱-모레터스 출판사의 인쇄기와 인쇄 장비. 1555년 크리스토퍼 플랑탱이 창업했으며, 1589년부터 플랑탱의 사위 얀 모레터스와 그 후손들이 경영했다. 벨기에 안트베르펜에 위치한 출판사 건물은 오늘날 인쇄역사 박물관으로 탈바꿈했다. 전경에 플랑탱이 지은 시 「이 세상의 행복(Le Bonheur of de ce Monde)」의 사본이 보인다.

에 발명되었고 구텐베르크가 가동 활자를 만든 것은 11월 말이며, 가장 근본적인 변화라 할 수 있는 인터넷의 발명은 12월 31일 정오, 전자책의 등장은 이 마지막 날의 해질 무렵이 될 것이다. 우리가 살고 있는 현대는 지구상 최초의 '정보화 사회'가 아니며, 아마 마지막이 되지도 않을 것이다.

책을 만든 이들

책의 역사의 주인공을 몇몇 명망 있는 작가들로만 한정할 수는 없다. 출판은 언제나 사회적, 정치적, 경제적 그리고 문화적 맥락에 영향을 받았다. 몇몇 유명한 소설가, 부커상 혹은 공쿠르상 수상 작가 혹은 내가 시드니 오페라 하우스에 갈 때마다 지나치는 길목을 장식하고 있는 위대한 호주 출신 작가들을 위한 기념패가 문학의 역사를 대변하는 것은 아니다. 책의 역사는 공상과학 소설, 일본의 만화 소설 그리고 로맨스 소설과 같은 소수의 독자를 위한 하급 장르 역시 포함한다. 따라서 이 책에서 문학의 대가들에게 지나친 경의를 표할 필요는 없다. 베르톨트 브레히트의 시 「독서하는 노동자의 질문(Questions from a Workers Who Reads)」은 '중국 만리장성이 완성되던 날 저녁, 석공들은 어디로 갔는가?'라고 묻고 있다. 세계의 위대한 문학을 살펴볼 때도 비슷한 질문을 던져야 할 것이다. 실제로 책을 '만든' 이들은 누구인가?

작가는 '책'을 쓰는 것이 아니라 '글(text)'을 쓴다. 그리고 편집인·디자이너·삽화가가 글

네바다 주 펀리에 위치한 온라인 서점 아마존닷컴의 유통 창고 내부로 책 선반이 줄지어 있다. 전자책의 매출이 급격히 상승하고 있으나, 2010년 아마존닷컴의 보고에 따르면 종이책의 매출 역시 증가하는 것으로 나타났다.

을 다듬고, 글꼴을 바꾸고 해석한다. 출판업체가 판형, 종이 재질 그리고 가격을 결정한다. 종이를 생산하는 제지업체도 있다. 작가가 쓴 글을 식자하고 인쇄하고 제본한다. 오래 전 과거에는 이 일을 필경사들이 담당했는데, 모든 글을 손으로 베껴 써야 하는 매우 수고로운 작업이었다. 다음은 홍보 및 광고를 통해 특정 독자층을 겨냥한 상업적 전략을 펼친다. 창고 및 유통 시스템을 통해 재고를 관리하고 서점에 책을 판매한다. 로마 낭만주의 운동 덕택에 날개를 펼 수 있었던 개개인 작가의 창의적 능력은 사실 복잡한 출판업의 큰 그림에서 하나의 구성 요소에 지나지 않는다.

독자 역시 위 프로세스에서 필수적인, 아마 가장 중요한 요소라 할 수 있는, 독서 자체도 하나의 역사를 구성하고 있다. 특히 과거 책이 귀하고 값비쌌던 시절, 많은 이들은 계몽 혹은 지적 자유를 얻기 위한 중요한 원천으로서 책을 경배했다. 물론 순수하게 일상에서의 탈출과 오락을 위해 문학을 즐긴 이들도 있었다. 새로운 것에 탐닉하는 풍조 속에서 현대 선진국의 독자들은 책을 쉽게 폐기하고 대체할 수 있는 소비 상품으로 여기곤 한다. 단기집중 코스를 듣는 것처럼 책을 속독하는 것이 만연한 세태 속에서, 느린 독서의 미학은 '슬로우 푸드'와 마찬가지로 점점 사라져가고 있다.

책 자체를 정의하는 것은 위험한 일이다. 나는 배제가 아닌 포함을 통해, 상당히 느슨하고 포괄적인 정의를 내리고자 한다. 예를 들어 책은 인쇄된 종이를 한데로 제본한 형태, 즉 오늘날 우리가 가장 친숙하게 여기는 전통적인 코덱스 방식만을 의미하지는 않는다. 이러한 정의는 인쇄술의 발명 이전 2000여 년에 걸친 책의 역사와 코덱스가 등장하기 전 존재했던 다양한 형태의 문자 커뮤니케이션을 무시하는 것이다.

코덱스를 기반으로 한 전통적인 책의 정의 방식은 또한 이제껏 책을 구성해온 종이라는 물질을 없애버린 하이퍼텍스트와 가상의 전자책을 포함하지 못한다. 나는 쐐기문자부터 시작해 인쇄본 코덱스 그리고 디지털화된 전자책에 이르는 모든 형태의 책을 아우르면서, 쓰기 체계가 발명된 고대까지 책의 역사를 거슬러 올라가고자 한다. 그렇다면 '책'이라는 용어는 과거 다양한 소재를 사용해 이뤄진 많은 형태의 텍스트 커뮤니케이션을 대변하는 약칭이라 볼 수 있을 것이다.

    이 책은 주로 유럽과 북미 지역에 초점을 두고 있으며, 각 장의 연대기적 흐름 역시 서구의 사건을 중심으로 전개될 것이다. 한편 서구가 책과 쓰기의 역사에서 우선권을 주장할 수는 없기에, 이 책에서는 적어도 메소포타미아의 쓰기 체계까지 거슬러 올라가며 유럽뿐만 아니라 중국과 한국 역시 인쇄술의 기원지로서 인정하고자 한다. 물론 오늘날 출판업 역시 서구에만 한정된 것은 아니며, 상당한 양의 문학 작품이 일본, 남미 그리고 중동 지역에서 생산되고 있다. 그러나 서구권이 중요하게 다뤄지는 것은 인쇄기가 탄생했고, 최초로 일반 대중이 문해 능력을 획득했으며, 보편화된 문해 능력이 수많은 문화 정치적 여파로 이어진 곳이 바로 이 지역이기 때문이다. 전자 혁명 역시 그 영향은 전 세계를 대상으로 하나 기원은 서구에서 유래했다. 따라서 나는 폭넓은 시야를 유지하되, 역사의 파노라마를 설명하기 위해 개별적 사건을 집중 조명하고자 한다. 예를 들어 알두스 마누티우스와 크리스토퍼 플랑탱은 르네상스 시대 인쇄와 출판의 새로운 발전을, 월터 스콧은 대중 소설의 성장을 대변한다.

    이 책에서는 특정한 사례를 통해 전체적 트렌드를 정의 내리고자 한다.

크리슈나 신에게 헌정된 인도 임팔 스리 고빈다지 사원에서 한 마니푸르 승려가 고대 종교책의 기도 문구를 읽고 있다.

1 고대와 중세

고대 세계에서 읽기와 쓰기는 소수의 관료 및 종교 엘리트 집단에게 국한된 특권이었다. 예를 들어 고대 이집트에서 글쓰기가 가능했던 집단은 전체 인구의 1퍼센트에 지나지 않았으며, 이 소수의 특권층은 파라오, 행정 관료, 군 고위간부, 이들 지도층의 아내 그리고 신관으로 구성되었다. 고대인은 그림 혹은 상징을 이용해 나무껍질, 종려나무나 바나나 잎, 나무, 점토, 파피루스, 거북딱지, 대나무 그리고 실크 위에 글을 썼다. 한편 인구의 대다수는 글을 읽지도 쓰지도 못했다.

고대 사회가 이룩한 몇 가지 중대한 발전을 꼽자면, 바로 중국에서 종이가 발명된 것과 그리스에서 오늘날 지대한 영향을 미치고 있는 알파벳이 개발된 것(알파벳을 이용한 쓰기 체계를 고안한 것은 그리스인이 처음은 아니다)을 들 수 있다. 여러 고대 사회를 통틀어 가장 높은 문해율(비문맹률)을 자랑했던 국가는 로마일 것이다. 이는 영국에서 북아프리카 그리고 스페인에서 오늘날 다뉴브 강을 아우르는 광대한 영토에 사법 체계와 군대의 힘이 구석구석까지 미치도록 하기 위해서는 문자를 통한 커뮤니케이션이 필수적이기 때문이었다.

6세기에 들어서면서 로마의 몰락과 함께 '야만인'의 침입이 시작되었고, 이 문명의 세계는 붕괴를 맞는다. 문맹률이 높아졌고 학문의 위기가 닥쳤다. 8, 9세기에 걸쳐 북부 유럽 해안가에서 바이킹의 침략이 시작되었는데, 이들은 주로 서적뿐만 아니라 훔쳐갈 만한 귀중품 역시 소장하고 있던 수도원과 같은 문화의 중심지를 표적으로 약탈 행위를 자행했다. 그럼에도 불구하고 이 암흑의 시대에 중대하고 창조적인 변화 두 가지가 발생한다. 첫째, 두루마리가 아닌 코덱스를 점점 선호하게 되었으며 둘째, 묵독이 점진적으로 음독을 대체하게 되었다.

갈로-로만 시대의 돋을새김 조각으로, 두루마리를 든 채 그리스어 수업을 받고 있는 소년의 모습이 나타나 있다. 기원전 3~2세기 작품으로 추정되며, 노이마겐 안 데어 모젤(고대 갈리아 지역으로 오늘날의 독일-옮긴이)에 위치한 무덤 기둥의 일부를 구성하고 있다.

메소포타미아

고대인이 남긴 최초의 '쓰기' 흔적은 암벽화와 동굴벽화에서 찾아볼 수 있다. 1940년 프랑스 남서부 라스코 동굴에서 발견된 사슴과 들소의 그림은 기원전 1만 5000년경의 것으로 추정되며, 스페인 모네다스 동굴에는 빙하기 순록의 그림의 남아 있다. 호주 원주민이 카카두에 남긴 황토석 그림은 앞서 언급한 유럽의 동굴벽화를 수천 년 혹은 수만 년 더 앞선 것으로 추정된다. 앞선 사례는 회화적 이미지를 사용한 쓰기를 보여주고 있는데, 완전한 부호화 체계로서의 쓰기가 나타난 것은 더 오랜 시간이 흐른 후인 기원전 4000년이 시작될 무렵 오늘날 이라크 남부 지역에 자리했던 종교관료 지배하의 도시국가에서였다.

이른바 쐐기문자라 알려진 형태의 쓰기가 수메르에서 시작되었다. 수메르의 회계사는 신용카드 크기의 점토판에 뾰족한 바늘모양의 필기구로 상징과 숫자를 적어 자산을 기록했다. 부드러운 점토 위에 필기구의 뾰족한 끝으로 새기듯이 쓴다하여 쐐기문자라 불리게 되었다. 쓰기를 마친 점토판은 햇볕 아래 두어 건조시켰다.

후에 메소포타미아의 쓰기 방식은 법률 계약의 기록, 신에게 바치는 메시지의 기록 혹은 이야기의 서술 등의 목적으로 사용되었다. 기원전 2000년경에는 소수만이 알고 있었던 쓰기의 기술을 가르치기 위한 서기관 학교가 생겨났는데, 1950년대 유프라테스강 유역 니푸르에서 일단의 고고학자에 의해 그 흔적이 발견되기도 했다. 점토판은 수메르 문학과 더 나아가 신화, 신을 위한 찬가 심지어 농담을 기록하는 데에도 사용되었다. 19세기 중반에서 20세기 초반 니네베에서 발견된 2만 5000여 개의 점토판에

수메르의 쐐기문자 점토판. 기원전 2100년 경으로 추정되며 사원의 회계 관리에 사용되었다.

이라크 북부 니네베에서 출토된 길가메시 서사시 중 대홍수의 이야기가 등장하는 '대홍수 점토판(flood tablet)'으로, 기원전 7세기 것으로 추정된다. 12개 점토판 중 하나로, 우트나피쉬팀이라는 현인이 곧 대홍수가 닥칠 것이라는 신의 경고를 받고 배를 만들어 살아남은 이야기가 아카드어로 적혀 있다.

는 서사 문학과 징조를 해석하는 점성술이 아카드어로 기록되어 있었다. 이들 점토판은 니네베 아슈르바니팔 왕의 학술 도서관 서고에서 발견되었는데, 이 학술 도서관은 길가메시 서사시가 출토된 곳이기도 하다. 길가메시는 우루크라는 수메르 도시의 신화 속의 왕이 불로장생의 비법을 찾아나가는 이야기를 담고 있으며, 성서의 노아의 홍수를 연상케 하는 이야기가 등장하기도 한다.

여러 고대 사회가 그러하였듯이, 메소포타미아에서도 문해 능력은 소수 전문가의 전유물이었다. 세제와 법률문제를 기록하기 위해 사용된 쐐기문자 점토판은 관료주의를 태동시킨 근간이었다. 이 시대 사제들은 제물로 바쳐진 동물의 내장에 나타난 메시지를 '읽는' 것과 마찬가지로 경전을 해석하는 일 역시 자신들만이 독점적인 영역이라 주장했다. 이들 사제는 쓰기 능력을 이용해 지구상에 존재하는 인간과 사후의 세계를 잇는 중개인으로서의 특권을 누렸다.

기원전 8~7세기 것으로 추정되는 아시리아의 돋을새김 조각으로, 중앙에 위치한 필경사 두 명이 군사 원정의 성공으로 노획해온 전리품을 기록하고 있다. 이와 같은 서술적 장식은 왕의 업적을 미화하기 위한 목적으로 사용되었다.

고대 중국

우리에게 알려진 가장 오래된 중국 문자 기록은 기원전 1400년경으로 거슬러 올라간다. 허난성 북부 후안강 유역 샤오툰에서 거북이 등껍질에 글을 새긴 갑골문 5만여 점이 출토되었는데, 여기에는 약 4500개의 문자가 사용되었다(사실 중국 문자 기록의 역사는 이보다 수천 년 더 앞설 것이다. 2003년 허난성 쟈후 마을에서 발굴된 상징들은 기원전 6600년경까지 그 기원을 거슬러 올라가는데, 다만 이들 기호가 문자로서의 적격성을 갖추었느냐에 대해 전문가의 의견이 분분한 실정이다). 이 초기의 문자 기록들은 점을 치는 데 사용되었다. 주술사들은 거북껍질이나 소 어깨뼈를 불로 지져 생긴 갈라진 곳을 읽어 점을 보러 온 이들의 질문에 대한 답을 얻었으며, 명확성을 높이기 위해 이 '답'을 칼을 이용해 더 깊게 새기기도 했다. 보통 질문은 위에서 아래로, 오른쪽에서 왼쪽으로 기록되었는데, 이는 오늘날까지도 중국의 전통적인 글자 쓰기 방향으로 사용되고 있다. 이러한 테크닉은 주술사로 하여금 읽기와 쓰기 능력을 단련함으로써 초자연적인 우주와 만날 수 있도록 해주었다.

기원전 6세기경 사용되었던 중국 최초의 책을 지엔처jiance 혹은 지엔두jiandu라 했는데, 이는 지워지지 않는 잉크로 글을 쓴 얇고 기다란 대나무 혹은 나무 조각을 두루마리처럼 말아 끈으로 묶은 형태였다. 대나무 줄기 바깥 껍질을 벗겨 20~70센티미터의 정해진 길이로 잘랐다. 그 다음 1센티미터 너비가 되게 세로 방향으로 자른 후 불 위에서 건조시켜 하나의 글자판을 만들었다. 그리고 그 위에 수직 세로단 방향으로 문자를 썼다. 이 판 조각들을 삼, 비단 혹은 가죽을 이용해 한데로 묶으면, 하나로 둘둘 말 수 있는 책이 완성되었다. 부패하기 쉽고 잉크가 점점 바랬기 때문에 초기의 지엔처 기록은 얼마 남아 있지 않지만, 이 기술은 종이가 발명되고 난 이후에도 오랫동안 명맥을 유지했다. 초기 중국의 책은 주로 문관 및 무관을 위한 통치의 수단으로 사용되었으나, 공자 시대(BC 551~ BC 479) 이후부터 중요한 교육의 도구가 되어 철학, 의학, 천문학 그리고 지도 제작과 관련된 지식을 전파하는 데 활용되었다.

비단은 특히 삼국시대(BC 475~BC 221)에 글 쓰는 데 널리 사용되었다. 비단은 가볍고, 양쯔강 유역의 습한 기후에 강했으며, 잉크를 잘 흡수하고 글쓰기를 위한 흰 바탕을 제공해주었다. 그러나 비단은 대나무와 비교해 너무나 값비싼 재료였기 때문에 때때로 대나무에 초고를 쓰고 후에 중요한 대목과 삽화를 비단 위에 기록하는 방식을 택하기도 했다.

중국 역사에 따르면 105년 환관 채륜이 종이를 발명했다고 한다. 채륜은 낡은 헝겊, 삼, 나무껍질 그리고 고기잡이 그물과 같은 새로운 재료를 이용해 현대의 제지법과 근본적으로 유사한 종이 만드는 방법을 개발해냈다. 섬유질을 물에 담가 가는 섬유로 분리시킨 후, 미세한 그물모양 체에 올려 섬유들이 서로 엉겨 붙은 얇은 섬유 층을 만들고, 이를 건조하고 표백시켜 종이를 만들었다. 종이가 대나무와 비단을 대체하기까지는 수백 년이 걸렸지만, 2세기 말경 중국 왕조는 이미 상당한 양의 종이를 사용하고 있었다. 제지법이 중국 밖으로 전파된 것은 약 610년이 넘어서였는데, 스페인을 통해 유

허난성 안양에서 출토된 거북이 복갑으로 기원전 12세기 상왕조 시대의 것으로 추정된다. 거북이 아랫배 껍질에 열을 가하면, 이 과정에서 금이 생겼는데 이 갈라진 금을 해석함으로써 우기, 수확량 혹은 군사 원정의 성공 여부를 예측했다.

도교의 근본 사상인 노자의 가르침이 기록된 대나무 조각으로, 삼국시대(BC 4~3세기)의 것이다. 1993년 중국 후베이성 징먼시 근처 궈디엔의 제1호분에서 이와 같은 조각을 한데로 엮은 묶음 3개가 출토되었다.

럽까지 건너간 것은 그 후로도 한참 후인 12세기경이었다.

종이는 기원전 2세기 한 왕조의 통치 이념으로 채택된 유교를 전파하는데 핵심적인 역할을 수행했다. 원래 한 왕조는 국민들에게 유교 사상을 가르치는 데 거대한 석판을 사용했다. 오늘날까지 문자가 또렷이 남아 있는 가장 오래된 석판은 175년의 것인데 그 당시 왕은 5대 고전과 논어의 내용이 담긴 석판을 만들 것을 명령했다. 이것이 완성되기까지 8년의 세월이 걸렸고, 각각 1.75미터 높이에 총 20만여 개의 문자가 들어간 석판 50개가 만들어졌다. 종이의 등장과 함께 이들 석판 '책'은 원시적 형태의 인쇄술을 가능하게 했다. 석판 위에 종이를 올려놓고 그 위로 흑연을 문지르면, 검은 배경에 오목하게 들어간 글자 부분만 하얗게 남아 사본을 재빨리 만들 수 있었다.

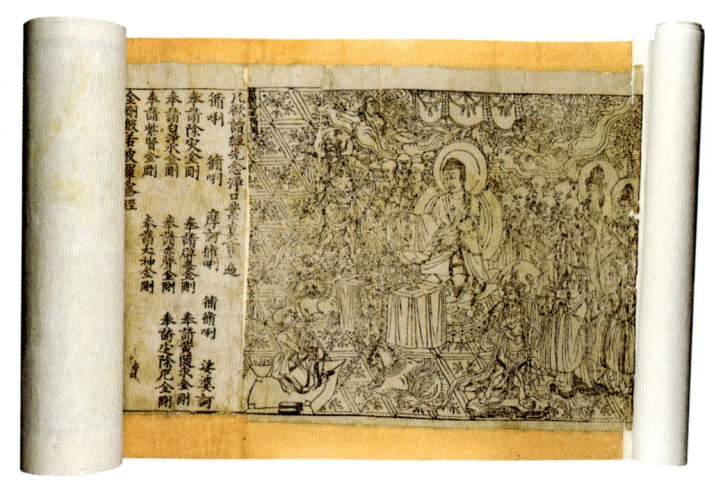

가장 오래된 인쇄본으로 남아 있는 금강경. 부처와 나눈 대화의 내용을 담고 있는 금강경의 목판 사본은 대영 박물관에 소장되어 있으며, 구텐베르크가 인쇄술을 발명하기 거의 600년 전인 868년 제작되었다. 금강경 두루마리를 모두 펼친 길이는 16피트에 달한다.

8세기 중반으로 넘어가기 얼마 전 무렵, 중국에서 목판술이 발명되었다. 목판술을 이용하여 사본을 만드는 데는 인쇄기와 같은 강한 압력이 필요치 않았으며, 글자를 새긴 목판 위에 잉크를 묻히고 그 위에 종이를 올려 문지르기만 하면 되었다. 종이의 한 면만을 사용할 수 있다는 단점이 있었으나, 목판술 장비는 옮기고 사용하는 데 한 사람이면 충분했고 하루에도 수천 장의 사본을 만들 수 있었다. 막대한 양의 불교 경전 및 삽화의 사본을 만들어야 했기 때문에 목판술은 재빨리 퍼져나갔으며 달력, 예지서 그리고 사전을 제작하는 데도 활용되었다. 중국에서 가장 오래된 인쇄본은 868년의 금강경으로 둔황에서 출토되었으며, 고문서로 가득 찬 보물 창고 둔황이 처음 발견된 것은 1900년대 초의 일이다. 인쇄술은 10세기가 지나서야 더 널리 퍼졌다. 명종 황제(재위 기간 926~933)가 유교 고전을 만드는데 목판술을 이용할 것을 허가한 후, 중국에서 목판술은 책을 만들기 위한 주요 수단으로 빠르게 자리 잡았다.

중국의 인쇄업자들이 최초로 가동 활자를 만들어낸 것은 1100년경의 일이나, 400년 후 구텐베르크가 독자적으로 발명한 동일한 기술이 유럽의 인쇄술 혁명에 미쳤던 영향과 비교해봤을 때, 그 여파는 미미했다. 적은 수의 문자로 구성된 유럽의 언어와 달리, 중국어에는 수천 개의 각각 독특한 문자가 존재했기 때문에 가동 활자로 구성된 거대한 활자판보다 각각 다른 문자를 새긴 목활자를 사용하는 것이 훨씬 더 효율적이었다. 게다가 구텐베르크의 인쇄술 발명 이후 서구에서 필사학이 쇠락의 길을 걸었던 데 반해, 중국의 서예는 인쇄술의 발명 이후에도 여전히 위신을 유지할 수 있었다. 서예는 사회적 성격을 띤 가치를 인정받는 예술이었고, 책의 내용을 흡수하기 위한 가장 좋은 방법은 직접 손으로 내용을 베끼는 것이라는 믿음이 계속 되었다. 그럼에도 불구하고 15세기 말 중국에서 생산된 책의 양은 그 외 전 세계의 책 생산량을 모두 합한 것보다 더 많았다.

파피루스, 양피지 그리고 종이

가장 초기 형태의 종이인 파피루스는 이집트, 그리스 그리고 로마에서 책을 만드는데 쓰였다. 투키디데스(BC 460년경~BC 400년), 플라톤(BC 428년경~BC 347년경), 그리고 키케로(BC 106~BC 43) 모두 파피루스에 글을 썼다. 이집트는 지중해권 전역에 파피루스를 수출했다.

이집트는 파피루스 생산을 독점했으며, 나일강 삼각지 유역 습지에서 자라는 갈대를 이용해 파피루스를 제조하는 방법을 철저히 비밀에 부쳤다. 파피루스를 만들기 위해서 우선 갈대 줄기 껍질을 긴 조각 모양으로 조심스럽게 벗겨내어 판 위에 펼쳐 놓는다. 그 위에 수직으로 겹쳐지도록 파피루스 조각을 한층 더 올린다. 이를 압착시키면 갈대 수액이 나오면서 서로 다른 층의 파피루스 조각들이 한데로 엉겨 붙는다. 완성된 파피루스 종이는 부석이나 조개껍데기로 잘 다듬었다. 두 겹의 조각 층을 겹쳐 한 장의 파피루스를 만들었기 때문에 양면의 결이 서로 달랐는데 수평으로 결이 난 면을 표면(recto), 수직으로 결이 난 면을 이면(verso)이라 불렀다. 파피루스에 글을 쓸 때는 보통 안쪽의 부드러운 부분만 사용했다. 파피루스는 원하는 크기로 자를 수 있었으며, 필요한 경우 여러 장을 이어 붙여 긴 두루마리를 만들 수도 있었다. 파라오 시대 파피루스 두루마리의 길이는 보통 6미터를 넘지 않았으나, 고분에서 훨씬 더 긴 두루마리가 발견된 적도 있다. 파피루스 맨 마지막 장에 나무 막대를 이어 붙여 파피루스 책을 더 쉽게 다룰 수 있도록 했는데, 이를 배꼽(라틴어로 umbilicus)이라 칭했다.

1세기 이후부터 파피루스의 경쟁품으로 양피지가 등장했다. 양피지는 원래 라틴어로 카르타 페르가메나(charta pergamena: 페르가뭄의 종이)라 불렸는데, 그 어원은 양피지의 기원지라 주장하는, 오늘

기원전 1375년 후네퍼의 '사자의 서(Book of the Dead)' 파피루스의 일부. 사자의 서는 고대 이집트에서 망자의 무덤에 함께 매장하던 장례문서이다. 상단 좌측에 하얀 무덤, 거대한 스텔레, 아누비스 신의 자칼 가면을 쓰고 있는 사제가 후네퍼의 미라를 받치고 있는 모습, 애도하는 유족들 그리고 흰 어깨띠를 맨 사제들이 보인다. 하단에는 제물로 바칠 송아지의 모습이 보인다.

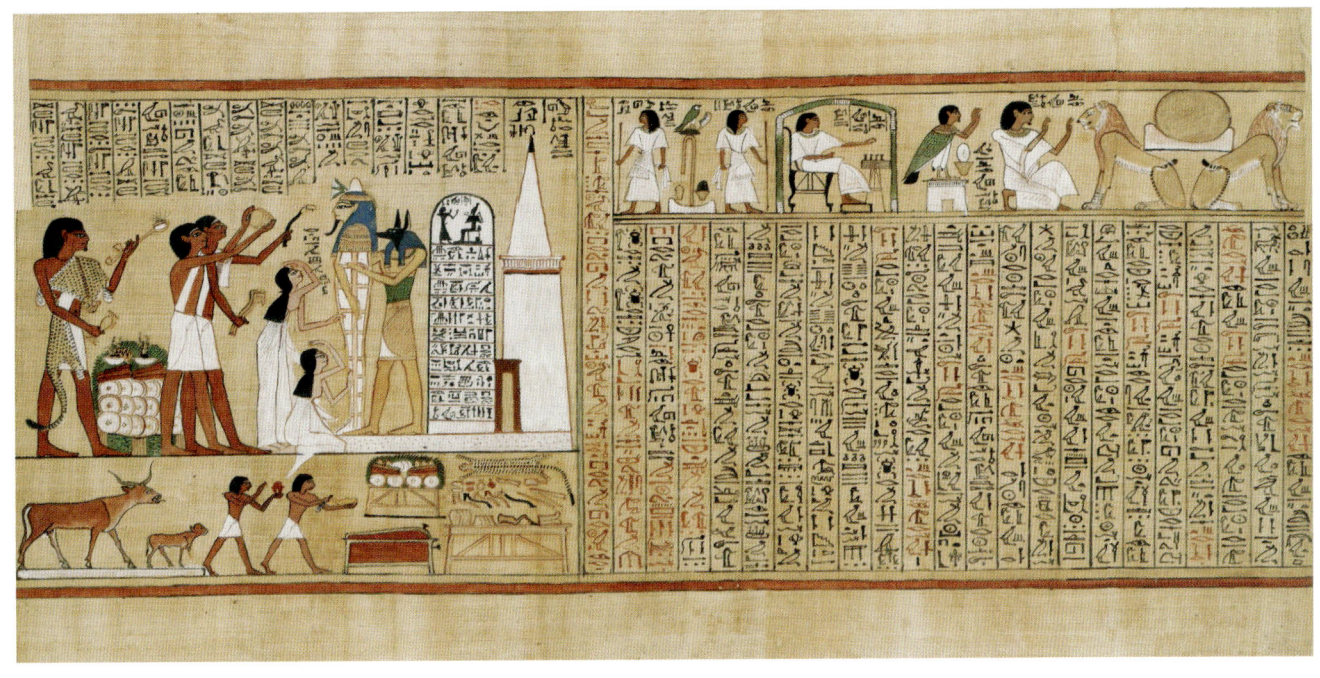

고대와 중세 · 21

날 터키가 위치한 페르가뭄 지역에서 유래했다. 양피지는 파피루스와 비교해 다음과 같은 장점이 있었다. 우선 파피루스는 습한 지역에서 쉽게 분해되곤 했기 때문에 유럽의 기후에 적합하지 않았던 반면 동물 가죽으로 만드는 양피지는 내구성이 뛰어나 접거나 이어 붙이기에 좋았다. 또한 양피지는 쓴 글을 지우고 다시 쓰는 것이 가능했다('팰림프세스트palimpsest'라는 용어는 원래 이러한 방식으로 재활용된 필기면을 의미했다). 게다가 파피루스와 달리 이집트로부터 수입해 올 필요가 없었던 양피지는 로마인들에게 경제적 이익을 가져다주었다. 그러나 양피지는 만드는 데 세심한 주의를 요구했다. 동물 가죽을 건조하고, 깨끗하게 씻고, 부석으로 부드럽게 다듬어 손질해야 했다. 오늘날 우리가 나무를 베어 신문인쇄용지를 생산하듯, 기원후 초기에는 가축을 도살해 글을 쓰기 위한 양피지를 마련했다. 소, 양, 염소, 토끼 그리고 심지어 가끔은 다람쥐도 양피지 재료로 쓰였는데, 그중 최상품은 벨럼(vellum: 송아지 가죽)이었다. 윈체스터 성경의 경우 만드는 데 250여 장의 송아지 가죽이 소비되었는데, 우선 2000장이 넘는 가죽을 모은 후 그중 흠이 있는 것을 골라내고 남은 양질의 재료로 성경을 제작한 것이다. 이처럼 막대한 양의 가죽을 소비하는 것이 가능했던 것은 그 당시 사회에 글쓰기가 보편적인 관행으로 자리 잡지 않았기 때문이었다. 양피지 생산 가격이 워낙 고가였기 때문에 필경사에게 넘길 최종 원고를 만들기 전 우선 밀랍 판에 초고를 쓰는 것이 관례였다. 로마 후기와 초기 중세 시대, 공식 문서와 고급 필사본의 경우 값비싼 보라색 물감으로 염색 혹은 채색한 양피지에 금색과 은색의 잉크로 글을 써 제작함으로써 제국의 힘과 부를 과시했다.

종이는 중국에서 발명되어 2세기 후반 널리 사용되었다. 중국산 종이는 매우 얇았고 글 쓰는 데 보통 한 면만 사용할 수 있었다. 8세기 무렵 아랍인들은 중국과의 접촉을 통해 제지 기술을 배웠고, 종이는 12세기 이슬람 지배하의 스페인을 통해 유럽으로 전파되었다.

이 화려하게 채색된 양피지 문서는 11세기 에히터나흐(오늘날 룩셈부르크 지역)의 베네딕토회 수도원에서 제작한 채색 복음서 코덱스 아우레우스의 일부이다. 문서의 삽화는 포도밭 우화를 묘사하고 있다.

고대 그리스

알파벳 문자의 도입은 더 많은 대중으로 하여금 읽기와 쓰기 기술을 배울 수 있게 한 결정적인 역사적 발전이라 할 수 있다. 기원전 6~5세기경 개발된 그리스 알파벳은 순수한 표음문자라는 점에서 이전의 기호 체계와 구분된다. 즉 표의문자인 중국의 한자와 달리, 알파벳은 사람의 말소리를 기호로 나타낸다. 모음, 자음 그리고 음절을 기록하기 위한 방법을 찾는 과정에서 그리스인들은 마침내 종교 집단의 쓰기에 대한 독점권을 무너뜨릴 기호 체계를 고안하게 되었다. 중국의 한자는 수천 개에 이르러 이를 익히는데 한 명의 학자가 평생을 바쳐도 모자랄 지경이었지만, 그리스의 알파벳은 며칠이면 모두 배울 수 있었다.

보통 그리스가 알파벳 문자를 발명했다고 생각하지만, 이와 같은 표음방식 알파벳은 순전히 그리스인이 창작해낸 것은 아니다. 예를 들어 그리스인은 말소리를 나타내기 위해 기호를 사용한 페니키아의 알파벳을 참고로 했다. 히브리인과 아람인이 사용한 셈Sem어 역시 독자적인 알파벳을 갖고 있었다. 이들의 알파벳이 자음만으로 구성되었던 데 반해, 그리스인은 여기에 모음을 추가했다. 그리스식 알파벳으로 인해 읽기가 쉬워졌지만, 고대 그리스의 문해율은 그리 높지 않았다. 기원전 5세기경 아테네에서는 글쓰기가 점점 보편화되었지만 스파르타와 같은 기타 도시 국가는 여전히 담보 상태였다. 아테네에서조차 소작농, 노예 그리고 여성의 대부분은 문맹이었으며, 책은 희귀한 물건이었다. 위대한 비극작가 에우리피데스가 소유했던 도서관에는 파피루스 두루마리 몇 개가 전부였지만

2세기경의 것으로 추정되는 그리스의 밀랍 판으로, 학생의 글쓰기 연습용으로 쓰였다. 상단에 보이는 정갈한 두 줄의 글 (아마도 시인 메난드로스가 쓴 것으로 보인다)을 하단에 학생이 두 차례 베껴 썼다. 밀랍 판에 뚫린 구멍은 여러 장을 한데로 묶는 데 쓰였다.

고대와 중세 · 23

아테네 헌법으로 기원전 350년경 아리스토텔레스 혹은 그 제자 중 한 명이 작성했을 것으로 추정된다. 1890년 이집트 옥시린쿠스에서 발견되었다

이조차도 극히 드문 경우였다. 그리스에서 종이는 매우 귀한 물품이었다.

오른쪽에서 왼쪽 방향으로 쓰는 셈어와 달리, 그리스어는 왼쪽에서 오른쪽으로 쓰고 읽었다. 그런데 종종 글 쓰는 이가 글 한 행을 완성한 후 바로 그 다음 행을 연결해서 쓰면 좌-우, 우-좌 방향이 교대로 나타나게 된다. 소가 끄는 쟁기가 지나간 자리를 모방했다는 이 같은 '좌우교대서법'의 글쓰기는 6세기까지 사용되었다. 로마와 마찬가지로 그리스에서도 스크립티오 콘티누아scriptio continua, 즉 연속원고 방식을 따랐다. 다시 말해 단어 사이의 띄어쓰기나 문단 사이의 구분 없이 연속해서 글을 썼던 것이다. 구두점을 전혀 사용하지 않았으며, 한 문장의 마지막 단어와 그 다음 새로운 문장의 단어를 바로 연결해서 썼다. 이와 같은 연속 원고는 읽기가 무척 힘들었으며, 큰 소리를 내어 읽어야만 그 뜻을 바로 이해할 수 있었다. 소리를 내어 읽으면, 자연스레 띄어 읽기가 되고 글의 의미를 파악할 수 있었다. 고대 그리스에서 읽기를 생각하는 방식은 개인 시낭송회와 같은 구두

공연(oral performance)에 다름 아니었다. 여기서 작가는 음악 작곡가와 같은 역할을 했다. 큰 소리로 읽는 행위를 통해 글이 소리로 바뀔 때 비로소 작가의 소임이 끝난 것이다.

기원전 700년에 등장한 호머의 일리아드는 다양한 작가에 의한 구두 집필이라는 오랜 전통을 기반으로 한다. 작가 '호머' 그 자신은 아마 대부분 정체가 알려지지 않는 수많은 시인들이었을 것이다. 작품의 일부는 기억에 의존해 낭송되었고, 공연 도중 즉흥적으로 만들어진 부분도 있을 것이다. 일리아드는 천부적 재능을 가진 한 개인의 창작이라기보다, 몇 세대에 걸친 창의적 노력의 산물이며 이 같은 유산은 후대의 시인들에 의해 새로이 다듬어지고 변형되었다. '호머'는 구두 커뮤니케이션이 여전히 지배적이었던 시대의 산물인 것이다.

고대 그리스에는 종이가 희귀했다. 대신 가죽 혹은 뱀가죽과 같은 온갖 종류의 재료가 문자 커뮤니케이션에 사용되었다. 아테네인들은 도자기 조각을 글을 쓰는 메모장처럼 사용했다. 법률 문서가 아테네인의 생활에서 차지하는 비중이 점점 커졌으나 도서관과 기록 보관소를 짓는 데는 오랜 시간이 걸렸다. 기원전 405년에 건립된 아테네 메트룬의 도시 기록 보관소는 봉인된 항아리에 서류를 보관했는데, 현대의 기준으로 보면 자료를 이용하기에 매우 불편한 방식이었다. 파로스에서는 안전을 위해 계약 서류를 사원에 보관했으며, 추가적인 안전장치로 서류의 내용을 임의로 변경하려는 이에게 대중의 저주를 내렸다. 아테네 외의 지역에서 법률 절차는 문서 기록보다 관습과 전통을 따랐다. 그리스 시대에는 개개인의 기억이 여전히 중요한 역할을 담당했다.

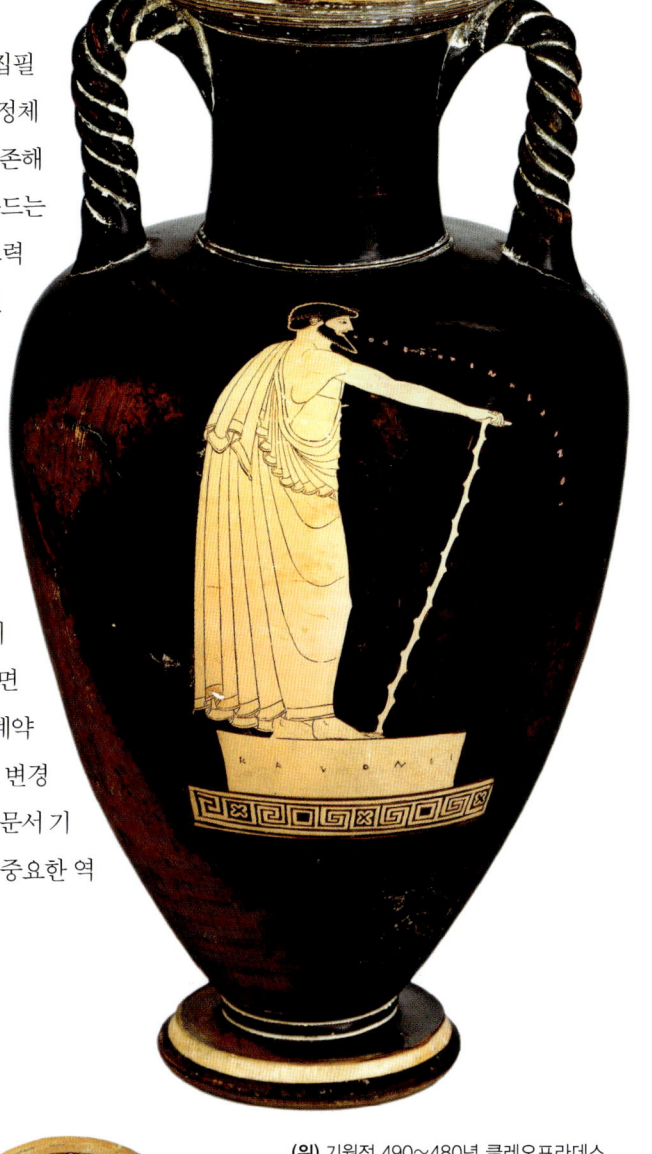

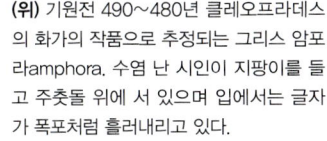

(위) 기원전 490~480년 클레오프라데스의 화가의 작품으로 추정되는 그리스 암포라 amphora. 수염 난 시인이 지팡이를 들고 주춧돌 위에 서 있으며 입에서는 글자가 폭포처럼 흘러내리고 있다.

(왼쪽) 기원전 487~416년 아테네 아고라에서 발굴된 도자기 조각(오스트라카 ostraka)으로 뾰족한 필기도구로 글이 쓰여 있다. 이중 세 개의 조각에는 추방당한 정치인이자 장군인 테미스토클레스의 이름이 새겨져 있다.

위대한 알렉산드리아 도서관

이탈리아 신고전주의 화가 빈센초 카무치니(1771~1844)의 1813년 작품. 프톨레마이오스 2세 필라델푸스가 알렉산드리아 도서관에서 학자들과 대화를 나누고 있는 모습이다. 카무치니는 나폴레옹을 모델로 삼아 프톨레마이오스 2세를 예술의 후견인으로 묘사한 것으로 보인다.

이집트 프톨레마이오스 1세 소테르와 프톨레마이오스 2세 필라델푸스의 재위 기간인 기원전 3세기 전반기 이집트 알렉산드리아에 고대 세계에서 가장 유명한 도서관이 건립되었다. 도서관은 박물관의 일부였으며 정원, 공용식당, 열람실, 강의실, 그리고 회의실을 갖추어 오늘날 대학 캠퍼스의 모델이 되었다.

알렉산드리아 도서관은 알려진 세계의 모든 지식을 수집하고자 했다. 로도스와 아테네에서 열리는 도서전에 메신저를 보내 책을 구입했으며, 다른 나라의 학자들에게 자금을 지원해 도서관을 방문하도록 했다. 갈레노스의 말에 따르면 알렉산드리아에 기항하는 모든 선박은 의무적으로 갖고 있는 책을 양도해야 했다. 이 책들은 곧바로 복제되었는데, 책의 원주인이 돌려받은 것은 사본이었고 원본은 파라오가 소유해 박물관에 소장되었다. 알렉산드리아 도서관은 그 당시 구할 수 있었던 그리스 및 비그리스 지역 작가의 작품 중 최고의 것들을 소장하고 있었으며 여기에는 히브리어 구약 성서도 포함된다. 이런 방식을 통해 알렉산드리아 도서관은 그리스와 비그리스 세계 모두에 걸쳐 프톨레마이오스 왕조의 힘을 떨칠 수 있었다.

전성기의 알렉산드리아 도서관은 거의 50만 개에 이르는 두루마리 문서를 소장했다고 한다. 기원전 3세기 중반 시인 칼리마쿠스가 도서관장을 맡으면서 알파벳으로 색인을 정리한 최초의 도서 목록을 만들었다. 프톨레마이오스 2세는 더 나아가 도서관 별관격인 세라페움Serapeum을 지었다. 본관이 학자들을 위한 용도였던 데 반해 별관은 공공 도서관의 성격을 띠고 있었다.

알렉산드리아 도서관을 따라 그리스 책을 수집하는 것이 문화적 지위를 나타내는 척도가 되었으며, 기원전 3세기 후반 페르가뭄에 도서관이 세워져 알렉산드리아 도서관과의 본격적인 경쟁에 나섰다. 이 지역에서 그리스 학문은 대단한 특권적 위치를 누렸다. 한 예로 교육받은 사람이라면 당연히 호머의 작품을 배워야 한다고 생각했고 이집트에서는 호머에 관한 파피루스 문서 조각이 다수 발견되었다. 옥시린쿠스, 에페수스, 페르가뭄 그리고 코린토스와 같은 그리스 문화권의 지중해 도시에서는 에우리피데스(BC 480년~BC 406년경)와 데모스테네스(BC 384~BC 322)의 작품 역시 교육 과정에 포함되었다.

확실치는 않으나 한 역사적 가설에 따르면, 알렉산드리아 도서관은 기원전 48년 율리우스카이사르가 이집트 해군함에 지른 불이 우연히 육상의 항만 시설까지 덮치면서 불타버렸다고 한다. 카이사르가 지른 불이 서적 창고를 불태워버렸을 수는 있으나, 정작 도서관은 항만 근처에 있지 않았다. 사실 그 후 20년 뒤에도 그리스 학자들이 알렉산드리아 도서관에서 일했다는 기록이 남아 있다. 알렉산드리아 도서관이 소실된 것은 아마도 273년 로마의 아우렐리아누스 황제가 도시를 점령했을 때가 아닌가 한다. 2002년 알렉산드리아를 21세기 위대한 지식 문화의 중심지로 재도약시킨다는 목표 아래 알렉산드리아 대학, 유네스코 그리고 이집트 정부가 후원해 도서관과 박물관의 복합 건물인 신알렉산드리아 도서관이 고대 알렉산드리아 도서관 부지 근처에 건립되었다.

(위) 헬레니즘 초기인 기원전 285~250년경으로 추정되는, 호머 「오디세이」의 내용이 담긴 파피루스 조각으로 이집트에서 발견되었다. 보통 날카롭게 깎은 갈대에 검은색 잉크를 묻혀 파피루스에 글을 썼다. 알렉산드리아 도서관은 특히 호머의 작품을 수집하는데 역점을 두었다.

(왼쪽) 신알렉산드리아 도서관의 주 열람실. 32미터의 유리 패널 지붕으로 덮여 있으며, 지붕 구조는 마치 해시계처럼 바다를 향해 비스듬히 경사가 져 있고 직경이 160미터에 달한다. 벽은 아스완의 화강암으로 만들어졌으며, 120종의 기록 문서에서 따온 글자가 새겨져 있다.

고대 로마

제국주의 로마에는 글이 넘쳐났다. 제단, 건널목, 석관, 공공 기념물 그리고 경계표지 등 도시 어딜 가나 공공 문자 기록을 볼 수 있었다. 거대해진 제국의 행정 업무 처리를 위해 점점 많은 법률, 군사 그리고 관료 인력이 필요했으며 이들은 끊임없이 문서를 만들어냈다. 로마 제국의 전성기에는 평민 계급까지도 초보적 수준의 문해 능력을 갖추고 있었다. 오스티아, 폼페이 그리고 헤르쿨라네움에서 오늘날까지 남아 있는 낙서를 통해, 기초 단계의 덜 숙련된 쓰기 능력을 가진 군인과 수공업자가 다수 존재했다는 것을 알 수 있다(오스티아의 낙서에서 볼 수 있는 성적 행위에 대한 외설적 묘사는 이들이 선정적 취향을 갖고 있었다는 사실도 알려준다).

로마 최초의 대규모 도서관은 전리품으로 포획한 귀중한 책들로 채워졌다. 에밀리우스 파울루스

폼페이 풍요의 거리에 남아 있는 빨간색의 선거 낙서.

(BC 229년경~BC 160년)는 마케도니아의 페르세우스 왕으로부터 몰수한 책을 로마로 가져왔다. 로마에 공공 도서관이 세워진 것은 율리우스 카이사르(BC 100~BC 44)와 그 뒤를 이은 아우구스투스(BC 63~AD 14) 이후의 일이며, 아우구스투스는 팔라틴 언덕에 아폴로 도서관을 짓기도 했다. 그러나 그 이전에도 로마의 유명 인사들은 개인적으로 책을 소장하고 있었다. 키케로(BC 106~BC 43)는 로마 시내와 교외 자택 두 곳에 그리스와 라틴어 책 서고를 갖고 있었다. 이 중 언어를 구사했던 로마 엘리트 계급은 그리스 학문을 숭상했다. 기원전 1세기, 역사학자이자 철학자였던 플루타르크는 루쿨루스(BC 118~BC 57)가 자신의 도서관을 그리스 학자들에게 개방하고, 이들이 일을 하다 휴식을 취할 수 있는 갤러리와 작은 곁방을 제공한 데 칭송을 보냈다. 한편 책은 유한 귀족 계급에게는 일상생활의 일부였으나, 로마 대다수 대중에게는 아직 친숙한 물건이 아니었다.

책에 대한 선호도가 증가했음에도 불구하고, 로마 귀족 계급은 여전히 전통적인 구전 문학의 위신을 지키고자 했다. 가장 흔한 형태의 독서는 스크립티오 콘티누아, 즉 연속원고 형태로 쓰여진 파피루스 두루마리를 큰 소리로 읽는 것이었다. 부유한 후원자들은 강사를 고용해 혹은 노예를 시켜 집에서 책을 큰 소리로 낭독하도록 했다. 1세기에는 손님을 초청해 보통 서사시를 낭송하곤 했는데, 이런 방식을 통해 교육받지 못한 이들도 책의 내용을 '들을' 수 있었다. 베르길리우스(BC 70~BC 19)는 자신의 작품에 대한 훌륭한 공연으로 명성이 높았다. 그러나 이러한 낭독 공연은 위험을 내포했다. 시인 호라티우스(BC 65~BC 8)는 천박한 대중이 교양을 쌓게 되면서 서사 작품의 품위가 손상될 것이라 우려했다. 또한 남자다움을 중시하는 로마의 문화에서 군중에게 즐거움과 흥미를 주는 것은 때때로 여성적인 것이라 폄하되었다.

기원후 초기 몇 세기 동안, 점점 더 많은 로마의 대중이 읽기 능력을 획득하게 되었다. 예를 들어 오비디우스(BC 43~AD 18)는 가까운 친구들뿐만 아니라 여성을 포함한 익명의 청중을 염두에 두고 작품을 썼다. 점성술 예언이나 에로틱하고 감성적이며 현실도피적인 문학 모두 교육받지 못한 독자들의 흥미를 끌었다. 1세기 철학자 세네카(BC 3~AD 65)는 교양 없는 부자들이 펼쳐보지도 않은 책들로 집안을 장식하는 것을 개탄했다.

3세기경 과거 위대했던 로마의 도서관은 더 이상 존재하지 않았다. 로마 제국의 몰락과 '미개인'의 맹습은 문자 문화를 위축시켰다. 문해 능력, 그리고 문자 커뮤니케이션을 지탱하고 필요로 했던 도시 인프라가 붕괴되었다. 이로 인해 많은 로마의 학문 기관이 돌이킬 수 없는 쇠락의 길을 걷게 되었는데, 다만 기독교 교회 산하의 기관들만은 예외였다.

두루마리를 훑어보고 있는 여성을 묘사한 폼페이의 프레스코화.

일본의 아코디언북과 겐지 이야기

흔히 아코디언북이라 부르는 컨서티나(작은 아코디언같이 생긴 악기-옮긴이) 책이 중국을 거쳐 일본에 전파된 것은 헤이안 시대(794~1191)의 일로, 그 당시에는 오리혼orihon이라 알려졌다. 아코디언북은 보통 여러 장의 종이를 길게 이어 붙여 마치 아코디언 모양으로 번갈아가며 접어 만들었다. 제본을 하지 않거나 혹은 가장자리를 따라 실로 꿰어 고정시키기도 했으며, 목재판이나 두꺼운 보호지를 이용해 겉표지를 만들어 완성했다. 보통 뽕나무 섬유로 만든 질 좋고 광택이 나는 종이를 이용해 제작했다.

아코디언을 모방한 제본 방식은 아마도 인도에서 중국으로 이어지는 교역로를 통해 전파된, 종려나무 잎을 이용해 만든 불교 경전에서 아이디어를 얻었을 것이다. 아코디언북은 두루마리보다 휴대하기 간편했고 다 읽은 면은 접고 그 다음 면을 펴서 읽을 수 있었다. 전통적인 일본의 오리혼은 그림과 글자를 기록하는 데 한 면만 사용했으며, 불교 경전의 내용을 담고 있었다. 그러나 삽화와 서예가 들어간 일부 아코디언북 중 두 장을 풀로 이어 붙여 양면 모두 사용할 수 있도록 한 것도 있다. 아코디언북의 양식은 현대에도 불교 기도서, 달력 그리고 접이식 지도를 제작하는 데 사용되었다.

12세기 이후 아코디언북 양식으로 만들어진 것 중 가장 높은 인기를 누렸던 책의 하나가 궁녀 무라사키 시키부(973년경~1031년경)가 쓴 장편 연애 소설 겐지 이야기이다. 겐지 이야기는 54권에 걸쳐 황제와 첩 사이에서 태어나 어머니의 미천한 신분 때문에 왕위에 오를 수 없었던 왕자 히카루 겐

겐지 이야기가 쓰여진 초기의 두루마리. 일본 궁정의 로맨스를 담은 장편 소설 겐지 이야기는 세계 최초의 소설이라 일컬어지기도 한다.

지의 생애와 로맨스를 이야기하고 있다. 궁정에서 펼쳐지는 성의 정치학에서 겐지의 여인들은 병풍과 휘장 뒤에 숨어 주인공의 행동을 지켜보는 수동적인 역할을 맡고 있다. 등장인물의 감정은 계절이나 다른 자연 현상의 흐름에 반영되며, 욕망은 언제나 속죄와 응징으로 이어진다는 불교적 교훈을 담고 있다. 겐지 이야기는 궁정에서 큰 인기를 끌어 황제 앞에서 낭독되기도 했으며, 금빛 은빛 잎으로 화려하게 장식된 두루마리 그림이나 아코디언북에 삽화로 그려지기도 했다. 겐지 이야기의 그림은 후에 부채, 가구 그리고 병풍에도 등장했다. 하루마사 야마모토의 1650년판 겐지 이야기는 227개의 목판화를 이용해 이야기를 그림으로 표현했다. 겐지 이야기는 만화책으로도 나와 있다. 세계 최초의 소설이라 일컬어지기도 하는 겐지 이야기를 통해 글과 그림을 한데로 녹여내는 일본 천 년의 전통을 찾아볼 수 있다.

17세기에 그려진 겐지 이야기의 두 가지 다른 삽화. 좌측 그림은 쿄토 출신 화가 야마모토 순쇼가 그린 것이다. 우측 그림은 스미요시 히로미치가 그린 병풍 그림으로 그가 속했던 화파의 특징이었던 부감도법을 사용하고 있다.

고대 불교 기록

부처가 해탈(열반)에 이른 것은 기원전 5세기 혹은 6세기라고 한다. 부처의 사망 이후, 달마라 칭하는 부처의 가르침은 구전을 통해 수세대를 전해 내려왔다. 불교의 교의가 문자의 형태를 갖게 된 것은 기원전 1세기 이후의 일이다.

기원후 초기에 중요한 불교 경전의 모음집인 삼장三藏이 등장하기 시작했다. 삼장은 매우 다양한 형태로 존재했는데, 이는 불교가 아시아 전역에 걸쳐 서로 다른 종파로 나뉘면서 각각의 종파가 독자적인 전통을 구축했기 때문이었다.

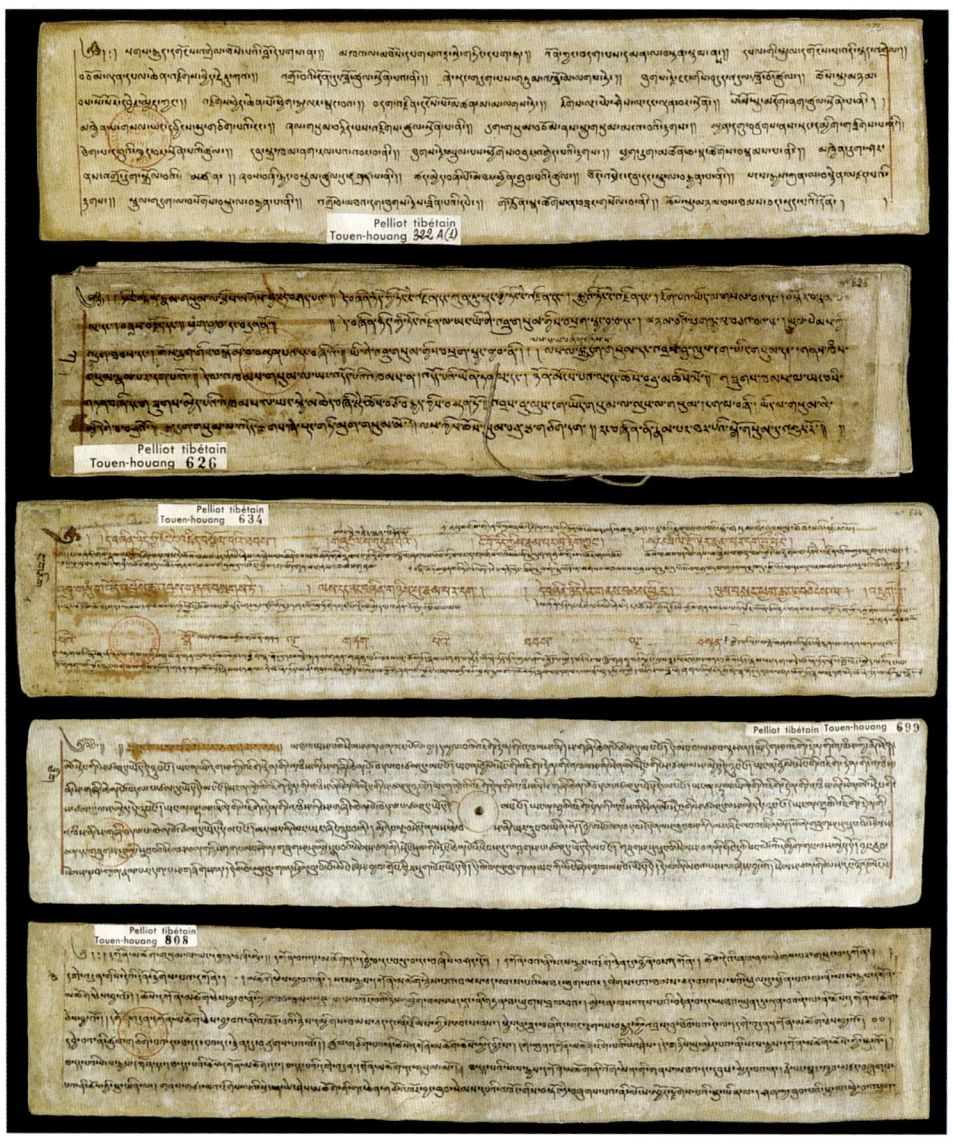

종려나무 잎으로 만든 티벳의 경전은 인도에서 중국으로 불경을 전수하는 데 편리한 수단이었다. 그림의 종려나무 잎 경전은 1908년 고대 실크로드 상에 위치했던 중국 둔황의 동굴에서 프랑스인 중국학자 폴 펠리오가 발견한 비밀 서고에서 나온 것이다.

한국 해인사에 보관되어 있는 팔만대장경. 13세기 불교 경전을 새긴 8만여 개의 목판으로 구성되어 있다.

불경은 다양한 언어와 문자로 기록되었으며, 승려들은 불경을 지닌 채 아시아 곳곳을 여행했다. 스리랑카에서는 팔리어나 신할라어로, 인도에서는 산스크리트어나 타밀어로 불경을 만들었다. 이 밖에도 불경은 버마어, 크메르어, 태국어, 중국어, 티베트어, 그리고 위구르어로 기록되었다. 예를 들어 고행의 미덕을 가르치고 있는 '코뿔소경(Rhinoceros Sutra)'은 팔리어, 산스크리트어, 그리고 간다라어(오늘날 파키스탄과 아프가니스탄 지역에 위치했던 간다라 왕국의 고대 언어) 기록의 단편적인 형태로 존재한다.

불경이 문자 기록으로 존재하기 시작한 이후에도 불교 신자들은 여전히 경구 혹은 서술적 양식을 띤 교리를 담은 불경을 외우고 낭독하는 것에 큰 가치를 두었다. 불경은 신성한 숭배의 대상이었다. 불경을 베낌으로써 완벽의 경지에 더 가까이 다가갈 수 있으며, 부처님이 보기에 덕을 쌓을 수 있다고 믿었다. 몽골과 중국의 불교 필경사들은 붓을 이용했으며 선홍색, 금색, 은색 그리고 터키석, 청금석, 진주층과 같은 귀한 재료를 아낌없이 사용해 잉크 채색화를 그렸다. 18세기 몽골에서는 심지어 향 잉크를 사용해 불경에 대한 숭배를 한층 더했다.

중국 쓰촨성 가즈 티벳 자치구에 위치한 더꺼 불경 인쇄소 선반에 보관되어 있는 불경. 이 인쇄소는 7세기에 지어졌으며, 목판 형태의 티벳 서적 20만 권을 소장하고 있다.

불교 필경사들은 보통 종려나무 잎에 글을 썼다. 먼저 종려나무 잎을 건조해 대충 같은 크기의 조각으로 잘랐다. 그리고 금속 필기도구로 글을 쓰고 잉크로 검게 물들였다. 이를 건조시켜 여분의 잉크를 씻어 내면 글을 쓴 부분만 검게 남았다. 그 다음에 잎에 구멍을 뚫어 여러 장을 한데 묶고 목판 사이에 보관했다. 종려나무가 자라지 않는 지역에서는 보통 자작나무 껍질을 이용했다. 경전을 기록하는 데 다양한 매체를 이용했는데 두루마리, 잎을 묶는 것, 때로는 천, 비단 혹은 금속판도 사용했다. 7세기 이후 티벳에 중국의 목판술이 도입되었으나, 불경을 손으로 베껴 쓰고 그림을 그리는 직업은 여전히 대단한 명예를 가진 것으로 간주되었다.

종려나무 잎으로 만든 문서는 내구성이 떨어졌다. 스리랑카에서는 종려나무 잎이 습한 기후에 썩거나 쥐나 곤충의 먹잇감이 되기 일쑤였다. 따라서 끊임없이 사본을 만들어내야 했으며, 이 때문에 불경은 불변의 성서로 남지 않았다. 대신 매번 사본을 만들 때마다 조금씩 변형되면서 계속해서 새로운 형태를 띠게 되었다. 후에 불경은 16~17세기 스리랑카를 정복한 포르투갈인 기독교 식민지 개척자들에 의해 훼손되었으며 19세기에는 불경을 소장하려는 유럽의 수집가들에게 시달리기도 했다. 20세기에는 공산주의 혁명가들의 주기적인 공격의 대상이었고, 오늘날에는 이슬람 극단주의자들의 적대감에 맞서고 있다.

두루마리에서 코덱스로

코덱스의 발명은 책의 역사에서 가장 중대하고 지속적인 영향을 미친 혁명적 사건 중 하나이다. 기원후 초기 등장한 코덱스는 그 후 1700년의 세월 동안 책의 독특하고 가시적인 물리적 형태를 정의했다. 책은 점점 두루마리에서 한 면에 개별 낱장이 느슨하게 묶인 코덱스 형태로 발전하게 되었다.

수백 년간 책의 형태를 정의해 온 두루마리는 쉽게 사라지지 않았다. 하지만 두루마리는 몇 가지 단점을 갖고 있었다. 길이가 길고 손쉽게 다루기 불편해서 문자 기록을 위한 적당한 매개체 구실을 하지 못했다. 오늘날 남아 있는 두루마리 중에는 길이가 무려 10미터에 이르는 것도 있다. 글을 연속적으로 기록했기에 낱장 구별이 없었던 두루마리에서는 특정 대목을 찾기가 어려웠으며, 이는 색인을 작성할 수 없었다는 의미와도 같았다. 초기 독자들은 두루마리를 옆으로 펼쳐 읽었는데, 이는 컴퓨터 화면에 나타난 문자를 상하로 움직여 읽는 오늘날의 워드 프로세서와 정반대의 방향이다.

기원전 470년경~450년 아케스토리데스의 작품으로 추정되는 퀼릭스kylix 조각. 한 소년이 두루마리를 읽고 있다. 두루마리의 글자는 시인 헤시오도스의 작품 『여장부 이야기(Catalogue of Women)』의 일부인 것으로 보인다.

이탈리아 라벤나에 위치한 갈라 플라키디아 왕비의 묘에 그려진 5세기 모자이크화. 반원형의 그림에 십자가와 책을 든 채 자신이 화형당한 석쇠 곁에 서 있는 성 로렌스의 모습과 그 옆에 사대복음서가 꽂힌 벽장이 보인다.

반면 코덱스는 비슷한 크기의 낱장들을 한 면을 기준으로(항상 그런 것은 아니었으나 보통 왼쪽을 기준으로 했다) 제본했다. 겉표지로는 간단한 판 같은 것이나 화려하게 장식한 천을 사용했는데, 성당이나 사원에서 사용될 경전은 금색과 은색으로 장식하기도 했다. 초기 기독교인들은 코덱스를 최초로 도입한 이들에 속했다. 파피루스로 제작된 코덱스 성경 중 가장 오래된 것은 2세기까지 거슬러 올라간다. 유대인은 전통적으로 두루마리 형태의 토라를 읽었다. 아마도 기독교인들이 코덱스를 이용한 것은 성경의 물리적 형태를 토라와 구분 짓기 위해서였을지 모른다. 코덱스는 4세기 후부터 널리 활용되기 시작했다.

코덱스는 두루마리와 비교해 크기가 더 작았고 다루기도 더 수월했다. 양면을 모두 사용할 수 있었기 때문에 두루마리보다 더 많은 내용을 담을 수 있었다. 초기 대다수 코덱스는 한 권에 꼭 한 가지 주제만을 담고 있지 않았으며 서로 다른 작가, 심지어 다른 언어로 쓰여진 다양한 글들을 한데 모아 놓은 형태였다. 이와 같은 코덱스는 그 자체로 하나의 도서관이라 불릴 만했다.

두루마리를 읽기 위해서는 양손을 모두 사용했어야 했던 반면, 코덱스는 독자의 한 손을 자유롭게 해방시켜 책을 읽으면서 메모를 하거나 마실 것을 즐길 수 있었다.

4세기 3~4명의 필경사에 의해 그리스어로 쓰여진 시나이 사본(Codex Sinaiticus). 대문자를 사용해 연속원고 방식으로 기록되었다. 콘스탄티누스 대제가 제작을 의뢰한 것으로 추정되며, 원래 구약과 신약의 완본을 모두 포함하고 있었다. 그리스어 신약 원본의 중요한 자료 출처이다. 최초의 거대 판형 제본책의 하나로 추정된다.

학자들은 장마다 숫자를 매기거나 색인을 표시할 수 있었고, 덕분에 특정 문구나 인용구를 쉽게 찾을 수 있었으며, 또한 다른 코덱스와 상호 참조를 할 수도 있었다. 제목이나 요약본을 첨가할 수도 있었는데, 책 내용을 안내해주는 이와 같은 보조 수단은 코덱스를 교육의 수단으로 활용하는 데 중요한 역할을 했다. 즉 코덱스로 인해 북마킹, 이른바 책의 즐겨찾기 기능이 훨씬 더 쉬워진 것이다.

이러한 코덱스의 장점에도 불구하고, 두루마리는 어떤 곳에서는 수세기 동안 계속 존재했다. 예를 들어 군주제 영국은 중세 시대 들어서까지 제정법을 기록하는 데 소위 '법령 두루마리(statute scroll)'라 칭한 두루마리를 사용했다. (예외가 하나 있는데, 1086년 실시된 둠즈데이Domesday 조사는 두 권의 코덱스에 기록되었으며, 이는 오늘날 둠즈데이북Domesday Book, 즉 중세 영국의 토지대장으로 알려져 있다.) 또한 두루마리는 극장에서 오랜 기간 사용되었으며, 여기서 '배우의 역할(actor's role)'이라는 용어가 유래했다.

1086년 완성된 둠즈데이북은 영국 최초의 인구조사였다. 과세를 위해 1만 3000여 개 행정 구역의 토지와 소유물을 기록한 문서이다. 이름에서 알 수 있듯이 그 당시 사람들은 둠즈데이북에 담긴 내용이 최후의 심판만큼이나 확정적이고 돌이킬 수 없는 것이라 믿었다. 그림에 보이는 페이지에는 도싯 카운티에 관한 내용이 나와 있다. 그 당시 관습대로 각 문단의 제목과 첫 글자가 빨간색으로 기록되었다.

수도원 도서관

6세기 이탈리아 반도 몬테 카시노의 수도원에서 처음 제정된 누르시아의 성베네딕토 수도 회칙은 수도사들이 기독교 문헌을 읽고 연구할 것을 의무 사항으로 규정했다. 몬테 카시노는 883년 이슬람 침략자들에 의해 약탈당했으나 그 후 수세기에 걸쳐 성 깔리 수도원(스위스), 라이헤나우 수도원(독일 남부), 그리고 멜크 수도원(오스트리아)과 같은 기타 성베네딕토회 수도원은 필사본 소장으로 널리 알려지게 되었다.

초기 수도원에는 도서관 용도로 따로 마련된 공간이 없었으나 6세기 이후부터 도서관은 서부 유럽 수도원의 필수적인 요소로 자리 잡았다. 베네딕토파 수도사들은 책을 다루는 일을 사서에게 일임해 이들이 책의 사용을 감독하도록 했다. 일부 수도원의 열람실은 귀중한 책을 선반에 사슬로 연결해두기도 했으며, 책 대여실도 곧 생기게 되었다. 성베네딕토회 수도 회칙은 하루 3시간씩 독서할 것과 사순절 기간 동안 책 한 권 전체를 읽을 것을 의무화했다.

수도원에 상주하고 있는 혹은 잠시 방문하고 있는 수도사들은 스크립토리움scriptorium이라 불린 필경실에서 책을 베꼈다. 반면 비잔틴 권에서는 종교 기관이 독자적인 사본제작실을 보유한 경우가 드물었으며, 대신 부유한 후원자들로부터 책을 기증받았다. 10세기 비잔틴 권에서 가장 방대한 양의 책을 보유했던 것은 아토스산(오늘날 그리스)의 수도원들이었는데, 소장 도서의 수가 만 권이 넘었다.

학구적인 수도사들은 자신이 연구하고자 하는 책을 찾아 수도원을 이곳저곳 여행했다. 즉 책이 이들을 찾아온 것이 아니라 이들이 책을 찾아다녔던 것이다. 이들 수도사들은 종종 자금 지원을 받아 책을 구입했으며, 학문 활동으로 평판이 높았던 수도원들은 자신이 속한 수도원의 도서관을 위해 책을 베끼러 온 이들 수도사들을 환영했다. 614년 아일랜드 출신의 성 콜룸바가 창설해 원장으로 있었던 이탈리아 보비오의 수도원이 그중 하나였다. 9세기경 보비오의 수도원은 종교책, 고전, 역사책 그리고 수학 논문을 포함해 666권에 이르는 필사본을 소장하고 있었다.

모든 수도원은 독자적인 일상용 예배서를 소장하고 있었다. 수도원 소장서의 핵심이자 공동

(아래) 몬테카시노에서 제작된 12세기 중반 라틴어 시편의 74번째 찬송가로 매우 정교하게 장식되어 있다. 동물 머리 모양을 복잡하고 촘촘하게 교차시켜 놓은 디자인과 그 크기로 미루어보아 베네딕토파 수도원의 재력과 전문성이 대단했음을 알 수 있다.

(오른쪽) 영국 헤리퍼드 대성당 도서관. 귀중한 책을 선반에 사슬로 연결해놓았다.

에이터나흐(오늘의 룩셈부르크)의 수도원 스크립토리움에서 일하고 있는 수도사들. 이 수도원은 11세기 다수의 고급스러운 필사본을 만들어냈는데, 수도원 자체 용도로 제작한 60cm x 40cm 크기의 거대한 성경이 그중 하나였다.

체의 대단한 자부심이었기 때문에 예배서는 매우 정교하게 장식되었다. 여기에는 미사에서 부를 그래듀얼Gradual의 노래와 가사가 포함되기도 했다. 9세기 발달한 기보법은 11세기 이후부터 층계송에서 한층 더 정교한 형태로 나타나기 시작했다. 또한 안티포날(Antiphonal: 의전책)에는 하루 종일 거행되는 다양한 예배 의식에서 쓰이는 답창가의 가사와 음악이 담겨 있었다.

필경사의 삶

7~15세기 유럽의 수도원 스크립토리움은 재능 있는 필경사와 채식사들을 보유하고 있었다. 이들은 라틴어, 그리스어, 혹은 히브리어로(언어를 이해할 수 있건 없건 관계없이) 종교 서적을 베낄 수 있어야 했으며, 글자 크기가 균일하고 문장이 직선 행렬을 이루게 필기할 수 있는 기술을 익혀야 했다. 또한 다양한 종류의 글을 능숙하게 베낄 수 있어야 했다.

성 제롬은 성경을 라틴어로 번역했으며, 학문적 삶에 몰입해 글을 쓰는 데 정진한 것으로 널리 알려져 있다. 그림에서 성 제롬은 수도원 필경사들의 전형적인 자세로 높은 독서대 위에서 성 바울의 삶에 관한 글을 쓰고 있다.

9세기 유럽 대다수 지역에서 카롤링거 소문자체와 그 변형 서체가 특히 행정 용도로 널리 쓰이게 되었다. 반면 북부 유럽에서는 고딕 필기체가 널리 쓰였다. 영국의 챈서리체는 명확성과 가독성이 좋아 14세기 이후부터 점점 더 가치를 인정받게 되었다. 필경사들의 하루 작업 분량은 보통 3~4장이었는데, 수작업이기에 오류가 생길 수 있었고 뛰어난 필경사라 할지라도 장당 적어도 하나 꼴로 실수가 나오기 마련이었다.

12~13세기 동안, 사본 제작은 전문성을 띠게 되어 점점 더 전문가의 손에 맡기게 되었다. 늘어나는 수요에 부응하기 위해 페시아(pecia: 라틴어로 조각을 뜻함) 제도가 도입되었다. 이 제도는 한 텍스트를 여러 부분으로 나누어 고용된 여러 명의 필경사들에게 할당해주는 것으로, 아마도 초보였을 이들 필경사는 수도원 안팎에서 일했을 것이다. 유럽의 독일어권 지역에서 필사본 제작은 인쇄술이 발명되기 1세기 전 상당한 증가세를 보였다.

독창적인 장식을 보여주는 8세기 젤로느 성사집. 프랑스 남부에서 발견되었으며 사제가 구술하는 대로 미사의 순서를 자세하게 기록한 전례서이다. 여기서 사용된 카롤링거 소문자체는 텍스트의 명확성 개선에 한 획을 그은 획기적 발전이었다. 대문자와 소문자가 분명히 구분되었으며, 단어 사이의 띄어쓰기도 한층 명확해졌다.

11세기 영국의 필사본 채색화(캠브리지 코퍼스 크리스티 대학 소장)에는 성 제롬이 책상에 앉아 일하는 모습이 그려져 있다. 성 제롬이 앉아 있는 의자는 꽤 높아서 발이 바닥에 닿지 못하고 허공에 떠 있는데 어쩌면 의자 발걸이에 놓여 있는 것일지도 모르겠다. 중세 시대 수도원의 차가운 석조 바닥에 몸이 오래 닿아 있는 것은 바람직하지 못한 일이었다. 뒤로 보이는 커튼은 작업하고 있는 성 제롬에게 더 많은 볕이 들도록 하기 위해 묶여 있다. 수도사들은 초가 너무나 비쌌던 관계로 보통 낮에만 일했는데, 설사 촛불을 켠다 해도 오늘의 기준에서 봤을 때 그 빛의 밝기는 너무나 약했다. 성 제롬이 작업하고 있는 필사본은 천으로 덮인 독서대에 비스듬히 올려져 있다. 비스듬한 각도로 일했다는 것은 성 제롬이 펜을 수직으로 들고 있을 필요가 없었다는 뜻이다. 만약 펜을 수직으로 들고 글을 썼다면 잉크가 너무 빨리 닳았을 것이다. 펼쳐놓은 페이지는 이미 줄이 쳐져 있는데, 아마도 다림줄을 이용했을 것이다. 성 제롬이 오른손에 쥐고 있는 깃털 펜에는 깃털이 거의 남아 있지 않다. 왼손에 들고 있는 칼은 양피지를 필사본 표면에 단단히 고정시키거나 깃털펜촉을 깎거나 혹은 지우개 용도로 양피지에서 마른 잉크를 지우는데 사용된, 다목적 필사 도구였다. 실수를 교정할 때는 때때로 면도칼이나 부석을 사용했다. 그림에 보이는 성 제롬은 글을 베끼는 것이 아니라 창작을 하고 있으며, 성령을 의미하는 비둘기가 머리 위를 날아다니며 영감을 불어넣고 있다.

켈스의 서

7~9세기 사이 유럽과 영국 제도에서 아일랜드 문화가 꽃을 피우기 시작했으며 이는 주로 아일랜드 출신 수도사들의 활발한 선교 활동 덕분이었다. 아일랜드의 수도원 스크립토리움은 '인슐러(Insular: 아일랜드체)'라 알려진 특별한 예술적 양식을 발전시켰는데, 인슐러가 가장 화려하게 표현된 책의 하나가 『켈스의 서(Book of Kells)』이다. 『켈스의 서』는 복음서로 구성된 커다란 판형의 책으로 쪽수가 340페이지에 달했고, 제단에서 쓸 용도로 디자인된 것으로 추정된다.

『켈스의 서』가 만들어지기 시작한 것은 스코틀랜드 이너 헤브리디스 제도에 위치한 아이오나 섬에서였다. 이곳에는 560년대 초 아일랜드 출신 선교사 성 콜룸바가 창설한 수도원이 있었다. 9세기 초 바이킹이 침입한 후 이곳에 상주하던 수도사들은 아일랜드의 미스 카운티에 있는 켈스로 피난했다. 예술가이자 수도사였던 이들이 『켈스의 서』 필사본 작업을 시작한 것은 아마 아이오나 섬에서였을 테지만, 완성한 것은 켈스로 이주한 이후였다. 『켈스의 서』를 만드는 데는 오랜 시간과 많은 자금이 필요했으며, 아마 이런 연유로 일부 장식이 테두리만 그려진 채 남아(완성되지 못한 채) 있는 것인 듯하다.

『켈스의 서』에는 서문, 요약 그리고 용어색인으로 시작해 인슐러 대문자체의 라틴어로 송아지 가죽(양피지) 위에 쓰여진 사대복음서가 등장한다. 텍스트 대부분은 철염과 천연타닌으로 만든 철염-충영 잉크로 기록되었는데, 이는 후에 중세 시대 필사에 가장 널리 쓰이는 잉크가 되었다. 머리글자는 화려하게 장식되었으며, 중요한 구절의 경우 독자의 주의를 환기시킬 수 있도록 일부 문자를 작은 빨간색 점 혹은 정교한 꼬임 장식으로 강조했다. 채색화는 중세시대 초기 아일랜드의 금속 및 석조 작품을 연상시키는 장식 모티프와 곡선 디자인을 이용해 한 페이지 전면을 가득 메우는 구성으로 그려졌다. 복잡한 도상 구조 역시 지중해 양식뿐만 아니라 비잔틴, 아르메니아, 그리고 콥트 미술(Coptic art: 글자 테두리를 빨간 점으로 장식한 것은 콥트 미술에서 유래한

『켈스의 서』 요한복음의 서두: 태초에 말씀이 있었으니(In principio erat verbum)

『켈스의 서』 마태복음 도입부. 왼쪽 장에 동정녀 마리아와 아기 예수가 앉아 있는 모습이 그려져 있다.

것이다-옮긴이)의 영향을 보여준다. 채색화 장식에는 동정녀 마리아, 그리스도 그리고 전도사와 같은 인물의 모습, 용과 그리핀(griffin: 몸통은 사자, 머리와 날개는 독수리를 닮았다-옮긴이) 같은 신화에 등장하는 창조물, 공작새, 뱀, 말, 개, 사자, 황소, 그리고 때때로 이들 동물이 날개를 단 모습을 포함한 다양한 동물들, 그리고 십자가와 성배 같은 기독교의 상징을 검정색·빨간색·보라색 그리고 노란색으로 정교하게 묘사한 것 등이 포함되었다. 이를 그린 예술가들의 이름은 역사 속에 묻혀 버렸다.

17세기 아마주의 대주교 제임스 어셔(1581~1656)가 『켈스의 서』를 더블린에 위치한 트리니티 대학에 증정했으며, 『켈스의 서』는 오늘날 대학 도서관에 상설 전시되어 있다. 2세기가 흐른 후, 책을 다시 제본하는 과정에서 책장의 상당 부분이 잘려나갔으며, 일부 주요 채색화를 포함해 30여 장이 소실되었다. 1953년 원래 한 권으로 존재했던 『켈스의 서』 필사본은 보존을 목적으로 4권의 책으로 분리되었다.

기도서

기도서(Book of hours)는 중세 후기와 르네상스 시대 평신도용으로 제작된 대중적인 기도서였다. 하루 특정한 시간대와 일 년의 계절 변화에 따라 적합한 기도와 예배가 기록되어 있었다. 부유한 후원자가 자신의 취향과 종교적 관습에 맞는 기도서의 제작을 의뢰하기도 했다. 맞춤 제작되는 기도서는 흔히 화려한 채색화를 동반했다. 기도서는 사치품이었으며, 휴대가 가능했고 보통 고딕체의 라틴어로 쓰여졌다. 또한 여성을 포함한 교육받은 일반 독자용 책의 제작이 증가했던 그 당시 양상을 보여주는 전형적인 예이기도 하다. 기도서를 읽음으로써 독자는 그 안의 내용과 개인적으로 그리고 개별적으로 조우할 수 있었다.

　화려하고 아름다운 채색화가 담긴 기도서의 하나로 15세기 프랑스 샤를 5세의 동생으로 열렬한 애서가이자 예술의 후원가였던 베리 공작(1340~1416)을 위해 만들어진 『베리 공작의 기도서(Les Tres riches heures du Duc de Berry)』가 있다. 채색화 작업은 1411년 플랑드르의 랭브르 형제가 시작했는데, 제작하는데 수년의 세월이 걸려 1416년 베리 공작이 사망할 때까지도 완성되지 못했다. 이를 1440년대 플랑드르의 화가 바르텔미 다이크(1420년경~1470년경)가 이어받아 계속 작업했으며 1485년경 사보이 공작(1468~1490)의 후원 아래 결국 완성될 수 있었다.

15세기 말 카스티야의 후아나 왕비(우울증을 앓아 광녀 후아나라고도 알려져 있다)를 위해 브루제에서 만들어진 기도서의 성모자상. 482페이지 분량의 기도서로 채색화는 플랑드르의 화가 제라드 호렌바우트(1465년경~1541년)가 그렸다.

『베리 공작의 기도서』의 소형 채색화들은 궁정 생활의 아름다운 장면과 종교적인 이미지를 결합시켰다. 그 당시의 프랑코-플랑드르 고딕 양식을 따라 세련된 복장, 궁정인의 취미 생활, 농사 시기 별로 소작농이 일하는 모습 등이 담겨 있다. 랭브르 형제는 다양한 물감을 사용했다. 헝가리 공작석에서 녹색을, 중동에서 구한 청금석을 갈아 푸른색을, 그리고 황과 수은을 결합해 주홍색을 만들어냈다. 기도서의 텍스트는 거대한 판형에 라틴어로 쓰여졌다. 한 페이지는 두 개의 세로 단으로 구성되었으며, 검은색 고딕체의 글자는 머리글자와 줄이 끝나는 부분이 장식으로 꾸며져 있었다. 또한 성인의 날과 종교 축제가 표시된 달력 및 복음서, 기도, 찬송가, 연도 그리고 성일 미사의 발췌문이 실려 있었다.

사보이 공작의 사망 후 책도 자취를 감춰버렸으나 19세기 다시 등장했으며, 이때 기도서는 18세기 제노바의 스피놀라 가문에 의해 빨간색 가죽으로 장정된 상태였다. 이 기도서를 프랑스 필리프왕의 아들 오말 공작이 1856년 구입했으며, 그때부터 파리 근처 샹티이 성에 소장되어 있다.

종교 서적의 일종인 『베리 공작의 기도서』에는 달력 옆에 매월에 해당하는 이미지가 나란히 놓여 있다. 여기서 5월은 말을 타고 시골길을 거니는 풍경으로 표현되었는데, 그림에서 여성들은 봄의 색을 상징하는 녹색의 드레스를 입고 있고 중앙에 있는 남성(아마 이 책의 주인인 베리 공작일 것으로 생각된다)은 파란색 옷을 입고 있다.

코란과 이슬람 세계

알쿠르안al-Qur'an이라고도 하는 코란은 이슬람교의 경전으로, 예언자 마호메트가 직접 들은 신의 계시를 집대성한 것이라 한다. 역사상 그 어떤 책도 코란만큼 원어로 널리 읽혀진 것은 없다.

570년 메카에서 태어난 마호메트는 전혀 글을 읽고 쓸줄 몰랐으나, 40세 되던 해 신의 계시를 듣게 되고 그 후부터 운율이 있는 어구와 예언이 담긴 무형식의 산문을 뱉어내기 시작했다고 한다. 마호메트의 추종자들이 생겼고, 이들은 마호메트의 말을 외우고 암송했다. 마호메트는 632년 사망할 때까지 간헐적으로 신의 계시를 전달했다고 한다.

마호메트의 생전, 마호메트가 받은 신의 계시는 코란 전문 암송가들에 의해 기억에 의존해 구전으로 전해졌다. 이를 문자로 표준화하는 작업을 칼리프의 아부 바크르(573~634)가 시작했다. 수많은 코란 암송가들이 전장에서 목숨을 잃은 후 구전의 전통이 사라질까 두려웠던 바크르는 마호메트의 말을 글로 기록해 조직적으로 집대성했다. 그러나 최초의 사본이 완성될 때까지도 코란은 정형화된 양식을 갖추지 못했다. 아부 바크르의 후대 칼리프 중 한 명이었던 우스만(재위기간 644~56)은 마호메트의 아내인 하프사에게서 얻은 필사본을 기반으로 권위 있는 '우스만 교정본(Uthman recension)'을 만들어냈고, 그 후 이전에 존재했던 모든 코란 사본을 불태울 것을 명령했다. 현존하는 가장 초기의 코란 필사본 단편들은 650년대 양피지에 쓰여진 것으로 우스만 교정본의 원본이라 알려져 있다. 완전한 책으로 존재하는 코란으로 가장 오래된 것은 그 기원이 9세기경으로 거슬러 올라간다.

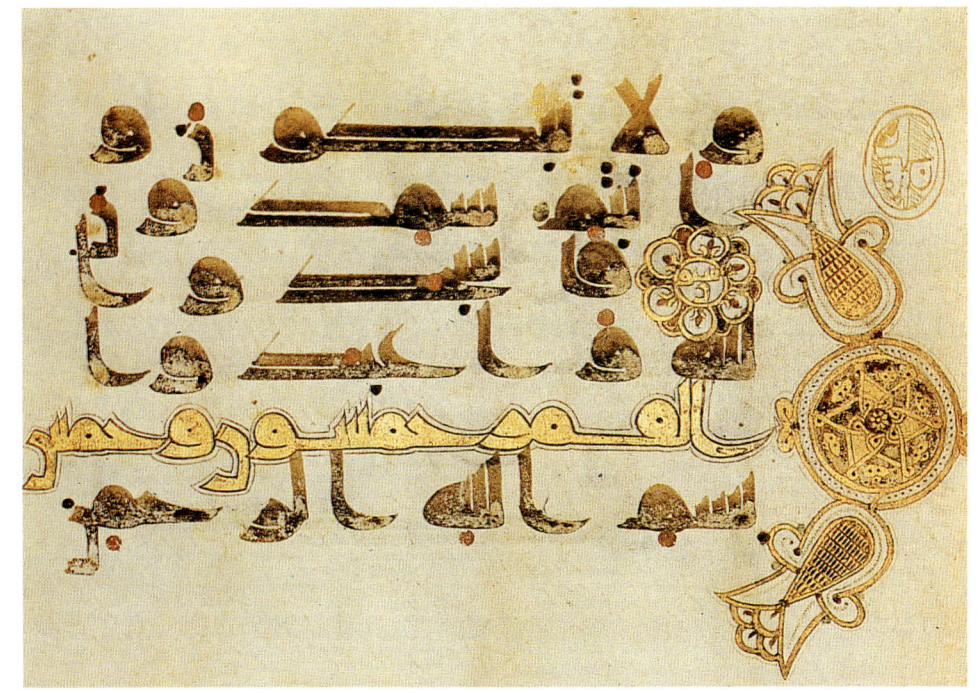

코란의 일부 내용으로 8~10세기 사용되었던 고대 아라비아 쿠픽 문자의 서예체로 쓰여 있다. 이 코란 필사본은 양피지 위에 기록된 것으로 오늘날 튀니지에 해당하는 카이로우안의 대 모스크에서 발견되었다. 성스러운 텍스트를 베낄 때는 신의 장엄함을 기리는 의미에서 서예체를 사용했다.

코란의 길이는 신약성서와 비슷하다. 고전 아라비아어로 쓰여 있으며, 따라서 우-좌의 방향으로 읽어야 하고 대문자나 구두점이 없다. 코란은 114장(sura)으로 구성되어 있는데, 한 절의 길이는 10단어에서 6100단어에 이르기까지 매우 다양하고 각 장의 배열은 연대기적 순서를 따르고 있지 않다. 코란의 장은 크게 메카Mecca 편과 메디나Medina 편의 두 개로 나뉜다. 메카 편은 마호메트가 메카에 머물렀을 무렵부터를 다루고 있고 극적이며 종말론적인 내용을 담고 있다. 메디나 편은 마호메트가 추종자들과 함께 메디나로 이주한 후 받은 계시를 담고 있는데, 이슬람교도로서 살아야 할 삶에 대해 이야기하고 있다. 코란의 장은 아야aya라 부르는 운율이 있는 절로 나뉜다. 코란은 짝수인 30권으로 나눌 수 있으며, 한 예로 라마단 성월 기간에는 30권 중 한 권씩 매일 읽어야 한다.

이슬람교도들은 코덱스 양식을 빨리 받아들였다. 이제 코란은 양피지 낱장을 제본하거나 혹은 느슨하게 연결하여 상자에 넣은 형태로 존재하게 되었다. 이슬람 전통에 따르면 코란 경전은 최상의 예우를 받아야 한다. 땅이나 청결치 못한 것과 닿아서는 안 되므로 보통 케이스나 특별한 가방에 넣어 보호했고, 읽는 이들은 코란을 만지기 전 몸을 깨끗이 씻어야 했다. 이와 같은 이유로 코란에는 뒤표지와 연결된 덮개가 있는데, 이 덮개를 이용해 코란의 앞면 가장자리를 보호한다.

코란이 사람이나 동물의 예술적 묘사를 명백히 금하고 있는 것은 아니지만, 이슬람권에서는 우상숭배를 억제하기 위한 목적으로 책에서 회화적 표현이 등장하는 것을 전통적으로 제한해왔다. 그러나 터키, 이란 그리고 무굴제국 시대 인도의 책은 구상주의적 삽화를 이용해 화려하게 장식한 사례가 종종 있었고, 기타 지역에서는 예술가들이 미세한 글씨로 줄을 만들어 선과 이미지를 그렸다. 한편 서예는 그 자체로서 고급 예술, 더 나아가 인격의 시금석으로 대접받았다. 고대 아라비아권에는 '글의 순도는 곧 영혼의 순도이다(Purity of writing is purity of the soul)'라는 속담이 전해 내려오기도 했다. 높은 완성도로 제작된 코란의 서예, 특히 유명한 필경사인 하피즈 오스만의 서예 작품은 높이 칭송받았다. 16세기까지 이슬람 세계에서 책의 예술적 기교가 화려하게 꽃핀 중심지는 오늘날 아프가니스탄과 이란에 각각 해당하는 헤라트와 타브리즈 그리고 시라즈였다.

책은 8~13세기에 걸쳐 아라비아의 학문이 전 세계적으로 크게 부각되었던 이슬람 문화 '황금기'의 토대 역할을 했다. 이슬람 제국이 세계 곳곳으로 뻗어나가면서, 정복지의 피지배자들은 코란의 언어를 배웠고 아라비아 문자는 커뮤니케이션을 위한 공용어가 되었다. 이슬람 학자와 도서관은 서구의 고전을 수집하고 번역했으며 철학, 법, 수학 그리고 과학 분야에서 큰 진보를 이룩했다.

이집트에서 발견된 15세기 코란으로 덮개가 달려 있어 읽는 이가 책을 완전히 덮어 경전을 보호할 수 있도록 했다. 코란은 이슬람교도의 삶에 항상 존재했으며, 이슬람 세력 확장이 절정기에 달하던 시절 스페인에서 중국을 아우르는 광대한 영토에서 사용되었다.

751년 전투에서 포로로 사로잡은 중국인 선원들로부터 획득한 제지 기술은 이슬람권에서 도서관이 대대적으로 발전하는 데 일조했다. 791년경 바그다드에서 제지 공장이 생겼으며, 후에 그 당시 삼대 이슬람 도서관 중 하나가 건립되었다. 1258년 몽골이 바그다드를 침략했으나, 카이로와 코르도바의 도서관은 계속 번성했고 코르도바의 도서관 소장 도서는 40만 권에 달했다고 한다. 몽골의 정복자 티무르(1336~1405, 서구에서는 '타머레인Tamerlaine'으로 알려져 있다-옮긴이)와 그 후대 왕들은 페르시아, 중앙아시아 그리고 인도에 더 많은 위대한 도서관들을 건립했다.

이처럼 책에 대한 관심이 뜨거웠음에도, 이슬람권의 출판업자들이 가동 활자를 이용한 인쇄술을 전면 채택하기 시작한 것은 19세기 들어서였다. 오토만 제국의 술탄 베야지트 2세(재위기간 1481~1512)는 1485년 제국 전역에 걸쳐 인쇄물에 대한 금지령을 내렸다. 서예가 가진 예술적, 종교적, 그리고 도덕적 중요성이 이러한 결정에 큰 영향을 미쳤으며, 그 당시 10만여 명에 이르는 이슬람 사본 제작자들이 학자와 도서관을 위한 기록물을 제작하고 있었기 때문에 책이 귀한 상황은 아니었다. 1727년 금지령은 비종교 서적에 한해 폐지되었으나, 종교 서적은 그 후 백 년이 지나서야 인쇄기술을 이용해 제작될 수 있었다. 1840년대 이집트의 모하메드 알리(1769~1849) 왕은 국가 현대화 프로젝트에 인쇄술의 사용을 포함시켰다. 19세기 후반기 이슬람의 인쇄 혁명 이후 오늘날까지 베이루트는 비종교 서적 출판의 중심지로 기능하고 있다.

(위) 14세기로 추정되는 오토만 제국 시대 필사본. 마호메트에게 영감을 주기 위해 나타난 천사 가브리엘의 모습이 그려져 있다.

(아래) 구바르gubar 서체로 쓰여진 소형 사본으로, 원래 전서구를 이용해 메시지를 보내기 위해 고안되었으나, 후에는 코덱스 혹은 두루마리 형태로 소형 코란을 만들기 위해 쓰였다. 그림에서는 텍스트가 커다란 글자로 둘러싸여 코란의 내용을 구성하고 있다.

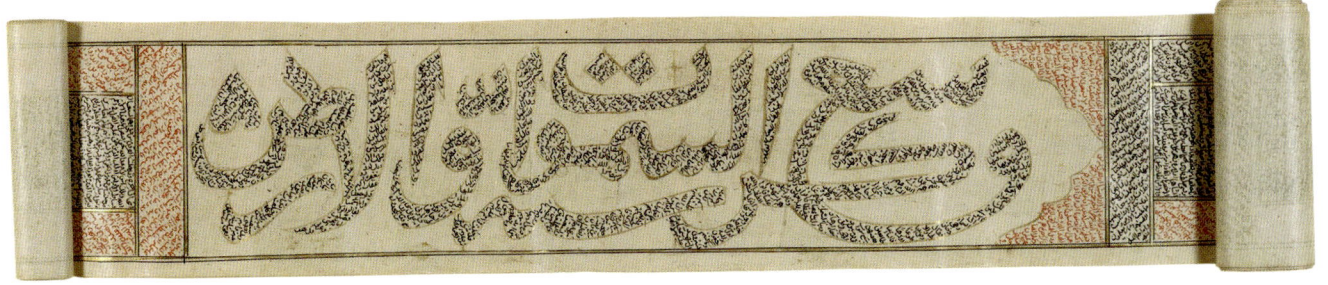

히브리어 책

사해문서(Dead Sea Scrolls)는 현존하는 유대교 필사본 중 가장 초기의 것에 해당한다. 히브리어, 그리스어, 그리고 아람어로 쓰여진 900개가 넘는 문서로 구성되어 있으며, 그 대부분은 양피지에 일부는 파피루스에 기록되었다. 사해문서는 1947년과 1956년 사이 예리코 남부 키르베트 쿠므란 근처 11개 동굴에서 베두인 양치기들에 의해 우연히 발견되었다. 여기에는 기원전 200년에서 기원후 100년 사이에 쓰여진 성서 텍스트와 관련 해석, 출처가 불분명한 텍스트(히브루 성경 정본에 포함되지 않은 내용들이다), 그리고 공동체 구성에 관한 기타 텍스트를 포함하고 있다.

고대 유대교 필사본이 숨겨져 있었던 또 다른 중요한 장소로 19세기 말 발견된 카이로 벤 에즈라

사해문서 조각으로 1년의 13개 안식일을 위한 안식일 희생제사의 노래(Songs of the Sabbath Sacrifice)가 담겨 있다.

솔로몬 쉐흐터가 1896년 카이로 벤 에즈라 유대교회당의 게니자에서 문서를 연구하고 있다. 쉐흐터(1847~1915)는 몰도바 태생의 랍비이자 학자로서 벤 에즈라 유대교회당의 문서 보관소 게니자에서 발견된 문서에 최초로 과학적 평가를 시작한 인물이다. 쉐흐터는 영국에서 20년간 머물면서 영국 자유주의 유대교의 발전에 영감을 불어넣었다.

유대교회당의 게니자(genizah: 문서 보관소)가 있다. 유대교 전통에 따르면 신의 이름을 적은 종이는 파기할 수 없었기 때문에 낡을 대로 낡은 수많은 히브리어 필사본과 파편들이 영구 보관되었다. 6세기부터 시작해 19세기에 이르는 기간 동안 생산된 다양한 성격의 문서가 보관되었는데, 여기에는 랍비 문서, 역사 이야기, 그리고 종교적 및 세속적 시가 포함된다.

율법서(토라Torah)는 유대교에서 가장 신성한 책이다. 율법서는 모세 5경(Five Books of Moses: 창세기, 출애굽기, 레위기, 민수기, 신명기-옮긴이)으로 구성되는데, 이는 그리스에서 5경(Pentateuch)이라 알려져 있다. 정통파 유대교도들은 율법서의 문구가 신의 입으로부터 나와 시나이 산에서 모세에게 직접 전달된 것이라 생각한다. 율법서는 예배의식 중 특별히 훈련받은 이들에 의해 낭송되는데, 엄격한 고대 서기법에 따라 양면 양피지 두루마리에 언제나 손으로 쓰여진다. 율법서는 극도의 경의를 갖고 다루어야 하며 절대 땅에 닿게 해서는 안 된다. 사용하지 않을 때는 지성소(ark)라 불리는 보호용 의식 보관함에 넣어 두며, 이러한 지성소는 유대교회당의 핵심이기도 하다. 율법서 두루마리는 보통 자수를 놓은 벨벳 커버와 작은 왕관 그리고 종이 달린 금은빛 장식으로 싸여 있다.

유대교 경전은 이 밖에도 예언자들의 글을 담은 예언서(네비임nevi'im)와 기타 글들(케투빔ketuvim:

성문서)을 포함하며 시편, 잠언, 욥기 그리고 기타 소소한 역사적 텍스트도 경전을 구성하고 있다. 이 글들(기독교에서는 구약이라 알려져 있다)을 한데로 모은 것들을 타나크(Tanach: 유대교 성경)라 부른다. 일부 정통파 유대교도들은 구전법(미슈나mishnah)과 탈무드의 주석 역시 신의 영감을 받은 것이라 믿는다. 탈무드는 유대교 법과 관습에 관한 랍비들 간의 초기 토론 내용을 담고 있으며, 탈무드를 읽는 것은 전통 유대교 교육체제에 필수로 포함되어 있다.

중세시대 유대인들 대부분은 개인적으로 예배를 드리는 데 경전을 반드시 필요로 하지는 않았다. 가정에서 행하는 예배나 종교 의식에서 암송하는 글들을 보통 구전으로 전승하고 암기했기 때문이다. 그러나 젊은이들이 랍비 서품을 받기 위해 공부하는 학교인 예시바yeshivah나 회당에 딸린 베이트 미드라쉬(beit midrash: 학습의 집)에는 책이 있었다. 이러한 방식으로 중세시대 유대교회당은 종종 공공 도서관으로서의 기능을 수행했다. 지역 사회의 부유층은 자신들의 책을 회당에 두어 공공 연구를 위해 쓰일 수 있도록 했다.

중세시대, 수도원의 스크립토리움과 같은 조직이 존재하지 않았던 유대교에서 히브리어 책은 개개인 학자들에 의해 손으로 베껴 제작되었다. 이슬람교도들과 마찬가지로 유대인들 역시 경전 제작에

(왼쪽) 방대한 양의 히브리어 기록을 모아 놓은 13세기 후반의 북프랑스 히브리어 문서 모음집(North French Hebrew Miscellany)의 한 삽화에서 솔로몬 왕이 율법서를 읽고 있는 모습이다. 율법서 5권 모두를 하나의 두루마리에 담는 것은 필경사들에게 매우 어려운 일이었다.

(오른쪽) 기도숄을 걸친 랍비가 유대교 회당에서 의식용 두루마리에 쓰여진 율법서를 읽고 있다. 은색의 가는 막대기(야드 yad)를 이용해 글을 읽고 있는데, 이는 랍비의 손이 절대로 두루마리에 닿지 않도록 하기 위함이다.

인쇄술을 이용하는 것을 꺼려했다. 최초의 히브리어 인쇄책(라시Rashi: 프랑스의 유대계 성서 주석학자가 쓴 토라에 관한 해설집-옮긴이)은 1475년 이탈리아 레조 디 칼라브리아에서 등장했다. 유대교에 대한 박해는 히브리어 책의 생산과 유통에 자주 걸림돌이 되었다. 1241년 파리에서 최초로 탈무드를 공공연히 불에 태우는 사건이 발생했고, 이러한 관행은 그 후 수세기 동안 주기적으로 계속되었다. 15세기 베네치아에서 기독교 신앙에 위배되는 내용이 조금이라도 담겨 있는 히브리어 책은 기독교 검열관들에 의해 빈번히 추방되곤 했다.

스페인은 히브리어 책 생산의 중요 거점이었으나, 1492년 유대인들이 이베리아 반도에서 추방된 이후 베네치아가 그 역할을 대신하게 되었다. 17세기 들어서는 암스테르담이 히브리어 책의 생산과 수출의 중심지가 되었다. 18세기 후반에서 19세기 초에 걸쳐 비엔나, 바르샤바, 리보프, 그리고 빌뉴스와 같은 중부 및 동부 유럽 도시들이 히브리어 책 출판의 거점이 되어 유대인 사이에서 일어난 계몽 운동인 하스카라Haskalah를 지원하는 역할을 했다.

19세기경 율법서 학자들로 구성된 기존의 엘리트 계급뿐만 아니라 비종교 서적을 읽는 유대인 독자 및 지식 계급이 널리 등장하게 되었다. 1890년과 1920년 사이 도래한 히브리어 출판의 르네상스는 히브리어와 히브리어 문학의 부흥에 일조한 시온주의(유대인 국가 건설을 위한 민족주의 운동-옮긴이)가 그 촉매제 역할을 했다. 가장 큰 성공을 거둔 출판사의 하나로 1896년 에이브라함 라입 샤르코비치(1866~1921, '벤 아빅도르Ben-Avigdor'라는 필명으로 더 많이 알려져 있다-옮긴이)가 바르샤바에서 창립한 투시야 Tushiyah를 들 수 있다. 투시야는 이디시어(Yiddish: 동부 유럽 출신 유대인이 사용하는 일상 회화용 유대어-옮긴이)로 쓰여진 다수의 중요한 서적뿐만 아니라 히브리어로 쓰여진 비종교적 성격의 대중 서적, 고전, 문학 작품, 아동서 그리고 과학 서적을 출판했다.

중세 스페인에서 만들어진 황금 하가다로 화려한 채색화를 포함하고 있다. 하가다는 유대인 가정에서 유월절 전날 밤 사용하는 전례서이다. 이 그림은 출애굽기와 이스라엘인의 해방에 관한 내용을 묘사하고 있다. 상단 우측의 그림은 이집트 가정의 장남들이 죽어가는 모습을, 하단 좌측의 그림은 모세가 중세시대 기사로 표현된 이집트인들이 물에 빠져 죽어가는 모습을 지켜보는 장면을 그리고 있다.

2 인쇄 문화의 등장

가동 활자의 발명과 같은 기술적 진보는 난데없이 나타나지 않는다. 1440년대 구텐베르크가 발명한 인쇄술은 아르키메데스가 목욕을 하던 중 느닷없이 '유레카Eureka(바로 이거야-옮긴이)'를 외쳤듯 혜성처럼 등장한 것이 아니라, 기술적 혁신의 축적에 따라 생겨난 산물이었다. 인쇄기 발명은 구텐베르크의 단독 발명이 아닌, 팀워크의 결과물이었다. 구텐베르크는 책에 대한 수요의 증가에 부응하고자 인쇄기를 발명한 것이고 그 과정에서 장기간 투자자들의 지원을 받았다.

구텐베르크의 발명 후에도 스크립토리움이 주도하던 시대부터 내려온 책 만들기의 특징은 일부 그대로 남았으나, 인쇄술로 인해 책을 더 빠르게 만들 수 있게 되었고 유럽 주요 언어의 표준화가 촉진되었다. 사실 인쇄기 자체는 비교적 저렴했다. 18세기까지 책 생산 단가에서 가장 큰 비중을 차지한 것은 종이였으며, 그 비용은 책 소매가의 절반 이상을 차지하기도 했다. 제지 방법은 여전히 아랍 세계에서 건너온 방식을 따라, 유럽 전역에서 가난한 '넝마주이'들이 모아온 누더기와 버려진 천을 이용했다. 책의 물리적 형태(코덱스)는 변함없었으며, 그 후 500년 이상 계속 유지되었다.

인쇄술의 등장 이후 많은 비방자들이 생겨났다. 이들은 인쇄술이 허위 사실을 유포하고 체제를 전복시킬 것이라 두려워했다. 이들의 눈에 비친 인쇄술은 분별력 없는 독자들에게 거짓을 믿게 하고 이전 그 어느 때보다도 이단을 널리 확산시킬 수 있는 힘을 가지고 있었다.

안트베르펜에 위치한 크리스토퍼 플랑탱 출판사의 인쇄 장비. 배경에 수동 인쇄기, 활자 블록들, 잉크 방망이, 건조를 위해 널어둔 종이들 그리고 식자공의 케이스가 보인다. 전경에 위치한 것은 알두스 마누티우스Aldus Manutius가 출판한 초기 서적들이다.

구텐베르크와 성경

흔히 구텐베르크라 더 널리 알려진 요하네스 겐즈플라이쉬 주어 라덴 줌 구텐베르크는 신비에 싸인 인물이다. 구텐베르크의 삶에 대해서는 1430년대 약속을 어긴 죄로 소송에 휘말린 것 외에 확실히 알려진 바가 거의 없다. 그러나 구텐베르크가 1440년대 독일의 도시 마인츠(정확히 언제 마인츠에 정착했는지도 확실하지 않다)에서 인쇄술을 발명했다는 사실에 대해서는 이견이 없는 듯하다. 한편 구텐베르크가 그 이전 십여 년간 일했던 도시 스트라스부르도 인쇄술의 발명지라 자처하고 있다.

가동 활자를 이용한 인쇄술의 발명은 사실 하나의 단독 발명이 아닌, 일련의 발명이 축적된 결과이다. 우선 자모와 주형을 만들어야 했고, 여기서 만들어진 금속 활자를 원하는 강도로 일관성 있게 제조할 수 있어야 했다. 지워지지 않는 유성 잉크의 제조법 역시 더 가다듬어야 했다. 그 다음에는 수동 인쇄기를 설계하고 제조해야 했다. 이 각각의 요소를 개발하는 데는 시간과 팀워크 그리고 자본이 필요했다. 구텐베르크는 수년 동안 요한 푸스트와 페터 쉬퍼의 금융 지원을 받았다. 아마 당연한 결과였겠지만, 구텐베르크는 재정난에 시달리게 되었고 작업실의 소유권을 푸스트에 넘겨야만 했다. 300년 후인 1740년, 인쇄기의 발명자로 이름이 알려진 것은 푸스트와 쉬퍼였으며, 구텐베르크는 단지 '동료'에 지나지 않았다.

요하네스 구텐베르크의 목판 자화상. 니콜라 드 라메신이 만들고, 1682년 파리에서 자크 이그나스 볼라트의 『아카데미 데 시엉스 에 데 자르Academie des sciences et des arts』에 게재되었다. 자화상과 함께 실린 글에는 구텐베르크가 인쇄술의 발명자로 기술되어 있다. 구텐베르크의 성은 위 사례 이외에도 흔히 구덴버거Gudenberger, 구덴버그Gudenberg 혹은 구텐베르그Guttenmberg로 다양하게 표기되었다.

15세기 중반 독일에서 가동 활자가 본격적으로 사용되기 시작한 것은 여러 가지 상황적 요인에서 비롯했다. 우선 책에 대한 수요가 증가했다. 인본주의 학문과 대학의 증가로 비종교 및 종교 지식인을 위한 서적 시장이 나날이 성장했다. 도시와 상업 중심지의 번성은 사법, 행정 및 성직 기관의 형태로 또 다른 소비 시장을 창출했고, 이들 기관은 다량의 인쇄물 수요를 만들어냈다. 1440년대 이전 필사본 책의 생산은 이미 가속도가 붙어 이 수요의 일부를 충당하고 있었다.

기술적 발전 역시 구텐베르크의 발명에 일조했다. 구텐베르크는 십여 년간 스트라스부르에서 보석 세공사로 일하며, 보석을 가공하고 아헨으로 가는 순례자들에게 판매할 거울을 만들었다. 당시 독일의 금속 산업이 장족의 발전을 이룩한 덕분에 구텐베르크는 성숙된 여건에서 가동 활자를 만들기 위한 실험에 착수할 수 있었다. 납, 안티몬, 구리 그리고 주석을 서로 다른 비율로 섞어 자모와 활자를 만들기 위한 최상의 조합을 찾아내기까지 구텐베르크는 수년에 걸친 시행착오를 겪었다.

구텐베르크가 자신의 이름이 들어간 42행 성경을 마인츠에서 인쇄한 시기는 아마도 1450년대 중반인 듯하다. 구텐베르크 성경의 조판과 인쇄에 2년이 넘는 시간이 걸렸다. 하지만 이만한 성경책을 한

부 만들기 위해 필경사가 3년을 일해야 했던 반면, 구텐베르크는 종이 본 150권, 벨럼vellum 본 30권 총 180권을 만들어낼 수 있었다. 게다가 180권을 모두 양피지 본으로 만들었다면 5천여 장의 송아지 가죽이 필요했을 것이다. 구텐베르크가 사용한 최초의 잉크는 램프 그을음에 투명 도료와 계란 흰자를 섞어 만든 것으로, 수많은 화학 물질의 조합 비율을 시도한 후에야 구텐베르크 성경의 특색인 깊은 검은색의 잉크를 만들어낼 수 있었다. 각 장마다 개별적으로 주서(빨간색 잉크를 이용해 수작업으로 대문자를 덧칠했다)와 삽화 작업이 진행되어, 모든 장이 조금씩 다르다. 전문가들은 구텐베르크 성경을

(위) 1457년 마인츠의 대주교가 제작을 의뢰한 마인츠 시편집 첫 장의 조판. 마인츠 시편은 가동 활자를 이용해 인쇄된 두 번째 책으로 추정되며, 인쇄본에 2색 목판술을 결합시켜 만들어졌다. 검은색과 빨간색 잉크를 이용해 양피지에 인쇄되었는데, 대문자 머리글자에 빨간색과 파란색이 쓰였고, 악보는 필기체로 쓰여졌다.

(왼쪽) 구텐베르크 성경은 유럽에서 가동 활자를 이용해 만들어진 최초의 책이다. 구텐베르크는 성 제롬의 불가타 성경을 기반으로, 각 장이 두 개의 세로 단으로 구성된 두 권짜리 성경을 만들었다. 구텐베르크 성경에는 문단 사이의 구분이나 페이지 번호가 없다. 그림에 나타난 것은 대영 도서관에 소장되어 있는 종이 본 구텐베르크 성경 제 2권의 '잠언' 도입부이다.

인쇄 문화의 등장 · 57

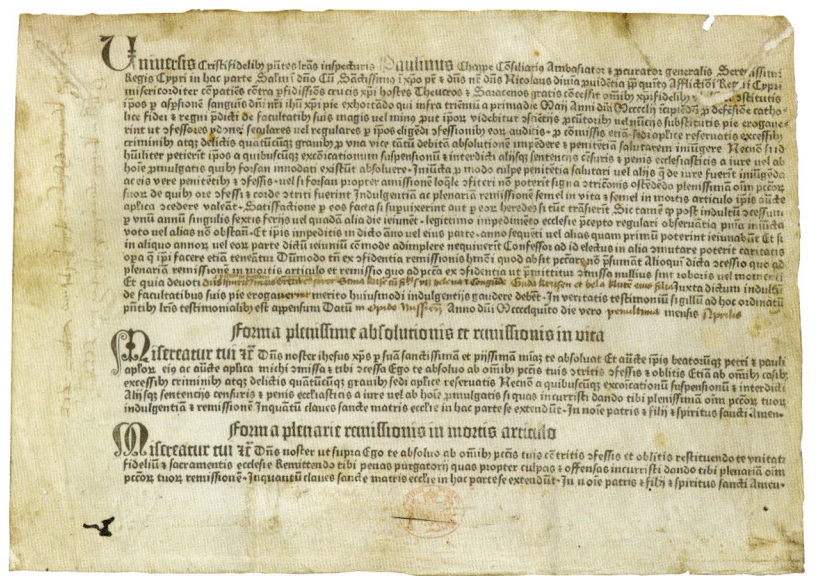

1450년대 구텐베르크가 인쇄한 교황 면죄부. 교황 면죄부는 매우 독실한 혹은 신성한 대의에 공헌한 기독교 신자의 죄를 면해 준다고 약속했다. 마틴 루터는 면죄부의 판매를 혹독히 비판했다.

'42행 성경(B-42)'이라 부르는데, 이는 각 장이 일정하게 42행으로 구성되어 있기 때문이다. 그러나 사실 처음에는 40행으로 시작하며, 42행이 나타나는 것은 11페이지부터인데 이는 아마도 종이를 더 경제적으로 이용하기 위해서였던 것 같다.

흔히 구텐베르크를 보다 많은 대중이 성경을 접할 수 있도록 공헌한, 존 위클리프와 마틴 루터의 뒤를 이은 신교도의 영웅이라 칭송하지만, 인쇄술이 막 도입되었던 시절 단연코 성경을 가장 많이 필요로 하고 또 공급했던 주체는 바로 가톨릭교회였다. 구텐베르크는 어느 편의 손을 드는 것이 경제적 이득이 될지 잘 알고 있었다. 1450년대 구텐베르크는 터키의 침공으로부터 키프로스를 방어하기 위한 자금을 모으기 위해 판매된 교황 면죄부를 인쇄하는 일을 맡았는데, 교황 면죄부의 판매는 바로 마틴 루터가 맹렬히 공격했던 행위 중 하나였다.

구텐베르크는 가동 활자를 최초로 발명하지 않았다. 목판술(가끔 가동 활자가 이용되기도 했다)은 11세기 중국과 13세기 한국에서 사용되고 있었다. 구텐베르크가 인쇄술을 발명하기 200년 전, 한국은 최초로 추정되는 금속 가동 활자를 만들어냈으나, 이 기술은 동아시아에서 널리 활용되지 않았다. 예를 들어 황제의 궁궐 밖에서는 책에 대한 실질적인 수요가 없었던 중국에서 책의 대량 생산은 그리 중요한 일이 아니었다. 게다가 뻣뻣한 유럽산 종이에 잉크 자국을 남기기 위해서는 금속판 위에 무거운 압반을 얹어 강한 압력으로 내리눌러야 했던 것에 비해, 기존의 목판인쇄술은 중국과 한국에서 생산되는 덜 뻣뻣한 종이에 적합했다.

인쇄술이 처음 등장한 곳은 아시아였지만, 인쇄술이 광범위한 사회적 문화적 여파를 미친 곳은 유럽이었다. 또한 인쇄기가 발명된 곳도 서구였다. 구텐베르크는 한국의 인쇄술에 대해 아는 바가 전혀 없었다. 구텐베르크의 노력으로 인쇄술은 유럽에서 재탄생했다.

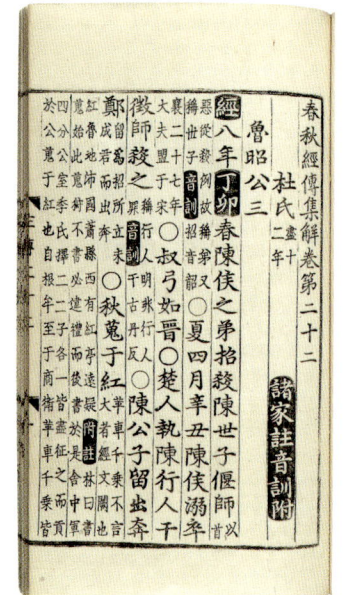

한국은 이미 금속 활자를 사용하고 있었다. 그림에 보이는 것은 1434년 만들어진 『춘추경전집해』(역사책)이다.

인쇄공의 작업

조판 작업은 마치 손으로 타이핑하는 것처럼 속도, 기술 그리고 민첩성을 필요로 했다. 라틴어에 대한 지식은 말할 것도 없었다. 우선 식자공은 직사각형 칸으로 나뉘어 활자가 담겨 있는 활자 상자에서 활자를 손으로 꺼내 이들을 조합했다. 식자공은 인쇄할 내용이 쓰여진 종이를 앞에 핀으로 고정시켜 놓은 채 활자 상자를 보고 일했는데, 활자 상자는 활자를 골라내기 쉽게끔 비스듬히 놓아 있었다. 활자 상자는 보통 두 부분으로 나뉘어 대문자를 위쪽에 그리고 소문자를 아래쪽에 두었다(여기서 대문자와 소문자를 가리키는 영어 단어 'upper case' 와 'lower case' 가 유래했다). 식자공은 한 번에 여러 행 분량의 활자를 맞추어 한 손에 든 금속 식자틀(compositing stick)에 넣었다. 그 후에 갤리galley라 부르는 목재 프레임에 페이지별로 행을 정렬하고, 활자들의 위치가 바뀌지 않도록 작은 나무 조각을 이용해 활자를 갤리에 고정시켰다.

해당 페이지의 조판이 끝나면 갤리를 윗면이 위로 향한 채로 평평한 석조 혹은 대리석 표면 위의 틀이나 판에 내려놓았다. 바퀴가 달린 레일 시스템을 이용해 인쇄공이 마치 카트를 끄는 것처럼 석

1499년 리옹에서 마티아스 후스가 인쇄한 『죽음의 무도(Danse macabre)』의 한 장면으로, 인쇄소를 찾아온 해골들을 그리고 있다. 식자공은 왼쪽에 앉아 있고, 인쇄공은 인쇄기 옆에서 잉크 방망이를 들고 있으며, 서적상은 카운터에 앉아 있다.

16세기 요스트 아만의 목판화 작품으로 구텐베르크의 인쇄술 발명이 탄생시킨 많은 수공업과 관련 사업을 나타내고 있다. 그림에 보이는 것은 제지업자와 활자 주조공의 모습이다.

조 구조물과 판을 앞뒤로 밀 수 있게 했는데, 이를 통해 인쇄가 끝난 페이지와 새로 인쇄할 페이지를 신속히 교체할 수 있었다. 그다음에 가죽 잉크 방망이를 이용해 수작업으로 활자에 잉크를 묻히고, 판 위에 젖은 종이 한 장을 올려놓았다. 인쇄용지를 팀판tympan이라 부르는 경첩 틀에 끼우고, 양피지로 만든 두 번째 틀(frisket)을 이용해 더 단단히 고정시켰다. 이 두 번째 틀은 종이 여백에 잉크 자국이 묻지 않도록 보호하는 역할도 했다. 그다음 인쇄공들은(보통 이인 일조로 작업했다) 인쇄압을 가하는 무거운 수평식 도구인 압반을 종이 위로 눌렀다. 압반의 누르는 힘 때문에 활자에 묻은 잉크가 종이의 밑면으로 옮겨갔다. 여기서 압반은 석조 표면에 정확히 평행으로 위치해야 했다. 그렇지 않으면 압력이 불균형하게 전달되어 인쇄면의 어떤 부분은 글씨가 선명하고 어떤 부분은 흐릿하게 나오기 때문이다. 인쇄를 마친 페이지는 건조를 위해 널어두었다.

한 페이지에 검은색과 빨간색을 함께 인쇄할 경우, 한 번에 한 가지 색만을 이용할 수 있었기 때문에 전체 인쇄 공정을 반복해야만 했다. 한 번 작업마다 단면 인쇄만이 가능했지만, 숙련된 일꾼은 20초마다 한 페이지씩 인쇄할 수 있었다. 교정 작업은 아마 했다 하더라도 초보적인 수준에 머물렀으며, 인쇄를 마치고 인쇄기에서 빠져나오는 페이지를 인쇄공이 검토하는 정도였다. 이러한 단점에도 불구하고, 위와 같은 인쇄 시스템은 놀랄 만큼 오랫동안 유지되었다. 인쇄술의 관점에서 보자면, 구텐베르크의 시대는 19세기 초반에 이르기까지 무려 300여 년이 넘게 지속된 것이다.

수동으로 조작하는 목제 인쇄기 자체는 그리 비싸지 않았으나, 이에 쓰일 금속 활자를 만드는 것은 상당한 금전적 투자를 요구했다. 자금난으로 문을 닫게 된 인쇄소의 인쇄기가 경매에 올라오면, 중고 인쇄기를 사기 위해 인쇄업자들이 벌떼처럼 달려들곤 했다. 인쇄소는 지역 방언뿐만 아니라 라틴어와 그리스어 활자를 필요로 했고, 다양한 언어로 성경을 제작할 경우 히브리어 활자도 필요로 했다. 각인쇠(punch)를 만들고, 금속 활자를 주조하기 위한 자모를 만드는 것은 많은 시간을 소요하는 전문화된 작업이었다.

인쇄업자는 수십만 개에 이르는 활자를 보유하고 있어야 했다. 갖고 있는 활자의 양이 한정되어 있으면, 한 번에 조판할 수 있는 양은 몇 페이지에 불과할 것이고 그러면 과도한 사용으로 인해 활자가 빨리 닳아버렸을 것이다.

16세기 최고의 인쇄업자가 되기 위해서는 다양한 기술이 필요했다. 단순히 인쇄업자에 그치는 것이 아니라 교정가, 원고 편집자 더 나아가 서적상, 자본주의 창업가, 색인 작성가, 여러 언어에 능숙한 번역가의 역할까지 맡았다. 한편으로는 걸출한 학자들과, 다른 한편으로는 부유한 후원자 및 위정자들과 좋은 관계를 유지할 필요도 있었다. 이들 인쇄업자가 지식인의 삶에 기여한 특별한 공헌을 절대 과소평가해서는 안 될 것이다.

인쇄소들은 강력한 규제를 받는 길드의 형태로 조직되었다. 영국의 서적출판업조합은 1557년 영국 왕실 칙허장을 교부받아 국내 출판업을 감독하고 반체제적 내용물의 인쇄를 막았다. 조합의 역할은 인쇄업을 규제하고 기강을 확립하는 것과 인쇄업자들의 적절한 행동 수칙을 정의하고 조합의 특권을 유지하는 것을 포함했다. 서적출판업조합은 성서, 법률 서적, 그리고 교육 서적의 생산과 관련해 수많은 독점 사업권을 보유하고 있었다. 또한 연감을 제작할 수 있는 왕실의 특권도 갖고 있었는데, 이 사업을 잉글리시 스톡English Stock이라 불렀다. 조합에 가입한 인쇄소는 잉글리시 스톡의 지분을 보유하고 이에 따른 배당금을 지급받았다. 연감의 인쇄 작업과 수익의 일부는 조합에 속한 인쇄소 중 재정이 가장 열악한 곳에 할당되었다. 잉글리시 스톡은 이들 인쇄소의 주요 수입원이었기에 서적출판업조합은 인가받지 않은 출판업체들이 연감을 표절하지 못하도록 잉글리시 스톡의 특권을 고수하는 데 힘썼다.

요스트 아만의 목판화. 식자 틀과 양면조판 작업을 하고 있는 식자공 및 인쇄공과 제본 기술자가 일하고 있는 모습을 각각 보여주고 있다.

인쇄술, 세계를 정복하다

유목민처럼 이곳저곳을 방랑하는 삶을 살았던 구텐베르크의 인쇄공들은 명망 있는 귀족, 대학 그리고 법원으로부터 인쇄 일을 위탁받았다. 인쇄술을 처음 적극적으로 도입한 곳은 서유럽의 경제 요충지, 네덜란드, 독일과 라인지방, 그리고 베네치아가 서적 교역을 주도하던 이탈리아 북부 지방에 자리한 활발한 상업 도시들이었다. 1480년경 인쇄기를 보유한 지역은 110군데였으나, 1500년대 인쇄업 중심지는 두 배 이상 증가한 236군데를 기록했다.

인쇄기가 영국으로 건너가기까지는 좀 더 시간이 걸렸으나, 영국 남부와 저지대 국가(유럽 북해 연안의 벨기에, 네덜란드 그리고 룩셈부르크를 일컫는 말-옮긴이) 간에 상거래가 번성하고 있던 터라 인쇄술이 런던에 닿기까지 그리 오랜 시간이 걸리지는 않았다. 영국 최초의 인쇄업자인 윌리엄 캑스턴은 1474년 브루제에서 일하면서 영어로 인쇄된 최초의 책을 만들어냈다. 그 후 캑스턴은 런던으로 이주해 왕실의 후원을 받아 웨스트민스터 사원 근처에 인쇄소를 차렸다. 프랑스 소르본 대학 주변에 라탱 지구(후에 프랑스 서적 거래의 중심지가 되었다)가 있었다면, 런던에는 페터노스터 거리가 있었다.

제프리 초서가 쓴 『캔터베리 이야기(Canterbury Tales)』 2판으로 윌리엄 캑스턴이 1483년 인쇄했다. 목판화는 말을 타고 있는 각각의 순례자를 묘사하고 있는데 왼쪽에 상인, 오른쪽에 옥스퍼드의 성직자 모습이다. 일부 이미지는 다른 순례자를 그리는데 재사용되기도 했으며, 이러한 이유로 여기서 '성직자'는 활과 화살로 무장하고 있는 모습이다.

이곳 세인트 폴 대성당 근처에 인쇄소가 밀집되어 있었는데, 마침 인쇄물에 대한 수요가 지속적으로 창출되었던 법원 근처라 인쇄소가 자리하기에 좋은 곳이었다.

스위스에서는 바젤과 제네바(많은 칼빈주의자들이 망명했던 곳이다)가 인쇄업의 거점이었고, 스페인에서는 위대한 종교 중심지였던 톨레도, 왕실이 자리했던 바야돌리드 그리고 대학이 자리한 학문의 도시 알칼라 데 에나레스가 그러했다. 프랑스의 출판업은 수도 파리와 리옹으로 분산되어 있었다. 1530년 이 두 도시에서 생산되는 책은 전체 프랑스 서적의 90퍼센트를 차지했다. 파리는 반종교개혁 출판의 중심지가 되어 다량의 전례서와 기도서를 생산했고, 리옹은 이탈리아와 스페인 시장에 책을 공급하는 데 주력했다.

처음에는 인쇄술이 유럽 전역으로 퍼졌다. 그리고는 인쇄기가 전 세계를 유럽화하는 필수적인 도구로 자리매김했다. 16세기 동부 유럽과 북유럽 국가들이 최초로 인쇄기를 보유하게 되었다. 인쇄기가 러시아 모스크바까지 닿은 것은 1560년대, 중부 유럽 류블랴냐까지 당도한 것은 1570년대였다. 콘스탄티노플에 인쇄기가 등장한 것은 1727년경의 일이다. 인쇄기가 북미로 건너간 것은 1638년으로 뉴잉글랜드가 그 시발 지점이었다. 스페인 정복자들은 1539년 멕시코에 인쇄기를 설치했으나, 이는 스페인으로부터 수입해온 책과 절대 경쟁할 수가 없었다. 이 신세계에 들여놓은 인쇄기는 토착민들을 기독교로 개종시키기 위한 선교사들의 임무를 보조하는 용도로만 쓰였다. 1580년대, 인쇄기는 페루 리마까지 건너갔고 1590년 예수회 선교사들에 의해 일본에 당도하게 되었다. 1593년 스페인들이 마닐라로 인쇄기를 가져갔는데, 이것이 동남아시아의 최초였다. 호주 최초의 인쇄기는 1788년 죄수들을 태운 첫 번째 호송선과 함께 들어왔다. 나폴레옹이 이집트에 인쇄기를 들여놓은 것은 1798년의 일로, 그리스어 및 아랍어 활자 그리고 뛰어난 과학자와 지식인 집단도 함께했다.

이때까지도 인쇄부수는 비교적 제한적이었다. 19세기까지도 통상적인 인쇄부수는 한 판당 500~1500권 사이였다. 그러나 교리문답서나 연감과 같은 값싸고 대중적인 서적은 판당 수만 부씩 만

이 사전은 1550년 수사였던 알론소 데몰리나가 제작한 것으로 멕시코에서 인쇄된 가장 초기의 스페인어 책 중 하나에 해당한다. 그림의 인쇄본은 스페인어·나우아어(원주민인 나우아족이 사용했던 언어—옮긴이) 사전만을 포함하고 있으나, 알론소는 20년 후 나우아어·스페인어 사전도 포함시켰다. 사전의 첫 페이지는 그리스도의 상흔을 받고 있는 성 프란시스의 모습을 보여주고 있다.

디에고 드 아두아트가 쓴 『히스토리아 드라 프로빈시아 델 상토 로자리오Historia de la Provincia del Sancto Rosario』로, 부서지기 쉬운 라이스지(rice paper) 위에 2절 판형으로 1640년 필리핀 마닐라에서 인쇄되었다. 당시 스페인 식민지였던 필리핀에서 인쇄된 최초의 주요 역사 서적이다.

들어지기도 했다. 이러한 서적이 질 낮은 종이를 사용해 저렴한 방식으로 제본되었던 데 반해, 더 비싼 책들은 전혀 제본되지 않는 경우가 종종 있었다. 제본되지 않은 책의 운송비가 더 쌌기 때문에 서적상들은 판매 수익에 대해 확신할 수 없는 한 값비싼 제본에 투자하기를 꺼려했다. 대신 고객들이 알아서 나름의 취향에 맞게 제본하기를 바랐다.

라틴어와 방언

유럽에서 라틴어는 법, 과학 그리고 교회를 지배하는 언어였다. 1501년 전까지 인쇄된 서적 중 라틴어 책이 차지하는 비중은 77퍼센트에 달했다(1500년대 이전 서양에서 인쇄된 책을 가리키는 인큐내뷸러 incunabula라는 말은 '요람'을 뜻하는 라틴어에서 나온 말이다-옮긴이). 초기에 인쇄술의 발명은 라틴어 책 특히 제도권 교회를 위한 종교 서적의 생산을 비약적으로 증가시켰다. 1546년 트리엔트 공회의는 라틴어 불가타 성서만이 유일한 정본 성서임을 확인했다. 1570년대 독일에서 출판되는 책의 70퍼센트는 여전히 라틴어 책이었고 75퍼센트 가량이 종교 서적이었다. 라틴어는 출신국가와 문화가 다른 지식인들이 서로 커뮤니케이션을 할 수 있는 링구아 프랑카 lingua franca, 즉 국제공통어의 역할을 했다. 한편 갈릴레오 갈릴레이(1564~1642)가 1620년대 들어 라틴어가 아닌 이탈리아어로 과학서를 집

윌리엄 틴들이 영어로 번역한 1534년판 신약 성서의 권두 삽화와 표제지로, 이 성서는 메르텡 드 키저라는 인쇄업자에 의해 안트베르펜에서 출판된 것으로 보인다. 이로부터 2년 후, 틴들은 이단으로 몰려 플랑드르에서 화형에 처해졌다.

필하기 시작하면서 이는 세계 여러 독자들로부터 큰 원성을 사게 되었다.

이러한 라틴어 지상주의는 두 개의 강력한 시대적 조류가 등장함에 따라 서서히 힘을 잃기 시작했다. 첫째 주권 국가의 독립성이 강화되었는데, 이들 국가는 자국 고유의 언어 사용을 도모하는 것이 정치적 이득으로 이어질 수 있다는 것을 깨닫게 되었다. 둘째 신교의 부상이다. 1539년 프랑스의 프랑수아 1세는 빌레-코트레 칙령을 내려 모든 공문서를 라틴어가 아닌 프랑스어로 작성하도록 했다. 사실 그 당시 프랑스 국민 대다수는 글을 읽을 줄 몰랐다. 영국에서는 헨리 8세와 교황청 사이에 생긴 불화의 여파로 수도원 해산 운동(1536~1541)이 일어남에 따라, 라틴어책 생산을 후원하던 가장 큰 본거지의 하나였던 수도원이 큰 타격을 입게 되어 라틴어책 문화가 급격히 약화되었다. 그 후 영국에서는 100여 년에 걸쳐 이렇다 할 중요한 라틴어 서적이 인쇄되지 않았으며, 1625년 서적출판업조합은 모든 라틴어 서적 재고분을 없애 버렸다.

종교개혁은 '방언' 인쇄물의 확산을 촉진시켰다. 신교 지도자들은 모든 기독교인들이 자신이 사용하는 언어로 성경의 메시지를 접할 수 있어야 한다고 믿었다. 라틴어에서 방언으로 번역된 최초의 주요 서적은 성경이었다. 보통 신약 번역본이 먼저 나왔는데, 이는 구약에 비해 신약이 분량이 짧고, 번역하기 쉬우며, 일상적인 기독교 신앙에 더 중요한 역할을 했기 때문이다. 네덜란드어 성경이 나온 것은 윌리엄 틴들의 영어 번역 신약이 유럽 대륙에서 영국으로 건너간 때와 해를 같이 한 1526년이었다. 네덜란드어 성경은 그 후 40년에 걸쳐 40개 판이 출판되었다. 프랑스어 성경은 보통 스트라스부르와 같은 루터교도 중심지와 제네바와 같은 칼빈파 중심지로부터 프랑스로 수입되었다. 프랑스 국내에서 만들어진 최초의 프랑스어 신약 성경은 르페브르 데파플레가 1523년 출판한 것으로, 르페브르는 그로부터 10년 후 성경 전체를 프랑스어로 번역해 출판했다. 종교개혁 운동 초기 방언으로 성경을 만드는 것은 정치적 위험을 내포했다. 가톨릭교회는 방언 성경을 이단으로 간주했고, 위정자들은 이를 반체제 운동과 결부시켰다. 영국에서는 틴들의 영어 번역 성경을 불태우기 일쑤였고, 틴들 자신도 1536년 화형에 처해졌다.

그러나 1541년 헨리 8세의 종교개혁 조치가 정치적으로 확고히 자리를 잡아가면서, 영국 왕정은 국가 통합을 이룩하고 교회에 대한 왕정의 우선권을 강화하는 데 방언 성경이 유용한 수단이 될 수 있음을 인식하기 시작했으며, 모든 교구 교회에 영어 성경을 한 부씩 소장하도록 명령했다. 1611년 킹제임스번역 성경이 등장하면서, 이전의 번역 성경을 대체하게 되었다. 그러나 이 영어 성경은 가격이 권당 2파운드로 보통 서민은 엄두도 낼 수 없는 비싼 가격이었다. 사람들은 성경을 부분별로 구입하거나, '축약본 성경(thumb Bible)'으로 알려진 내용을 압축한 작은 크기의 성경을 구입했다.

(왼쪽) 1526년 나온 네덜란드어 성경은 안트베르펜의 인쇄업자 야콥 반 리즈벨트(1490년경~1545년)가 만든 것으로, 루터의 신약을 토대로 하고 있다. 종교개혁은 방언 성경 출판을 촉진시켰으며, 가톨릭교회와 몇몇 위정자들은 이를 위험한 급진주의적 현상으로 여겼다.

(아래) 르페브르 데파플레가 만든 최초의 완본 프랑스어 성경 중 신약 첫 번째 페이지이다. 이 성경은 불가타 성서를 번역한 것으로 1530년 출판되었다. 당시 프랑스에서는 방언 성경이 여전히 금지되었기 때문에, 이 성경은 신성로마제국 샤를 5세의 윤허를 받아 안트베르펜에서 출간되었다.

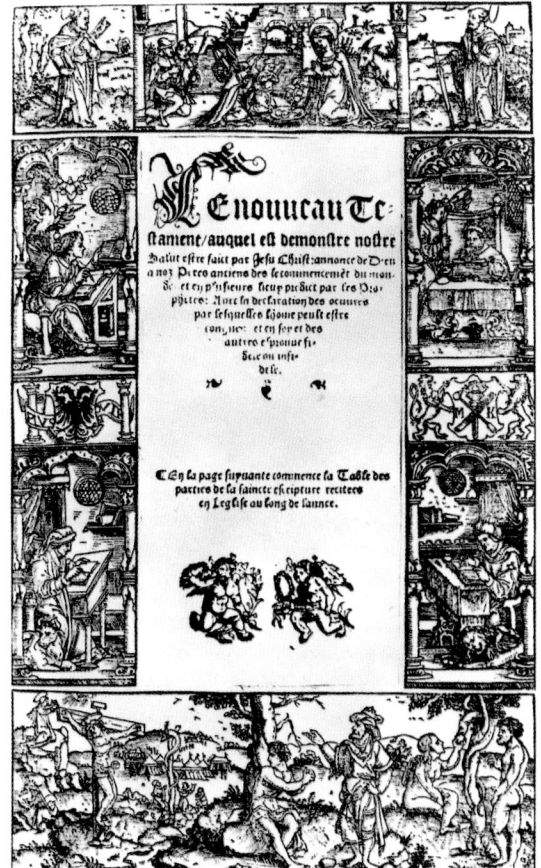

루터 성경

마틴 루터의 독일어 성경은 종교개혁 역사에서 특별한 위치를 차지한다. 그 어떤 책도 이 독일어 성경만큼 루터의 '만인제사장(priesthood of all believers)' 이상을 가장 잘 대변하고 있는 것은 없다. 만인제사장설이란 보통 사람들도 굳이 성직자의 지도나 해석의 도움을 빌리지 않고도 하느님의 말씀과 교통할 수 있다고 주장한다. 그러나 실제로 루터교의 확산은 루터의 독일어 성경이 아닌 다른 서적들에 의존했는데, 이는 성경의 높은 가격 때문에 모든 신자들이 이를 구입할 수는 없었기 때문이었다.

루터의 『비텐베르크 성경(Wittenberg Bible)』 독일어 완본판의 표제지이다. 4절 판형 2권으로 구성된 비텐베르크 성경은 1534년 한스 루프트에 의해 인쇄되었고 채색화는 루카스 크라나흐가 그렸다. 루프트는 그 후 40년에 걸쳐 비텐베르크 성경을 10만 부 넘게 인쇄했다.

가톨릭교회를 비난하는 1538년 인쇄물. 그림은 크라나흐의 공방에서 제작한 목판화에 손으로 색을 입힌 것이며, 풍자적인 교황 문장과 글은 마틴 루터가 쓴 것이다. 부러진 두 개의 열쇠는 전 세계를 지배하던 교황의 권력이 종말을 고하고 있음을 암시한다.

사실 루터 성경이 그리 특별할 것은 없었다. 이전에도 이미 다른 독일어 번역 성경이 18종이나 존재하고 있었기 때문이다. 그런데 이들 초기 번역 성경은 원문을 말 그대로 직역하는 성향이 짙었다. 이전 성서 번역자들과 달리, 루터의 번역은 다양한 독일어 방언을 사용하는 이들 모두가 쉽게 이해할 수 있었다. 1522년 루터는 우선 신약 독일어 번역본을 내놓았는데, 번역하는데 11주, 인쇄를 마치기까지 6개월이 채 걸리지 않았다. 비텐베르크에서 처음 출판된 후 2년 동안 14차례에 걸쳐 재인쇄 되었으며 아우크스부르크, 라이프치히, 스트라스부르, 그리고 바젤에서 수십 차례에 걸쳐 재판본이 등장했다. 구약을 독일어로 번역하는 것은 훨씬 더 어려웠다. 루터가 구약 번역을 끝마치기까지 12년의 세월이 걸렸다.

루터 성경은 그 당시 베스트셀러였다. 1546년 루터가 사망하기 전까지 수백 차례 재판본이 간행되어 20만 권 이상이 팔렸다. 그러나 성경의 가격은 대부분의 루터교도가 감당하기에 너무나 비쌌고, 사실 그 당시 독일 인구 중 글을 읽을 수 있는 사람은 3~4 퍼센트에 불과했다. 제본되지 않은 루터 독일어 성경 1534년 완본판의 가격은 보통 노동자의 월급 한 달 치와 맞먹었다. 루터가 바랐던 대로 교회, 목사 그리고 학교들이 이 독일어 성경을 구매했다. 헤센과 브란덴부르크와 같은 일부 독일 공국은 모든 성직자와 교구에 루터 독일어 성서를 한 권씩 소장할 것을 명령해 독일어 성경의 판매와 유통에 일조했다.

그러나 모든 가난한 소작농들까지도 독일어 성서를 한 권씩 가질 수 있도록 한다는 루터의 이상은 현실이 되기에 아직 갈 길이 멀었다. 한편 북부 유럽과 칼빈파가 주류였던 네덜란드의 상황은 좀 달랐는데, 더 많은 사람들이 글을 읽을 줄 알았다(이들이 모두 글을 쓸 줄 알았다는 것은 아니다). 이 지역

인쇄업자들은 휴대하기 간편하고 일반 가정에서도 사용할 수 있는 작은 8절 판형 서적을 제작해 수익을 올렸다. 1520년과 1566년 사이, 네덜란드어 사용자 25명 당 1명꼴로 성서가 보급되어 있었다. 17세기 뉴잉글랜드의 성서 보급률은 초기의 근대 독일보다 훨씬 더 높았을 것으로 추정된다.

그렇다면 독일어 성경은 루터교를 전파하는 주요 메신저가 아니었던 것이다. 루터교 운동으로 인해 인쇄업자들은 수많은 팸플릿, 소책자, 교리서 및 한 장짜리 전단지를 만드느라 바빴고, 종교개혁의 반대 세력 역시 똑같은 방식으로 응수했다. 즉, 거대한 팸플릿 전쟁의 시작이었다. 플룩슈리프텐 Flugschriften이라 불린 전단지는 다소 조잡한 목판화 이미지를 이용해 루터의 교리를 글을 읽지 못하는 이들에게 전달하고자 했다. 여기서 교황은 바빌론의 창녀(Whore of Babylon), 루터는 선한 목자(Good Shepherd) 그리고 성직자 계급은 부패하고 타락한 것으로 묘사되곤 했다. 1518년과 1525년 사이 독일에서 약 300만 장의 팸플릿이 돌았는데, 당시 독일 전체 인구는 1300만 명에 지나지 않았다. 루터가 쓴 글 『독일의 기독교 귀족에게 고함(Appeal to the Christian Nobility of the German Nation)』(1520)은 4천 부가 인쇄되었는데 며칠 지나지 않아 모두 완판되었다. 이 글은 그 후 16차례에 걸쳐 재판본이 나왔다.

16세기를 살았던 다른 많은 작가들과 마찬가지로, 루터 역시 자신의 창작물에 전혀 통제권을 행사할 수 없음에 경악해야 했다. 독일과 스위스 전역에 걸쳐 루터의 글을 불법으로 표절한 인쇄물이 나돌았으며, 이는 돈 냄새를 맡은 부도덕한 인쇄업자들의 소행이었다. 이 과정에서 루터의 글은 축약되거나 바뀌고 왜곡되기도 했다. 인쇄술의 초창기, 작가가 자신의 글을 표절한 인쇄물을 불법이라 주장하는 것은 헛된 일이었다. 결국 누군가는 이에 전혀 개의치 않고 표절물을 계속 인쇄했을 것이고 이를 처벌하는 이도 없었다.

마틴 루터가 1520년 라틴어로 쓴 「교회의 바빌론 포로(De Captivitate Babylonia Ecclesiae)」는 교황에 대한 비판과 성례의 수를 줄이자는 주장을 담고 있었다. 이 글을 쓰고 얼마 지나지 않아 루터는 파문당했다.

과학 혁명과 책

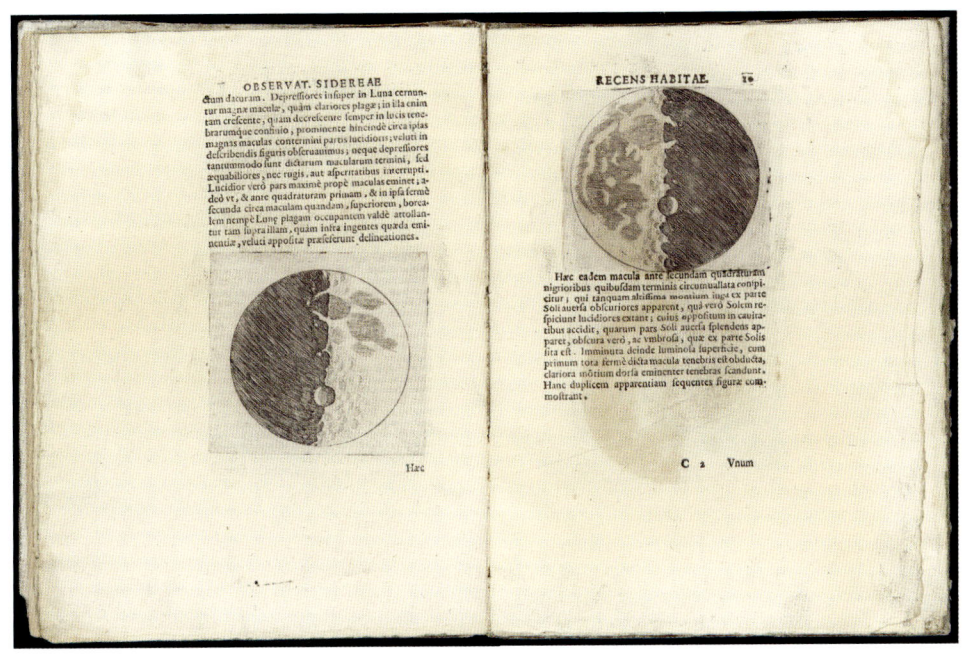

1610년 베네치아에서 인쇄된 갈릴레오 갈릴레이의 『시데레우스 눈치우스』는 달을 관찰한 최초의 현미경 이미지를 실었다. 그러나 인쇄본의 판화 그림이 원본의 그림을 충실히 재현하는 경우는 드물었다.

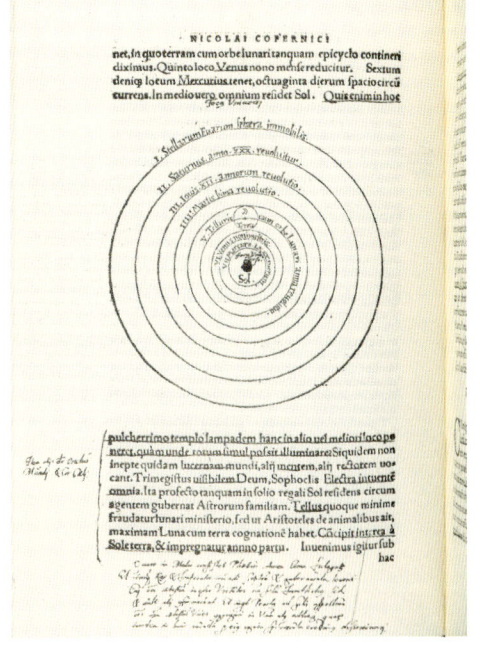

천문학자였던 티코 브라헤가 소장했던 니콜라우스 코페르니쿠스의 책 『천체의 회전에 관하여』로, 브라헤가 책에 손으로 쓴 필기 노트가 보인다. 브라헤는 지동설 이론에 완전히 수긍하지는 않았다.

인쇄기가 발명되기 전 유럽의 과학 논문 출간은 종교 서적과 달리 큰 시장을 형성하지 못했다. 그러나 인쇄술의 도입으로 과학 지식을 전파하는 방식에 결정적인 변화가 생겼다. 우선 도표, 지도, 해부 그림 그리고 동식물의 모습을 정확하게 재현할 수 있게 되었다. 이전에 사용되었던 목판화 방식은 인쇄 횟수를 거듭함에 따라 그림의 질이 현저히 떨어졌지만, 금속판에 새기는 방식으로 삽화를 제작하게 되면서 정확한 시각적 정보를 보다 많이 인쇄할 수 있게 되었다. 이러한 변화는 천천히 진행되었으며, 인쇄업자의 실수로 잘못된 정보가 책에 실리는 일이 여전히 종종 발생했다. 1610년 베네치아에서 출간된 갈릴레오의 『시데레우스 눈치우스(Sidereus nuncius)』(천문학 소식)의 경우, 이러한 실수로 달 표면의 그림이 앞뒤가 거꾸로 된 것을 볼 수 있다.

인쇄술이 학술 서적을 널리 확산시킴에 따라 연구자들은 고대 기록을 자유롭게 참고하고 자신의 연구 결과를 동료 학자들의 것과 비교할 수 있었다. 예를 들어 덴마크의 귀족 출신 천문학자 티코 브라헤(1546~1601)는 16세기 코펜하겐에서 고대 천문학자 프톨레미(90년경~168년경)와 니콜라우스 코페르니쿠스(1473~1543)의 책을 구입할 수 있었다. 자신이 얻어낸 관측 결과를 이해하는 데 처음부터 맨손으로 시작할 필요가 없었던 것이다. 브라헤는 벤에 위치한 자신의 개인 소유 섬에 인쇄기와 제지소를 설치해 통상적인 상업적 제약에 구속받지 않고 자신의 논문을 스스로 출판했다.

브라헤의 제자로 일했던 독일 출신 천문학자 요하네스 케플러(1571~1630)는 브라헤의 뒤를 이어 궁정 수학자가 되었으며, 별들의 운동 궤도가 완벽한 원형이 아니라 타원형이라는 사실을 밝혀냈다. 케플러는 자신의 저서 『루돌프 표(Tabulae Rudolphinae)』(로그를 이용해 행성의 위치를 계산한 책-옮긴이)의 간행을 개인적으로 관장하기도 했다. 이 책은 브라헤의 관측 결과를 기반으로 한 것으로 1627년 울름에서 출판되었다. 케플러는 이 책의 권두 삽화를 직접 디자인했는데, 코페르니쿠스 및 고대의 위대한 천문학자들과 함께한 자신의 모습을 공들여 조각한 판화였다. 케플러는 이 책을 1627년 프랑크푸르트 도서전에 가져갔다.

과학자들은 왕족 혹은 귀족의 후원을 필요로 했다. 1632년 갈릴레오는 자신이 쓴 『두 우주 체계에 관한 대화(Dialogue on Two Chief World Systems)』를 자신의 후원자인 메디치의 토스카나 대공에게 헌정했다. 그러나 이마저도 갈릴레오를 종교 재판의 박해로부터 보호해주지 못했다. 자신의 연구 결과를 출판하고자 했던 과학자들은 종종 가톨릭교회의 억압을 극복해야 했다. 1616년 코페르니쿠스의 이론이 성경에 위배된다는 결정이 내려졌으나 1617년 암스테르담의 천구 제작업자였던 빌렘 얀스존 블라외(1571~1653)는 논란이 되었던 코페르니쿠스의 책 『천체의 회전에 관하여(De revolutionibus orbium coelestium)』의 신판을 간행했다. 이 책의 원본은 1543년 출간되었다. 신교 출판업체들은 가톨릭 당국이 금지하는 서적을 출판함으로써 수익을 올릴 수 있었다. 케플러가 쓴 『코페르니쿠스 천문학 개요(Epitome astronomiae Copernicanae)』(1617)는 교황청의 금서목록에 올랐다. 1633년 갈릴레오는 이단으로 유죄 판결을 받고 자신의 견해를 철회하도록 강요받았으며 가택 연금에 처해졌다. 그러나 갈릴레오가 쓴 『두개의 신과학에 관한 수학적 논증과 증명(Discourses and Mathematical Demonstrations Concerning Two New Sciences)』은 외교 행낭을 이용해 밀반입되어 1638년 레이던의 출판업자 엘제비어에 의해 인쇄되었다. 보통 신교 국가에서 출판하는 것이 더 쉬웠다. 예를 들어 런던의 왕립학회는 1662년 인쇄 허가를 얻어 기관지인 〈트랜잭션Transactions〉에 최신의 과학 연구물을 게재하고 유포했다.

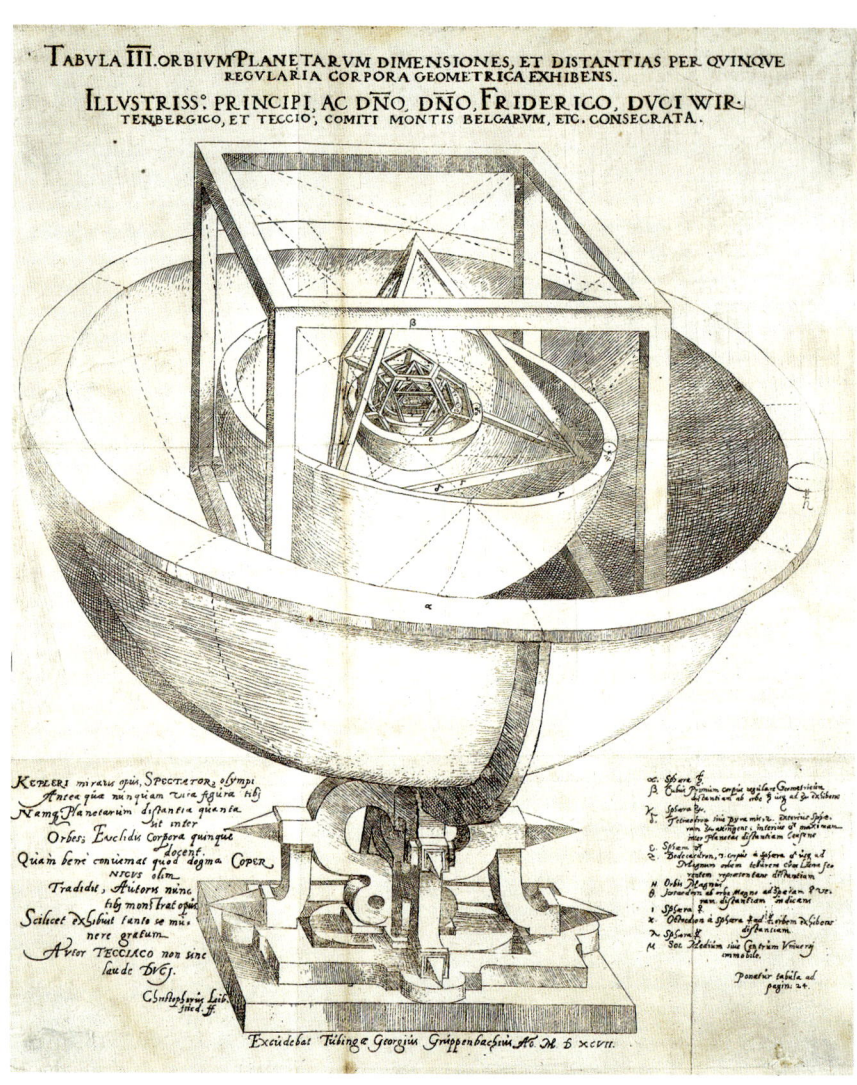

요하네스 케플러의 저서 『루돌프 표』의 권두 삽화로, 케플러가 우주를 묘사한 모습이다. 케플러의 책은 행성의 위치를 계산하기 위한 자료를 제공했는데, 그 정확도는 1631년 수성의 일면 통과를 예측할 수 있을 정도였다.

지도책과 지도 제작

16세기까지 세계 지도는 여전히 그리스 시대의 모형, 특히 프톨레미의 『지리학(Geographia)』(AD 150년경)을 기반으로 하고 있었다. 프톨레미는 구체 모양의 지구를 평면으로 표현하는데서 생기는 문제점을 해결하기 위해 노력했으나, 그 과정에서 지구의 크기를 엄청나게 축소해버렸다. 이러한 계산 착오 때문에 후에 크리스토퍼 콜럼버스(1451~1506)는 아시아로 가기 위한 단축 항로가 유럽에서 동쪽으로가 아닌, 서쪽으로 가는 것이라 믿었다.

대탐험의 시대로 접어들면서 세계 지리에 대한 유럽인의 지식은 점점 증대했다. 플랑드르 출신 지도제작자 아브라함 오르텔리우스의 지도 총람 『세계의 무대(Theatrum orbis terrarum)』는 최초의 근대 지도로 1570년 처음 안트베르펜에서 출판되었다. 전 세계의 모습을 담은 69장의 지도를 포함하고 있었으며, 유럽이 이룩한 지도 제작 기법의 놀라운 발전상을 요약해 놓았다. 이 책은 수차례에 걸쳐 개정, 증보 및 재편집을 거쳤다.

오르텔리우스(1527~1598)의 지도는 아프리카와 남아메리카의 남쪽으로 인도양과 태평양을 잇는 거대한 대륙이 위치한 것으로 묘사하고 있다. 이것이 바로 '미지의 남쪽 땅(Terra Australis Nondum

아브라함 오르텔리우스가 1570년 제작한 세계 지도. 남쪽 대륙의 크기가 지나치게 거대하고 남아메리카의 모습이 이상하게 그려져 있다.

인쇄 문화의 등장 · 73

최초의 호주 지도로, 원본은 1547년 니콜라스 발라드에 의해 제작되었다. 동부 해안가의 모습을 보여주고 있으며 위로는 남부 해안가가 보인다. 그 시대 많은 지도가 그러했듯이, 현지 주민들과 해상의 생활 모습이 포함되어 있다.

Cognita)'이었다. 남쪽으로 거대한 땅덩어리가 있을 것이라는 믿음은 지구의 균형을 잡기 위해서 북반구의 대륙과 맞먹는 평형추가 남쪽에 존재할 것이라 생각했기 때문이다. 계몽주의 시대가 도래하기 전까지 이 같은 믿음은 온갖 추측과 환상 그리고 극도로 부정확한 지도의 생산으로 이어졌다. 제임스 쿡이 첫 번째 항해(1768~1771)에서 뉴질랜드 해안과 호주 동부를 탐험한 후에도 더 남쪽으로 내려가면 거대한 대륙을 찾을 수 있을 것이라 생각했다. 두 번째 항해(1772~1775)에서 남극까지 내려갔고, 아무것도 찾지 못함으로써 위의 그릇된 믿음을 완전히 깨버렸다. 1800년에서 1803년 사이 니콜라 보댕의 호주 탐험 이후 프랑스인들은 최초로 완벽한 호주 지도를 완성했다.

17세기까지 지도끼리 서로 표절하는 일은 꽤 흔했고, 이 과정에서 오차를 비롯해 제 삼자 혹은 사자를 통해 건네 들은 이국의 땅에 대한 환상이 재생산되었다. 피터 반 데어 아아(1659~1733)가 레이던에서 출판한 지도는 1580년대 포르투갈 지배하의 동인도 제도를 다녀온 탐험가의 이야기를 기초로 했으나, 여전히 괴수의 모습을 한 생명체의 그림(그 당시에는 미지의 땅에 이런 괴물이 살고 있을 것이라 믿었다)을 포함하고 있었다. 마인츠 성당 참사회 회원이었던 베른하르트 폰 브라이덴바하(1440~1497)는 객관적인 목격자로부터 직접 전해들은 이야기를 토대로 지도를 제작한 최초의 인물 중 하나였다. 1483년과 84년 사이 성지 여행에 화가인 에서하르트 로이비히와 동행했는데, 로이비히는 1486년 출간된 베른하르트의 지도책 『프레그리나치오 인 테람 상툼Peregrinatio in Terram Sanctam』의 지도와 그림을 그렸다. 이처럼 지구의 실제 모습을 담은 지도를 제작하려는 경향은 결과적으로 더 정확한 천제 지도의 제작으로 이어졌다. 1647년 출판된 『월면도(Selenographia)』를 만든 폴란드 출신 천문학자 요하네스 헤벨리우스(1611~1687)는 망원경을 통해 자신이 관찰한 결과를 토대로 분화구로 뒤덮인 달의 표면을 자세하게 묘사한 지도를 최초로 제작한 인물이었다.

인쇄 책

인쇄술 초기 책은 여전히 손으로 베껴 쓴 필사본과 매우 흡사했다. 그러나 곧 새로운 활판술이 발달하면서 인쇄된 페이지에 담긴 정보는 오늘날 우리가 당연시하고 있는 책의 모든 요소를 포함하게 되었다.

초기 인쇄 서적은 도입부의 내용이 굉장히 많았다. 먼저 판화 기법을 이용해 제작된 권두 삽화로 시작하는데, 권두 삽화는 보통 화려하게 장식하거나 혹은 독자를 책 안으로 안내하는 아치형 입구의 모양을 띠기도 했다. 그 다음에는 작가의 초상화(판화)가 등장했다. 우리가 익히 알고 있는 루터나 에라스무스의 모습은 이러한 초상화 이미지로부터 나온 것이다. 또한 차라리 책 내용의 광고라 불러도 좋을 만큼 제목이 굉장히 길었고 여기에 라틴어나 성경의 인용구를 덧붙이기도 했다. 토마스 살러스베리가 1711년 번역하고 출판한 갈릴레이의 『두 우주 체계에 관한 대화』를 보면, 번역본의 제목은 다음과 같았다.

'우주의 체계: 그에 관한 네 개의 대화. 프톨레미와 코페르니쿠스가 주창한 두 개의 거대한 체계에 대한 대대적 담론; 피렌체 출신 갈릴레오 갈릴레이 린시우스가 공명정대하고 상세하게 제기하는 철학적 및 물리학적인 그리고 이 두 가지를 서로 비교하는 추론; 피사 대학의 뛰어난 수학 교수이자 투스카니공의 수석 수학자. 이태리어 원문을 토마스 살러스베리가 번역'

그리고 여기에 알키노오스와 세네카의 격언을 덧붙여 제목을 완성했다. 또한 이 당시 서두에 출판 장소와 날짜 외에 인쇄업자를 밝히는 것이 관례화되었다. 인쇄업자의 서명을 넣은 것을 판권지라 불렀는데, 필사본 책의 경우는 필경사가 작업을 모두 마친 후 책의 말미에 서명을 했다. 이 밖에 작가의 후원자에 헌정하는 서한이 있는 경우도 있었다. 이 모든 내용이 등장한 이후에야 독자는 목차 페이지로 넘어갈 수 있었다.

초기의 인쇄 서적은 필사본과 마찬가지로 페이지 번호가 기록되지 않은 것이 대부분이었고, 독자가 손수 기입해야 했다. 그러나 점진적으로 페이지 번호를 표기하기 시작했고, 이와 함께 페이지 상단에 난외표제를 두게 되었다. 필사본을 읽는 독자들은 페이지 여백에 자신이 직접 표식을 남겼는데 새의 모습이나 검지로 무언가를 가리키는 손 모양을 그려 특별히 관심이 가는 부분의 구절을 표시했다.

베르나르두스 몰린크로트가 쓴 『인쇄 예술의 부흥과 발전(De ortu et progressu artis typo-graphicae)』의 권두 삽화. 몰린크로트는 1501년 이전에 인쇄된 유럽의 서적을 이르는 '인큐내뷸러'라는 용어를 만들어냈다. 또한 왼쪽 그림에 보이는 구텐베르크를 인쇄술의 발명가로서 옹호했다.

 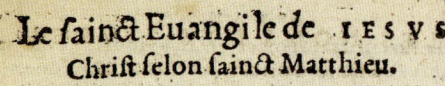

인쇄 서적도 이러한 관습을 채택하게 되었다.

  16세기 이전까지는 문단을 구분하지 않았기 때문에 독자들은 이러한 구분 없이 쭉 이어 쓰여진 글을 읽어야 했고 설사 구분한다 해도 한 페이지를 두 개의 세로 단으로 나눈 형태였다. 읽기가 익숙하지 않았던 독자들은 여백이 충분한 책을 필요로 했는데, 이는 인쇄업자들이 당시 가격이 가장 높았던 재료, 즉 종이를 더 많이 소비했어야 함을 의미했다. 필경 문화에서 성경은 서, 장, 그리고 절의 단위로 구분되었는데 공통으로 사용되는 통일된 구분 체계는 존재하지 않았다. 프랑스의 인쇄업자 로베르 에티엔느가 1551년 고안한 구분법이 결국 성경 구분법의 표준으로 채택되었다.

  인쇄술은 필사본 제작에서 필연적으로 발생하는 수많은 변형과 오류를 없애고 표준화를 이룩했다. 이와 함께 번역본의 원문 충실도에 대한 기대감이 높아졌는데, 이를 잘 보여주는 사례로 독일의 인문주의자 에라스무스(1466~1536)가 사용했던 정오표를 들 수 있다. 이는 오식 목록을 작성해 낱장에 별도로 인쇄한 것으로, 무제본 책이 판매되고 나중에 제본을 할 때 여기에 함께 넣어 제본할 수 있도록 한 것이다.

(왼쪽) 앤드류 밀러의 인쇄소 마크. 밀러는 1507년 스코틀랜드 최초의 공인 인쇄공이 되었다. 인쇄소 마크의 풍차는 밀러의 성과 관련이 있다.

(오른쪽) 1553년 제노바에서 로베르 에티엔느가 인쇄한 프랑스어 판 신약 마태복음의 도입부로, 여기서 나타나는 장과 절 구분법은 후에 성경 구분법의 표준으로 자리 잡았다.

알두스 마누티우스와 고전

르네상스 시대 독자와 출판업자들은 서적의 현대화에 일조했는데, 이는 과거로 되돌아가 고대 그리스와 로마의 고전 작가들로 눈을 돌렸기에 가능했다. 법과 정치를 배우고자 하는 사람이면 누구나 키케로의 작품을 필수로 읽어야 했고, 오비디우스·베르길리우스·호라티우스와 같은 위대한 시인은 교육받은 독자들에게 문학의 척도와도 같았다. 플라톤과 아리스토텔레스의 작품은 대부분 철학적 논의의 바탕이 되었고 플리니우스는 자연 과학 분야에서 확고한 권위자의 위치에 있었다.

휴대하기 편한 작은 8절 판형의 고전 서적이 교양 있는 일반 독자를 위해 출판되었다. 이러한 고전

알두스 마누티우스가 사용한 '이탤릭' 서체. 베르길리우스의 『시선(Eclogues)』 1501년 판에서 나타나는 이탤릭체는 고전적 형태의 간결함과 명확성을 추구했다.

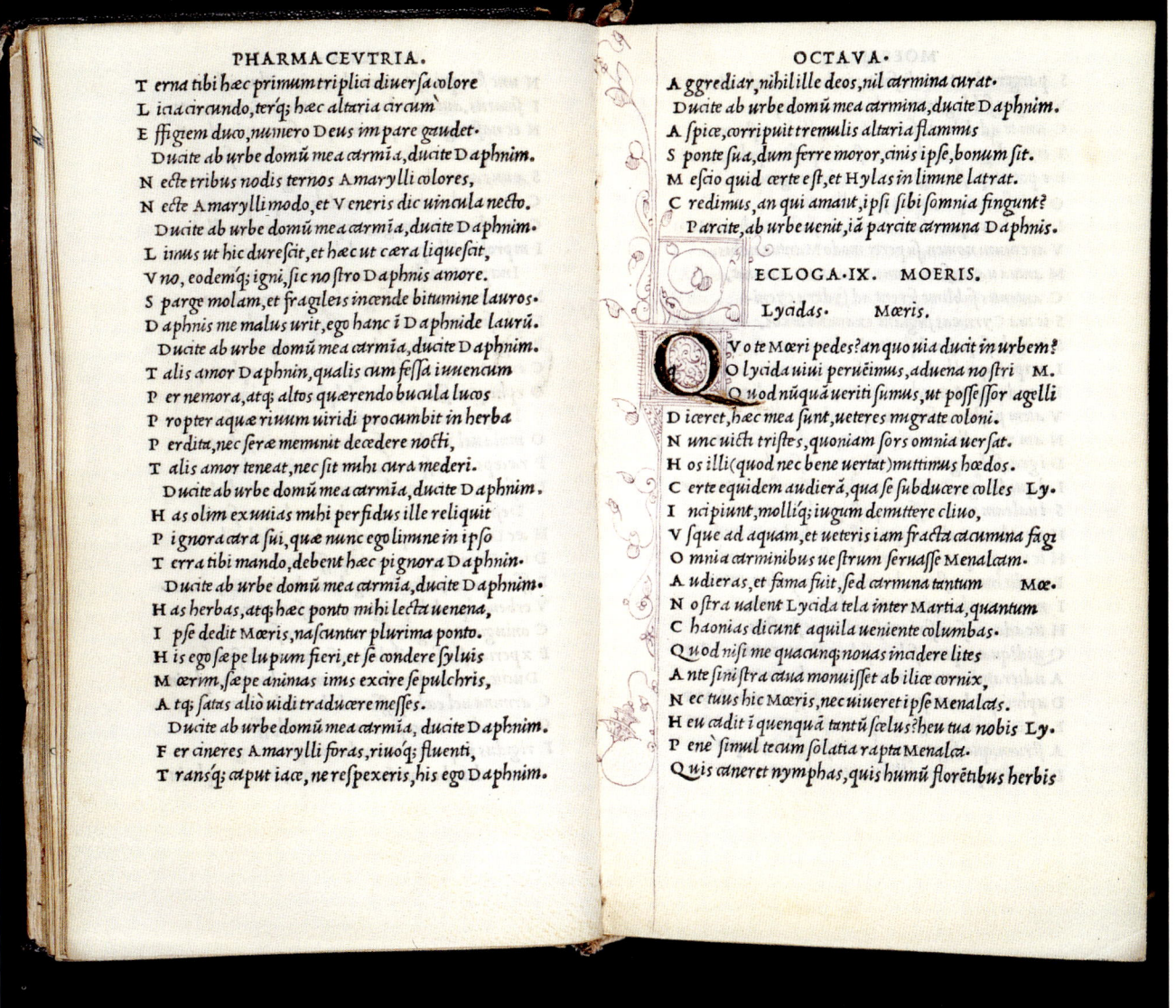

(왼쪽) 1499년 알두스 마누티우스가 베네치아에서 인쇄한 『폴리피로의 꿈(Hypnerotomachia Poliphili)』. 연애 소설로 라틴어, 이탈리아어. 심지어 아랍어 활자까지 동원된 베네치아 르네상스 시대의 가장 혁신적인 서적의 하나로 손꼽힌다. 마누티우스는 안티쿠아 서체에서 파생된 로마식 서체를 사용했으며, 텍스트의 배열 형태를 변형해 글을 이미지의 일부로 만들었다.

(아래) 돌고래와 닻으로 구성된 알두스 마누티우스의 인쇄소 마크로 1501년 채택되었다. 수상도시 베네치아에 자리한 인쇄소에 적절한 테마의 마크였다.

문학 부흥에서 중요한 선구자적 역할을 한 인물로 베네치아의 인쇄업자 알두스 마누티우스(1449~1515)가 있다. 마누티우스는 작은 포켓 사이즈의 고전 서적을 만들기 위해 글자가 비스듬히 기운 모양의 새로운 서체를 개발했는데, 이를 고전 이태리와 관련지어 이탤릭체라 명명했다. 마누티우스는 새로운 서체의 특허를 얻기 위해 노력했으나, 베네치아 밖에서 이탤릭체를 무단으로 사용하는 인쇄업자들을 막을 수는 없었다.

'올더스 판 고전(Aldine classics: 올더스는 마누티우스의 이름 알두스에서 온 것이다-옮긴이)'은 1501년~1502년 사이 처음 발간되었고 이는 출판의 혁명을 일으켰다. 물론 그 여파는 올더스 판이 결코 저렴하지 않았기에 페이퍼백 혁명의 원형이라 부를 수 있을 만큼은 아니었다. 마누티우스는 교양 있는 일반 독자를 염두에 두고 이 고전 시리즈를 출판했다. 올더스 판 고전은 중세 시대 고전 문학에서 흔히 찾아볼 수 있었던 부담스러운 주석 석명이나 독자의 주의를 흩트리는 학문적 해설 없이, 페트라르카나 단테와 같은 이탈리아의 세속 시인뿐만 아니라 호라티우스나 베르길리우스와 같은 고전 라틴어 작가들의 작품을 군더더기 없이 우아한 원고의 형태로 나타냈다.

엘제비어와 '네덜란드의 기적'

17세기, 인구 200만이 채 안 되는 작은 나라가 유럽의 출판 강국으로 발돋움하게 된다. 현대의 책 역사학자들은 이러한 변혁을 헤이그, 위트레흐트, 암스테르담 그리고 레이던과 같은 도시를 중요한 지식인 중심지로 탈바꿈시킨 '네덜란드의 기적'이라 부른다.

저지대 국가는 몇 가지 이점을 갖고 있었다. 네덜란드는 스페인령 네덜란드에서 피난 온 칼빈파 망명자들을 기꺼이 받아들였는데 이들 대다수는 인쇄업자로, 일부 유럽 국가에서 성행했던 엄격한 검열 제한이 없었기에 관용적인 분위기가 지배적이었다. 게다가 네덜란드 국민 중 상당수가 글을 읽고 쓸 수 있었다. 네덜란드 사업가들은 잘 발달된 상업 네트워크를 활용할 수 있었고, 이 덕분에 17세기 네덜란드는 뉴스, 성경, 정치용 팸플릿, 그리고 기타 인쇄물 생산의 위대한 중심지로 도약할 수 있었다.

엘제비어가는 네덜란드 서적 산업에서 가장 탁월한 기량을 보여준 가문 중 하나였다. 1580년 안트베르펜에서 크리스토퍼 플랑탱의 견습생으로 일했던 루이 엘제비어(1540~1617)는 레이던으로 와서 자신의 인쇄소를 차렸다. 그 후손들은 가업을 이어 레이던 대학에서 사용할 교과서, 학문적 논문, 그리고 고전을 인쇄했다.

엘제비어 인쇄소는 보나벤투라 엘제비어와 아브라함 엘제비어가 경영을 맡았던 1622년과 1652년 사이 가장 높은 호평을 받은 출판물을 내놓았다. 당시대 학자들이 주석을 단, 작은 12절 판형의 고전 라틴어 서적 시리즈가 바로 그것이었다. 이 포켓판 고전 시리즈는 학문적 충실도, 내용의 신뢰성 그

(왼쪽) 엘제비어가 출판한 갈릴레오 갈릴레이의 『두 개의 신과학에 관한 수학적 논증과 증명』 1638년도 판의 표지지. 1638년 레이던에서 간행되었으며, 엘제비어 출판사의 유명한 느릅나무 로고를 볼 수 있다.

(오른쪽) 엘제비어 출판사의 사업은 베르길리우스 작품집과 같은 고전 서적 출판을 주축으로 했다. 그림의 1636년도 판 책의 표지지 왼쪽으로 책 소유주의 장서표가 보인다.

리고 가격의 합리성을 고루 만족시키는 양질의 상품이었다. 1636년판 베르길리우스 전집은 커다란 성공을 거두어 15차례나 재인쇄 되었다. 얼마 지나지 않아 포켓판 고전은 출판사에 관계없이 '엘제비어 판'으로 알려지게 되었다.

보나벤투라와 아브라함은 1626년과 1649년 사이『공화국들(Republics)』이라는 또 다른 베스트셀러를 내놓았다. 라틴어로 출간된 이 책은 각 권마다 유럽, 아시아, 아프리카 그리고 근동 지역 국가의 지리, 인구, 경제 그리고 역사 정보를 담고 있었다. 이런 점에서『공화국들』은 현대 여행 안내서의 원조였던 셈이다.

이러한 상업적 성공으로 큰 수익을 창출한 엘제비어가는 투자 위험이 크고 많은 자본이 요구되는 사업에 투자하기 시작했다. 1624년에서 1678년 사이 에라스무스의 신약을 7판까지 인쇄했으며, 데카르트의『오페라 필로소피카 Opera philosophica』는 6판까지 나왔다. 논란이 되었던 갈릴레오의『두 개의 신과학에 관한 수학적 논증과 증명』은 이 책이 이탈리아에서 종교 재판으로 금서로 지정된 후인 1638년 출판되었다. 또한 엘제비어가는 네덜란드에서 셈어족에 관한 연구가 한창 꽃피던 당시 로마자 외 기타 활자에 대한 조판으로 명성을 얻게 되었다.

1712년 엘제비어가의 명성은 쇠퇴하기 시작했고 네덜란드의 서적 시장을 둘러싼 국제 경쟁이 시작되면서 '네덜란드의 기적'도 빛이 바래게 되었다. 그러나 1880년 야코부스 로버가 자신이 차린 출판사를 엘제비어를 따라 '엘스비어Elsevier'라 명명하고 아이삭 엘제비어(1596~1651)가 사용했던 엘제비어 인쇄소의 로고(지식의 나무인 느릅나무 아래 한 노인이 서 있는 모습-옮긴이)를 채택하면서 그 이름은 다시 부활하게 되었다. 20세기 중반, 엘스비어 출판사는 과학 학술지를 출판하며 네덜란드, 미국 그리고 영국에 지사를 두었다. 또한 1970년대에는 의학 출판 쪽으로 전문화를 꾀했다. 오늘날 세계적인 대기업 리드 엘스비어의 일부로 활동하고 있으며, 전 세계적으로 과학 및 보건 분야의 선도 출판업체로 자리매김했다.

워싱턴 소재 미국 의회 도서관의 현관을 장식하고 있는, 아이작 엘제비어에게 바치는 화려한 색감의 헌사로 느릅나무 문장을 볼 수 있다.

크리스토퍼 플랑탱의 다국어 성서

크리스토퍼 플랑탱(1514~1589)은 노르망디의 프랑스 도시 캉에서 제본업자로 사업을 시작했다. 플랑탱은 1549년 안트베르펜에 정착했으며, 1580년경에는 유럽에서 가장 유명한 인쇄출판업체의 하나를 경영하게 되었다. 황금 나침반 로고로 대표되는 플랑탱의 인쇄출판사는 세계 곳곳의 고객의 수요에 부응하는 대규모 업체로 자리 잡았다. 플랑탱은 다양한 종류의 서적을 출판했는데, 여기에는 전례서, 성가집, 우의화집, 포켓판 키케로 고전, 이솝 우화, 그리고 동판화를 이용한 해부 그림이 실린 안드레아스 베살리우스의 의학 서적 『인간 시체 구조에 관하여(De humani corporis fabrica)』 등이 포함되었다.

스페인령 네덜란드에서 출판업은 위험한 사업이었다. 위정자의 눈 밖에 난 출판업자는 감옥에 갇히거나 처형당하기도 했다. 플랑탱은 체제 순응과 불법 출판 사이에서 아슬아슬한 줄타기를 했다. 플랑탱은 신교주의에 동조했다 하더라도 이를 겉으로 드러내지 않았는데 1561년 스페인 총독은 플랑탱의 출판사에 이단적인 서적이 있는지 조사하라는 명령을 내렸다. 플랑탱은 보유한 서적을 모두 팔아치우고 사태가 잠잠해지면 후에 다시 사들이는 방식으로 위기를 넘겼다. 1563년 플랑탱은 칼빈파 교도 4명과 사업 제휴를 맺었고, 이들은 필요한 사업 자금을 댔다. 그러나 1567년 기독교 신자인 스페인 왕의 명령으로 네덜란드의 반란 세력을 진압하러 온 알바 공작이 수천 명의 신교도를 처형하며 브뤼셀에 입성하자, 플랑탱은 살아남기 위해 신교도 사업 파트너들과의 관계를 모두 청산해야 했다. 이제 강력한 힘을 가진 후원자가 필요하다는 사실을 깨달은 플랑탱에게 스페인의 왕 펠리페 2세보다 더 적합한 인물이 과연 또 있었을까?

펠리페 2세를 위해 플랑탱은 라틴어, 그리스어, 히브리어, 시리아어 그리고 아람어로 쓰여진 '다국어 성경'을 발간했다. 다국어 성경을 제작하기 위한 사업은 우선 종교 재판의 검열을 거쳤는데, 이는 왕의 승인을 받기 위한 필수적인 절차였다. 다국어 성경 제작은 막대한 투자가 소요되었으며, 제작 기간 동안 플랑탱은 자신의 출판사 자산 모두를 펠리페 2세에게 담보로 잡혔다. 플랑탱에게는 위 모든 언어의 활자가 필요했으며, 프랑스의 인쇄업자 가라몽이 철제 각인쇠를 제공한 덕에 플랑탱은 자모를 만들 수 있었다. 다국어 성경을 인쇄하는 데 인쇄기 13대와 인력 55명이 투입되었으며, 교정을 보는데 전문 언어학자들이 동원되었다. 한편 당시 십대였던 플랑탱의 딸도 교정 작업에 참여했는데, 여러 가지 언어들을 전혀 이

플랑탱이 안트베르펜에서 출간한 다언어 성경의 권두 삽화. 다언어 성경은 8권의 2절 판형으로 구성되었으며 1568년과 1572년 사이 제작되었다. 오늘날 남아 있는 성경은 몇 부 되지 않는다. 상당수가 스페인으로 가는 항해 도중 소실되었다. 삽화에서 보이는 동물 무리는 기독교의 통합을 상징하는 것으로 보인다.

해하지 못했음에도 완벽한 정확도로 오류를 수정할 수 있었다고 한다. 총 8권으로 구성된 다국어 성경은 2절 판형이었기 때문에 한 번에 인쇄할 수 있는 양은 2페이지에 불과했다. 제작하는데 1568년에서 1572년 사이 4년의 세월이 걸렸으나, 덕분에 플랑탱은 스페인 왕의 총애를 받게 되었다. 플랑탱은 펠리페 2세의 궁정 인쇄공 칭호와 함께 높은 수익이 보장되는 전례서 독점 인쇄권을 얻었다.

1581년 네덜란드가 스페인으로부터 독립을 선언했다. 네덜란드 독립군을 이끌었던 침묵의 왕 윌리엄(William the Silent)이 안트베르펜에 입성하면서 플랑탱은 네덜란드 신교도에 호의적인 방향으로 선회해야 했는데, 한편으로 스페인 왕의 적대감을 사는 일은 없어야 했다. 플랑탱은 이 양극단의 균형을 성공적으로 조절했다. 즉, 네덜란드 전국회의를 위한 인쇄물을 만들면서 동시에 반종교개혁 출판의 중심지였던 홀란트와 파리 모두에 인쇄 사무소를 운영했던 것이다. 1589년 플랑탱의 사망 후, 사위 얀 모레터스(1543~1610)가 번창기의 출판업을 물려받았다.

플랑탱의 다언어 성경을 펼친 모습. 왼쪽 페이지에는 히브리어 텍스트와 그 라틴어 번역문, 오른쪽 페이지에는 그리스어 텍스트와 그 라틴어 번역문 그리고 왼쪽 페이지 하단에 아람어 텍스트, 오른쪽 페이지 하단에 그 라틴어 번역문이 보인다. 신약은 그리스어와 시리아어 판이 라틴어 번역과 함께 인쇄되었다.

'황금 컴퍼스'는 플랑탱-모레터스 인쇄소가 있던 건물의 이름이었다. 여기에는 페테르 루벤스가 그린 플랑탱의 로고도 보인다.

종교 재판과 금서 목록

종교개혁이 빠르게 확산되면서 교황청과 서적 검열을 맡았던 대학 신학부 교수들은 대응책을 강구하게 되었다. 1544년과 1556년 사이 파리의 소르본 대학은 이단적 출판물에 대한 500건의 비난서를 내놓았고 1546년, 1550년, 1558년 각각 발간된 루뱅 대학의 금서 목록은 총 700권의 책을 포함했다. 한편 언제나 법 위의 법으로 군림했던 스페인 종교 재판소의 금서 목록은 이보다 더 방대했다. 도서 검열은 가톨릭교회가 매우 특별한 관심을 두었던 사안으로, 가톨릭교회가 언제나 정통 교리를 정의하고 이를 이단적 해석으로부터 보호하는 역할을 수행했기 때문이었다. 금서 목록(Index librorum prohibitorum)은 가톨릭교회의 블랙리스트에 오른 간행물을 정리한 것으로, 반종교개혁이 시작되면서 목록에 등재된 서적의 수도 많아졌다. 1790년경 교황청 금서 목록에는 7400여 종의 서적이 포함되었다.

1542년 교황 바오로 3세가 로마에 종교 재판소를 설립했다. 이는 본질적으로 법정의 역할을 수행했으며 교황이 직접 참석해 죄인의 해명을 들었다. 재판의 결정에 권한을 거의 행사할 수 없었던 지역 주교들 사이에서는 그다지 환영받지 못했다. 1558년 로마 종교 재판소가 내놓은 최초의 금서 목록은 에라스무스, 마키아벨리 그리고 라블레의 책을 포함해 대략 천여 권의 서적을 포함했으며, 이는 곧 유럽의 엘리트 지식인에 대한 선전 포고와 마찬가지였다. 1572년 금서성(Congregation of the Index)이 별개 기구로 설립되어 금서 목록을 최신판으로 개정하는 역할을 맡았다. 발간 횟수를 거듭하면서 금서 목록은 점점 정교해졌다. 저자를 '해악성'의 정도에 따라 점수를 매기고, 책 전체를 금서로 지정하기보다 불온한 내용을 담은 부분을 표시해 삭제하도록 했다. 에라스무스는 다른 작가들보다 더 관대한 처분을 받았다. 재판관들은 방언으로 쓰여진 종교 서적을 읽는 것을 금지하려 노력했으며, 심지어 연애 소설을 읽는 것조차 반대해 이런 종류의 소설을 소장하고 있다는 것만으로도 의심을 사기에 충분할 정도로 연애 소설을 악으로 취급했다. 1572년 베네치아의 한 수공업자가 이단으로 고발당했는데, 그 이유는 단순히 이웃집에서 책을 읽다가 걸렸기 때문이었다.

이러한 억압 체제를 모든 곳에서 효과적으로 집행하기란 어려운 일이었다. 스페인의 펠리페 2세는 신세계 지역의 중심지 3곳(리마, 멕시코시티 그리고 가르타헤나 데 인디아스)에 종교 재판소를 세웠으나, 아메리카 지역에서 종교 재판은 산발적으로 집행될 뿐이었다. 그 이유는 지리적으로 스페인에서 멀리 떨어져 있었으며, 유능한 인력이 부족했기 때문이었다. 종교 재판소는 심지어 이탈리아 전체를 관리하는 데도 실패했으며, 그 활동은 신교가 침투할 위험성이 가장 높았던 지역인 알프스와 스위스 북부 지역에 다소 한정되어 있었다. 현실에서 억압적인 종교 재판은 단편적으로 집행되어 그 힘이 미약했으며, 프랑스에서는 각종 금지 조치가 계속 무시당했다. 금서성은 1917년까지 공식 기구로 존속했으며, 1966년 로마 교황청에 의해 철폐되었다.

1786년 판 금서 목록의 권두 삽화로 책이 불타는 모습이 그려져 있다. 하단에 '사도행전'으로부터 가져온 인용구가 쓰여 있는데, 그 내용은 책을 불태우는 행위를 정당화하는 것이다. 오랜 기간 전해 내려온 믿음에 따르면, '좋은' 책은 온전한 채로 불길 위로 떠오를 것이고, 유해한 책은 불에 타 재가 될 것이라 생각했다.

메소아메리카의 고문서

스페인 정복자들이 고국으로부터 신세계로 전파하고자 했던 특징적 문화는 책의 형태를 띠고 들어왔다. 그러나 이들이 당도한 신세계는 문맹 사회가 아니었다. 잉카는 발전된 글쓰기의 전통이 없었지만, 멕시코와 중앙아메리카는 스페인보다 시대를 앞서는 풍부한 문학적 문화를 갖고 있었고 이를 파괴하려는 선교사와 정복자들의 노력은 결국 수포로 돌아갔다.

스페인 정복자들이 갖고 온 책은 반종교개혁의 내용을 담고 있는 책으로 미사전서, 성경, 기도서, 그 외에 성인의 삶과 신학적 내용을 다룬 것들이 주종이었다. 16세기 스페인으로부터 들어온 책의 70퍼센트 가량이 기독교적 성격의 것으로, 이는 토착 주민들을 기독교로 개종시키기 위한 수단이었다. 열정이 지나쳤던 수사들은 마야와 아즈텍의 책을 악마의 책이라 생각했으며 일련의 종교적 학살의 과정에서 많은 책들이 파괴되었다. 스페인 정복자들이 오기 전 메소아메리카(고고학과 문화인류학에서 오늘날 중앙아메리카를 일컫는 용어-옮긴이)에서는 수백 권의 책이 사용되고 있었으나, 이 중 오늘날까지 남아 있는 것은 15권에 불과하다.

유카탄 반도에 도착한 스페인 정복자들은 마야의 전통적인 글쓰기 문화를, 멕시코에서는 아즈텍이라고도 알려진 나우아의 글쓰기 문화를 접하게 되었다. 이 지역 주민들은 야생 무화과나무의 나무껍질 안쪽으로 만든 종이에 글을 썼다. 이를 나우아족은 마틀matl이라 불렀고, 책을 이르는 나우아 말인 아모틀리amoxtli는 여기서 파생된 것이다. 마야인들은 이를 훈huun이라 불렀다. 마야의 훈 종이는 5세기에 개발되었다. 이 종이는 지중해 지역에서 사용하던 파피루스보다 훨씬 더 내구성이 강했다. 훈 종이에 회반죽을 입혀 표면을 하얗고 부드럽게 만들었는데, 이 위에 그림을 그릴 수 있었다.

메소아메리카의 고문서는 종종 컨서티나 양식으로 접힌 '접책'의 형태를 띠고 있었다. 이 책을 펼치면, 독자는 한 번에 몇 페이지를 읽을 수 있었다.

마야의 쓰기 체계에서 각각의 기호나 상형문자는 생명체, 아이디어 혹은 물체를 나타냈다. 상형문자의 다수가 수수께끼 같은 것으로 서로 다른 해석이 가능했다. 학자들은 오늘날까지도 이들 상형문자를 해독하고 있다. 한편 마야의 글자는 시간이 지남에 따라 점점 표음식의 성격을 띠게 되었다. 800개가 넘는 글자가 밝혀졌으며, 존재하는 글자의 수는

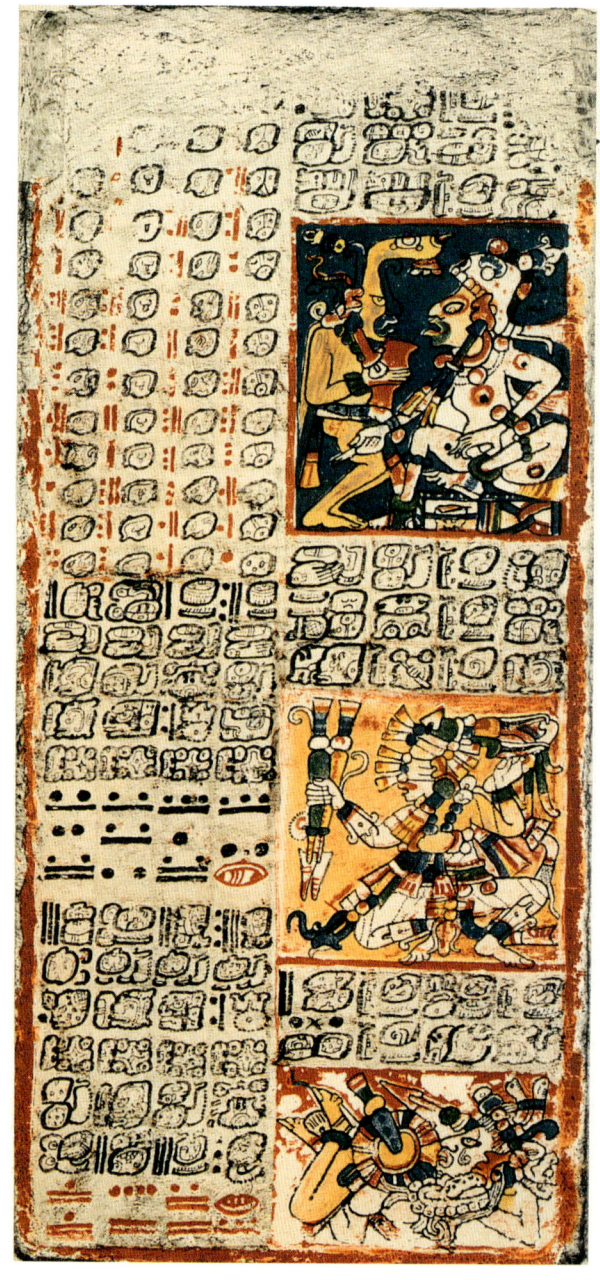

드레스덴 고사본(Codex Dresden)의 일부로, 고대 마야의 글은 석회를 입힌 무화과나무 껍질을 종이로 사용해 양면 모두에 기록하는 방식이었다. 드레스덴 고사본은 천체 계산을 하고 점을 치는 데 사용되었다.

더 많다. 온두라스 코판에 있는 상형문자 계단(Hieroglyphic Stairway)은 약 1300여 개의 상형문자가 돌 위에 새겨져 있는데, 그 내용은 지역 지도자들의 행실과 가계도를 설명한 것이다.

마야의 책은 신성한 의식, 달력, 지역 역사 그리고 왕실의 가계도에 대한 정보를 사제에게 전달하는 안내서의 역할을 했다. 수백 년에 이르는 마야의 역사, 유카탄 반도와 과테말라 고지대에서 3~10세기 사이 번성했던 문명에 관한 이야기, 지배자와 고위 관리의 삶에 관한 이야기 그리고 정복과 같은 주요 사건이 기록되었다. 달력은 신성한 책력으로써 기능했으며 중요한 점성술의 정보를 담고 있었다. 예를 들어 금성의 주기에 대한 내용이 담겼는데, 이는 전쟁과 대관식을 치루기 위한 적당한 때를 알아내는데 사용되었다.

마야인들은 의학 논문, 지도 그리고 동식물에 관한 책도 갖고 있었다. 드레스덴 고사본은 오늘날 드레스덴 주립 도서관에 소장되어 있다(동일한 복제품이 과테말라 시티의 국립도서관에 있다). 드레스덴 고사본은 한 장의 기다란 종이로 구성된 것으로, 아코디언처럼 접혀 있어 총 39장이 되며 양면 모두 글이 기록되어 있다. 11세기 혹은 12세기 것으로 추정되며, 아메리카 대륙에서 발견되어 오늘날까지 남아

멘도사 고사본(Codex Mendoza)은 식민지 시절 아즈텍에서 만들어진 책으로, 스페인령 지배지의 총독이 제작을 의뢰했고 그 이름을 따 명명되었다. 스페인이 이 지역을 정복한 지 20년 후인 1541년과 1542년 사이 유럽에서 가져온 종이를 이용해 제작된 것으로 추정되며, 상형문자에 대한 스페인어 해설이 담겨 있다. 그림의 페이지는 상단에 보이는 초보 사제와 하단에 보이는 아즈텍 전사 계급이 각각 수행해야 할 의무에 관해 설명하고 있다.

있는 책 중 가장 오래된 것이다. 16세기 경 스페인 정복자들이 유럽으로 갖고 온 것으로 알려져 있으며, 1739년 드레스덴 왕립도서관 관장이 비엔나의 개인 수집가로부터 구입했다. 천문학 표 및 책력과 함께 마야의 예언 기록을 다수 포함하고 있다. 멘도사 고사본은 나우아어로 기록된 책으로, 1541년 식민지를 통치하던 스페인 정부가 스페인 왕 카를 5세에게 바치기 위한 선물로 제작을 의뢰했다. 역대 아즈텍 왕에 대한 역사 기록과 스페인 정복 전 원주민 지배자 및 정복 후 스페인 지도자에 대한 헌사가 담겨 있다. 아즈텍 사람들의 일상생활에 대한 민족지학적 정보와 스페인 사제의 해석도 포함하고 있다.

멕시코에서 나우아족의 접책은 무두질한 사슴 가죽을 이용해 만들었다. 마야 고문서와 달리, 아즈텍의 책은 주로 그림으로 구성되었다. 예를 들어 코르테스 원정대가 도착하자, 이는 즉시 그림으로 기록되었으며 경고를 하기 위해 몬테주마(아즈텍의 황제-옮긴이)에게 전달되었다. 또 다른 아즈텍 접책인 보르보니쿠스 고사본(Codex Borbonicus)은 스페인 정복 바로 직전 혹은 직후 나우아의 사제들이 쓴 것이다. 15미터에 이르는 한 장의 아마틀 종이를 아코디언처럼 접어 만든 것으로 점성술 달력, 메소아메리카의 52년 주기(중앙아메리카 그리고 아즈텍은 52년을 주기로 하는 역법을 사용했다-옮긴이) 그리고 이러한 주기에 따른 의식과 의례를 담고 있다.

이러한 16세기 책 중 오늘날까지 남아 있는 것은 수백 권에 이르지만, 일부는 단편적인 조각으로만 남아 있거나 글씨를 알아볼 수 없을 정도로 상태가 악화된 것도 있다. 이들 고문서는 스페인 정복자가 도착하기 전 그리고 직후 멕시코와 중앙아메리카의 삶과 문화를 보여주는 귀중한 자료이다.

보르보니쿠스 고사본은 아즈텍의 점성술 달력이다. 각 장마다 해당 시기 동안 통치했던 신의 모습을 다른 신들과 함께 보여주며 각 일별로 상징이 기록되어 있다. 보르보니쿠스 고사본은 스페인어 기록을 일부 포함하고 있어서 그 제작 시기가 스페인 통치 이전 혹은 이후인지 명확하지 않다.

돈키호테

우리가 흔히 줄여서 돈키호테라고 알고 있는 소설 『재기발랄한 향사 돈키호테 데 라 만차(The Life and Deeds of the Ingenious Gentleman Don Quixote of La Manch)』는 저자 미구엘 데 세르반테스(1547~1616)를 스페인 문학의 거장 반열에 올려놓은 작품이다. 세르반테스와 같은 저명한 문학가였던 영국의 셰익스피어와 프랑스의 몰리에르와 마찬가지로, 세르반테스와 그가 창조한 다소 우스꽝스러우면서도 공감을 자아내는 주인공은 귀족과 평민 독자 모두에게서 뜨거운 반응을 얻었다.

세르반테스는 알칼라 데 에나레스의 평범한 의사 집안에서 태어났다. 평생 방랑하며 살았던 세르반테스의 삶은 그가 창조한 허구의 주인공 돈키호테의 삶을 연상케 한다. 결투에서 져 스페인을 떠나게 된 세르반테스는 로마로 가 아콰비바 추기경의 비서가 된다. 1570년 해군에 입대한 세르반테스는 터키와의 레판토 해전에 참여했다 북 아프리카의 해적에게 포로로 잡혀 몸값을 지불하고서야 풀려날 수 있었다. 결국 세르반테스가 정착한 곳은 마드리드였다.

1605년 돈키호테 전편이 출판되면서 세르반테스는 유명세를 얻었고 얼마 지나지 않아 표절판이 나

(**왼쪽**) 1605년도 돈키호테 초판의 표제지. 비자 공작에게 바치는 장문의 헌정사와 함께 '어둠이 지나간 후 빛을 찾게 될지니(Spero lucem post tenebras)'라는 라틴어 격언이 보인다.

(**오른쪽**) 토마스 쉘튼이 번역한 최초의 영어 돈키호테 완역판. 『돈키호테의 역사(The History of Don Quixote)』라는 제목을 달고 1620년 출간되었으며 17세기에 걸쳐 높은 인기를 구가했다. 그림의 표제지에는 돈키호테와 그의 종자 산초 판자 그리고 배경에 풍차가 보이는데 이는 후에 소설의 유명한 상징이 되었다.

돌기 시작했다. 1614년에는 아베야네다라는 필명으로 가짜 후편이 나왔는데, 이 신비에 싸인 저자에 대해서는 이제까지도 만족스럽게 해명된 바가 없다. 이에 자극받아 세르반테스는 후편을 쓰기 위한 작업에 박차를 가했고, 후편은 세르반테스가 사망하기 일 년 전인 1615년 출간되었다. 이미 이 당시 전편은 영어, 프랑스어 그리고 이탈리아어로 번역되었고 리스본, 밀라노 그리고 브뤼셀에서 출판된 상태였다.

후편 제 62장에서 돈키호테는 바르셀로나의 진기한 명소 중 하나였던 인쇄소를 방문하는데, 바로 여기서 인쇄하고 있었던 책은 정체불명의 표절 작가가 쓴 돈키호테 후편이었다! 이 장에서는 조판에서 오류 교정에 이르는 출판의 모든 과정이 묘사되어 있다. 이는 출판 과정의 대부분이 이제 자신의 개인적인 통제권 밖으로 벗어났다는 사실을 세르반테스가 뼈저리게 깨닫고 있었음을 보여주는 대목이다. 돈키호테 표절판은 아무런 처벌도 받지 않은 채 버젓이 유통되고 있었을 뿐만 아니라, 인쇄소에서 텍스트가 변형되고 교정되었다는 사실 그 자체가 의미하는 바는 황금기 시대 스페인에서 세르반테스가 자신의 원작의 변형판에 대해 그 어떠한 영향력도 행사할 수 없었다는 사실이다.

작가인 세르반테스나 원작 출판업체로 서적 판매를 함께 했던 데 로블레스가 모두 돈키호테를 통해 큰 수익을 올리지 못했다. 초판은 약 400부 제작되었는데, 그 대부분은 더 큰 수익을 기대했던 아메리카 대륙으로 보내졌다. 애석하게도 1605년은 갈레온(15~17세기 스페인에서 사용했던 대형 범선-옮긴이)에 불운이 닥친 해였고, 책을 싣고 가던 선박이 카리브 해에서 난파되면서 대부분의 인쇄본이 소실되었다. 그러나 그중 72권이 1606년 페루에 도착했다. 번역본, 축약본 그리고 불법 복제본은 세르반테스에게 그 어떤 이익도 가져다주지 못했다.

1636년과 1637년, 돈키호테 전편과 후편 모두 스페인 궁중에서 출판되었으며(이는 세르반테스의 시성식에서 중요한 과정이었다) 마드리드에서 몇 차례 재판이 인쇄되었다. 또한 1662년 브뤼셀에서 삽화가 포함된 플라망어 번역판 작업이 시작되었다. 1660년 이후, 돈키호테를 읽는 대중 독자의 수가 증

호아퀸 이바라가 1780년 왕립 스페인 아카데미를 위해 출판한 4권짜리 돈키호테 고급판에 실린 판화. 제작에 비용을 아끼지 않았으며, 이 당시 돈키호테는 단순한 해학 소설이 아닌, 기성 고전 문학의 일원으로 당당히 자리매김했다.

가하기 시작했다. 저렴한 스페인어 판이 보급되었으며 여기에는 외국의 번역본에서 빌려온 판화 삽화가 사용되었는데, 사실 이들 그림은 스페인의 현실과 다소 동떨어져 있는 경우가 많았다. 18세기 중반까지 돈키호테는 보통 중질의 종이를 사용해 두 권의 4절 판형으로 제작되었다.

18세기 후반기 들어 영국에서 세르반테스의 생애를 포함한 돈키호테 호화판이 발간되면서, 우여곡절을 겪으며 진행되었던 길고 긴 돈키호테 출판의 여정은 방향을 선회하게 된다. 호아퀸 이바라가 1780년 왕립 스페인 아카데미를 위해 돈키호테 고급판을 제작하면서 마침내 스페인에서도 호화판이 등장하게 되었다. 계몽주의 시대가 도래하면서 세르반테스의 작품은 서민과 사회 엘리트 계층 모두의 사랑을 받았다.

돈키호테는 많은 삽화가들에게 영감을 주었다. 프랑스의 풍자화가 오노레 도미에(1808~1879)는 방대한 양의 그림과 소묘를 제작해 1850년 파리 살롱전에 선보였다. 구스타브 도레는 1863년 그린 소묘화 모음집을 통해 연애 소설을 과도하게 읽은 나머지 정신 이상 증세를 보이는 돈키호테의 모습을 보여주었다. 약 100여 년이 지난 후 파블로 피카소도 이에 동참했으며, 피카소가 그린 펜화는 가장 널리 알려진 돈키호테의 초상화가 되었다.

프랑스 풍자화가 오노레 도미에는 그의 삶 말년에 돈키호테의 캐릭터에 강한 매력을 느껴 돈키호테를 주제로 많은 소묘화를 그렸다. 도미에의 대부분의 작품이 그랬듯이, 도미에가 그린 돈키호테는 인물을 미화함 없이 간결하게 묘사되어 있다.

아르스 모리엔디: 죽는 법에 관한 책

'죽음의 기술'이라는 뜻의 아르스 모리엔디Ars moriendi는 종교 문학의 주요 장르였다. 아르스 모리엔디는 작자 미상으로, 주로 두 개의 판본이 널리 읽혔는데 이는 서로 연관된 내용이었다. 아르스 모리엔디는 보통 목판화를 사용한 값싼 삽화가 실린 작은 판형으로 출판되었다. 1501년 전 인큐내뷸러 시대에 약 5만 부가 인쇄되었다. 15세기 말과 16세기 초 전성기를 구가했으며, 그 후 에라스무스가 죽

그림의 아르스 모리엔디에는 죽어가는 자를 고문하는 악마의 모습이 그려져 있다. 한 악마는 죄를 적은 목록을 들고 있고, 다른 악마들은 죽어가는 이가 진 빚을 회수하기 위해 모여 있다.

1460년대 제작된 네덜란드의 아르스 모리엔디로, 악마가 죽어가는 남자를 왕관으로 회유하는 모습이다. 구원받기 위해서 이 남자는 자만이라는 죄를 극복해야 한다. 목판화를 이용해 만들어졌으며, 글과 그림을 한데로 결합시킬 수 있는 제작 기법이 되었다.

음을 준비하는 법에 대한 논문 「드 프레파라시옹 애드 모르탱De preparatione ad mortem」(1534)을 내놓으면서 인기가 시들기 시작했다. 가장 초기의 판본은 아마 독일 남부에서 제작되었을 것으로 추정되나, 오늘날 다양한 언어로 쓰여진 필사본이 수백 권 남아 있다. 또한 일련의 목판화가 포함되었는데, 인쇄된 책의 일부로 혹은 벽에 쉽게 붙일 수 있는 낱장 판화의 형태로 제작되었다.

전통적인 아르스 모리엔디는 죽어가는 이의 영혼을 차지하기 위해 천사와 악마가 경쟁하는 모습을 보여준다. 죄인의 마음에 공포를 심어주기 위해 위협과 고통을 가하며 다가오는 최후의 심판은 삽화가들이 즐겨 애용한 테마였다. 중세 말기 나타난 죽음의 감성은 시체와 활개 치며 다니는 해골의 소름끼치는 이미지를 만들어냈다. 평화롭게 죽음을 맞기 위한 방법은 악마의 유혹 5가지 즉 믿음의 상실, 절망, 조바심, 자만심 그리고 탐욕을 이겨내는 것이었다. 또한 기독교인들은 죽기 전 미리 자선 기부할 준비를 마치고, 자신의 영혼을 위한 사후 미사에 필요한 비용을 마련해야 한다고 생각했다. 임종의 자리에서는 가족과 성직자에 둘러싸여 마지막 고해성사를 하고 성체를 받는 것이 가장 좋다고 생각했다. 모든 것이 순조롭게 진행되면, 종종 축소된 사람의 형태로 묘사된 영혼은 천사의 수호를 받으며 천국으로 올라갔다. 그렇지 못한 경우는 지옥의 불길 혹은 연옥에서의 영겁의 세월이 죽은 이를 기다리고 있었다.

엠블럼집

엠블럼집(emblem book)은 16세기에 등장해 18세기까지 인기를 누렸다. 엠블럼집은 3개의 요소로 구성되었는데 첫째 식물, 동물 혹은 조각과 같은 아이콘 혹은 이미지, 둘째 좌우명, 그리고 셋째 이미지와 좌우명 사이의 연결 고리를 설명하는 글이었다. 텍스트는 몇 줄의 운문에서 시작해 몇 페이지에 이르는 산문에 이르기까지 그 형태가 다양했다. 보통 이미지의 숨겨진 뜻을 밝히고, 명확하게 드러나지 않은 은유나 연관성을 설명해주는 식이었다.

최초의 엠블럼집은 아우크스부르크에서 출판된 것으로 밀라노에서 변호사로 활동했던 안드레아 알치알티(1492~1550)가 썼다. 라틴어로 백여 개의 짧은 운문을 담고 있었는데, 예를 들어 류트 lute는 이탈리아 도시 국가 간에 전쟁이 아닌 화합이 필요함을 의미했고, 오크나무는 신성로마제국 카를 5세의 힘을 상징했다. '침묵'은 서재에서 연구하고 있는 인문주의자로 묘사되었다. 엠블럼집의 작가들은 이솝 우화와 플루타르크의 『영웅전』과 같은 그리스와 로마 고전으로부터 사례를 도용하곤 했다. 엠블럼집의 삽화는 목판화를 이용해 다소 조잡한 형태를 띠었으나 후에는 판화를 이용한 장식이 등장했다. 리옹에서 본옴므와 같은 출판업자는 테두리 장식이 들어간 아름다운 엠블럼집을 만들었다.

안드레아 알치알티가 쓴 수수께끼 같은 내용의 엠블럼집 『엠블레마타(Emblematum Liber)』는 엠블럼집의 유행에 불을 지폈다. 최초의 비공인 판이 출판된 것은 1531년 아우크스부르크에서였다. 그림에서 보이는 『작은 엠블럼집(Emblematum libellus)』은 이보다 후에 파리에서 출간되었다. 왼쪽 그림에는 백성의 고혈을 짜내듯 세금을 거두면서 스펀지를 쥐어짜는 왕의 모습이, 오른쪽 그림에는 용맹을 상징하는 암컷사자의 모습이 보인다.

결과적으로 각종 기호와 상징을 전문적으로 다루는 새로운 문학 장르가 생겨났고, 이는 화가와 건축가들에 의해 활용되었다. 큰 낫은 죽음을 의미했고, 검과 저울은 정의를 상징했다. 사실 엠블럼집에서 다룬 회화적 이미지의 상당수는 이미 일상생활 장식의 일부로 자리 잡아 가구, 의복, 도로 게시판 그리고 건물의 정면 모습에서 찾아볼 수 있었다.

엠블럼집은 동물의 상징적 중요성을 설명한 중세시대 동물 우화집과 속담 및 우화로부터 유래했다. 다니엘 하인시우스의 네덜란드어 엠블럼집 『엠블레마타 아마토리아Emblemata amatoria』(1606)는 사랑을, 조제트 드 몽트니가 쓴 프랑스어 엠블럼집 『엠블렘, 우 드비스 쉬르티엔느Emblemes, ou Devises chretiennes』(1571)는 종교를, 피터 이젤부르크의 독일어 엠블럼집 『엠블레마타 폴리티카Emblemata politica』(1617)는 정치를 주제로 다뤘다. 예수회는 교육적 목적을 위해 엠블럼집을 이용했는데, 이제까지 불경스러운 것으로 간주되어온 장르를 설교처럼 읽을 수 있는 경건한 텍스트를 만드는 데 활용한 것이다.

(위) 칼빈파였던 것으로 추정되는 조제트 드 몽트니는 1571년경 리옹에서 자신이 쓴 프랑스어 엠블럼집 『엠블렘, 우 드비스 쉬르티엔느』를 출판함으로서 엠블럼집을 기독교화하고자 했다. 그림의 이미지는 세계가 성스러운 복음서에 의해 불에 타고 있는 모습이다.

(왼쪽) 반면 네덜란드의 궁정 조신이자 화가였던 오토 반 벤이 삽화를 그리고 1608년 안트베르펜에서 출판된 엠블럼집 『사랑의 엠블렘Amorum emblemata』은 세속적 사랑을 주제로 다루었다.

3 계몽주의와 대중

18세기는 프랑스의 시대였다. 프랑스어가 라틴어를 제치고 전 세계 식자층의 공용 언어가 되었으며 프랑스 계몽주의 문학과 사상은 세계 곳곳에 영향을 미쳤다. 이 '이성의 시대'는 또한 출판업 확장의 시대이기도 했다. 18세기 후반 책은 서부 유럽에서 친숙한 소비재로 자리 잡기 시작했다. 1750년 이후 서구의 문해율은 놀라울 정도로 증가했으며 도시 지역에 거대 규모의 독자층이 형성되었다.

특히 유럽 대륙의 출판업자와 인쇄업자들은 책 생산 활동에 대한 검열과 엄준한 규제에 시달렸으나, 기발한 방법을 동원해 소비자에게 책을 판매하기 위한 유통 경로를 확보했다. 18세기 말 가벼운 내용의 소설이 서구 도시 지역의 출판 시장을 지배하기 시작하면서, 이제까지 출판의 중심에 서 있던 두꺼운 법류서와 종교 서적은 그 자리를 내주어야 했다. 영국 작가들이 두각을 드러낸 감성적이고 세속적인 내용의 이른바 '고딕풍' 소설은 유럽 전역에 걸쳐 책이 출판되기만을 목이 빠져라 기대하는 열렬한 독자층을 형성했다.

농촌 지역의 독서는 더 전통적인 양상을 띠었다. 당시 만연했던 챕북(chapbook: 가벼운 읽을거리를 담은 저렴한 가격의 소책자 – 옮긴이) 문화는 농부 독자층의 상상력에 날개를 달아주었고, 교리문답서와 기도서는 여전히 주요 장르로 널리 읽혔다. 그러나 프랑스의 농부와 도시의 노동자들이 무장 봉기 혁명을 일으킨 1789년 이러한 목가적인 문학 세계는 무너져내렸다. 이미 기능을 상실한 검열 기구는 존속의 기반을 잃었고 시장은 규제의 고삐에서 풀려났으며 출판업은 대담한 사업가들에게 기회를 주었다. 이러한 변화는 자유 기업의 새로운 논리에 적응하지 못한 이들에게 재앙을 의미했다.

파리 카르나발레 미술관에 소장되어 있는 작자 미상의 석판화. 19세기 초의 서적판화상과 가게를 찾아온 잘 차려입은 옷차림의 고객들을 보여주고 있다.

서구의 문해율

글을 읽고 쓸 수 있는 능력을 가리키는 문해 능력은 18세기~19세기 유럽에서 다양한 면모를 보이고 있었다. 어떤 이들은 인쇄체는 읽었지만 필기체는 읽지 못했고, 어떤 이들은 성경의 검은 고딕체 글씨는 읽었지만, 그 외에는 읽을 줄 아는 것이 거의 없었다. 많은 이들이 청년기에 읽는 법을 배웠지만 연습의 부족으로 읽기 능력이 점점 쇠퇴하면서 결국 다시 문맹으로 돌아가곤 했다. 문해 능력에 관한 공식 통계 수치를 보면, 1750년 이후 서구에서는 점점 많은 사람들이 문해 능력을 갖추게 되었다. 서유럽, 호주 그리고 미국에서 거의 보편적으로 문해율이 높아진 것은 1890년대의 일이며, 이 당시 거의 모든 인구가 글을 읽고 쓸 수 있었다. 이때에 이르러서야 진정한 대중 독자층이 형성된 것이며, 이는 출판업의 혁명적 팽창을 야기했다.

문해 능력의 발전 과정은 취약한 토대를 바탕으로 일관성 없이 불균형한 형태로 진행되었다. 영국의 경우 1800년대 남성과 여성의 문해율은 각각 60퍼센트와 40퍼센트였다. 이 당시 뉴잉글랜드에서는 거의 모든 백인 남성이 글을 읽고 쓸 줄 알았으나, 이 문해 능력은 주로 종교적인 맥락에서 발달한

프랑수와 비스프레(1730~1790)의 그림으로 편안한 자세로 호라티우스의 『송가(Odes)』를 읽고 있는 신사의 모습이 보인다. 라틴어 고전은 18세기 남성 교육 과정의 필수 과목이었다.

조지 몰런드(1763~1804)의 작품 「가정의 행복」으로 책을 읽는 모습이 등장한다. 이는 '레티샤 시리즈'라 알려진, 6개의 작품으로 구성된 서술적 회화 시리즈의 일부이다.

것이었다. 일상 사회생활에서는 글을 읽고 쓸 수 있는 기회도 그 실제적 필요도 거의 없었기 때문이었다. 프랑스 혁명 직전 프랑스 남성의 50퍼센트, 여성의 27퍼센트가 글을 읽을 수 있었다. 동부 유럽의 경우 문해 능력을 갖춘 인구는 이보다 훨씬 적었으며 20세기 공산주의 정권이 들어서면서 문해율 진작을 위해 노력한 이후에야 그 비율이 증가하기 시작했다. 루터교를 믿었던 스웨덴과 핀란드는 이보다 훨씬 이전인 18세기 상당히 높은 문해율을 성취했으나, 이곳 북유럽의 문해 능력은 쓰기가 아닌 읽기, 그리고 보통 성경과 교리문답서와 같은 종교 서적에 한정되었다. 스웨덴 사람들이 글쓰기능력을 습득하기 시작한 것은 이보다 훨씬 후인 19세기부터였다. 초기 근대 아이슬란드는 예외적인 경우였다. 학교, 도서관 혹은 인쇄 서적이 없었음에도 아이슬란드 사람들은 목사와 농민 출신 교사가 운영하는 비공식적 교육 기관을 통해 읽기와 쓰기를 배워 높은 문해율을 달성했다.

문해 능력의 결정적 요소는 사회적 지위와 도시화였다. 도시의 문해율은 언제나 시골보다 높았고, 도시 중에서도 대도시의 문해율은 소도시보다 더 높았다. 17세기 상인, 변호사 그리고 귀족의 문해율은 보통 75~90퍼센트에 달했으나, 일반 노동자들에게 문해 능력은 종종 별 상관없는 것으로 여겨졌으며 이들의 문해율은 10퍼센트 정도였으리라 추정된다. 서구의 문해 능력 신장 과정에서 정규 교육은 결정적 역할을 하지 못했다. 예를 들어 영국과 프랑스에서 거의 보편적 문해 능력이 달성된 것은 19세기였는데, 이는 무상 의무 초등교육 제도가 도입되기 꽤 오래 전의 일이었다. 수세기 동안 보통 사람들은 전혀 학교에 다니지 않고도 글을 읽고 쓰는 법을 배웠다. 가족, 직장 동료 혹은 배려심 깊은 고용주가 학교의 역할을 했다.

남성과 여성의 문해율은 지속적으로 격차를 보였다. 많은 여성들이 글을 읽을 수 있었으나 쓰기까지 발전하지는 못했다. 셰익스피어의 딸은 자신의 이름조차 쓰지 못했으나, 그렇다고 해서 글을 읽을 수 없었던 것은 아니었다. 대부분 유럽 사회에서 여성들은 성경과 교리 문답서를 읽는 법을 배웠지만(미국 남부의 흑인 노예와 마찬가지로) 글쓰기를 배우는 것은 크게 권장되지 않았다. 그 이유는 글쓰기를 배우는 것이 남성만의 특권으로 여겨졌던 유형의 독립성을 여성에게도 부여하는 것이라 생각했기 때문이었다. 19세기 여성이 교사나 점원으로 일할 수 있는 기회가 점점 더 많아지면서, 이는 여성들에게 완벽한 문해 능력을 갖추기 위한 새로운 동기를 제공했다. 1900년경 서구의 여성 문해율은 공식적으로 남성의 비율을 따라잡았다.

유럽이 보편적 문해 능력을 성취하기까지의 발전 양상은 고르게 진행된 것이 아니었다. 그러나 전혀 글을 읽고 쓸 줄 몰랐던 이들도 책의 내용을 접할 수는 있었다. 프랑스 혁명 동안 파리의 길거리 골목에서 큰 소리로 정치 신문이 낭독되는 것을 듣고 있던 이들처럼, 책을 '들을' 수 있는 독자들이 많았던 것이다. 17세기 초 아일랜드 대주교가 된 어셔 대주교에게 읽기를 가르쳤던 것은 두 명의 숙모였는데, 이 둘 모두 선천적으로 시각 장애를 갖고 태어나 큰 소리로 낭독되는 책 내용을 들음으로써 성경의 내용을 배웠다고 한다. 초기 근대 헝가리에서는 글을 쓸 줄 몰라 자기 이름을 서명하는 대신 십자 기호를 썼던 이들조차도 책을 갖고 있었는데, 아마 글을 읽을 줄 아는 친구나 가족들이 대신 소리 내어 읽어주었을 것이다.

1826년 덴마크 화가 콘스탄틴 한센이 그린 작품으로, 그림 속 어린 두 명의 소녀 신느와 앙리에뜨는 화가의 여자 형제들이다. 당시 젊은 중산층 여성들 사이에서는 책을 공유하는 것이 매우 흔한 일이었다.

인쇄소의 진화

18세기 후반, 책 제조 공정은 구텐베르크 시절부터 변한 것이 거의 없었다. 종이는 여전히 넝마주이들이 가져온 천을 이용해 만들었고, 잉크는 호두 겉껍질, 수지, 아마 씨 그리고 테레빈유를 혼합해 만들었다. 활자는 보통 녹는점이 낮은 납과 이 납을 단단하게 만들어주는 안티몬을 섞어 제조했다. 조판은 여전히 수작업으로 진행되었고, 인쇄공이 아침에 맥주를 너무 많이 마셨다거나, 식자공이 기한을 맞추느라 너무 서두를 경우에는 텍스트의 정확도를 장담할 수 없었다. 능력 있는 교정자 역시 흔하지 않았다.

인쇄소에서는 조판을 하는 데 밝은 빛이, 인쇄된 종이를 말리는 데 햇볕이, 그리고 인쇄하기 전 종이를 적시는 데 물이 필요했다. 런던의 비좁은 인쇄소에서 인쇄공과 식자공은 자연 햇볕이 더 많이 들어오는 위층 공간을 차지하는 경우가 많았다. 종이를 보관하는 것은 골치 아픈 문제로 언제나 화재의 위험이 도사리고 있었다. 양초가 넘어져 다락에 보관해 놓은 종이 더미에 불이 붙기라도 하면 이는 대형 화재가 발생하기에 완벽한 조건이었다. 인쇄소는 이런 갑작스런 화재가 발생하기에 안성맞춤인 곳이었고 1752년 사뮤엘 리차드슨이 운영하던 인쇄소가 화재로 소실된 것이 하나의 사례이다.

인쇄공의 수입은 작업한 인쇄 부수에 따라 결정되었다. 작업량은 보통 시간당 250장 혹은 하루 작

인쇄업체 조합은 회원들에게는 자부심의 근원이었으나 점점 배타적인 성격을 갖는 경향이 있었다. 그림에 보이는 인쇄업 조합 명판은 1733년 판화 작품으로, 레겐스부르크의 인쇄업자가 가계도를 통해 자신의 혈통을 기념하고 있다.

계몽주의와 대중 · 99

업 시간 10시간당 2500장이었다. 인쇄공의 수입은 비교적 높은 편이었지만, 일감의 양은 그 편차가 심했다. 런던에서 인쇄업의 비수기는 한겨울과 한여름이었는데, 바로 중요한 두 부류의 고객 즉 의회와 법원이 휴회하는 기간이었다. 인쇄공의 근무 시간은 일정치 않았다. 맡은 분량을 소화하기 위해서 휴일도 나와 일하기도 했고 혹은 스스로 마음먹기 여하에 따라 일을 하지 않을 수도 있었다. 이들이 번 돈을 저축하는 경우는 드물었으며, 병들거나 나이가 들면 공공 기부금에 의존해 살아갔다.

인쇄공들은 긴밀하게 연결된 자치적 성격의 공동체를 형성했다. 다른 여느 전문직과 마찬가지로, 이들도 나름의 규칙과 전문용어가 있었다. 인쇄기를 당기는 사람을 '말'(프랑스에서는 '곰'이라 불렀다), 식자공은 '원숭이', 잡일을 도맡았던 소년을 '악마'라 불렀다. 인쇄공들은 '예배당'이라 불리는 노조에 가입되었는데 서로 싸우거나, 과음하거나 혹은 제멋대로 행동할 경우 적립금 통에 벌금을 넣어야 했다.

출판업은 여전히 조합 시스템에 의해 규제되었다. 영국에서 서적출판업조합은 런던에 화려한 행사가 열릴 때면 빠지지 않고 참석했는데, 진홍색 혹은 푸른색과 갈색의 가운을 입고 거리를 행진하거나 예식용 바지선을 타고 템스 강을 타고 내려가기도 했다. 프랑스에는 르 코르Le Corps 혹은 서점과 인쇄소 커뮤니티라 알려진 출판업 조합이 있다 이곳의 회원들이 자신들의 수호성인으로 4대 복음서의 저자 중 한 명인 성 요한을 기리는 경건한 미사와 연회를 열었다. 프랑스의 인쇄업자 조합은 업계 표준을 유지하고 밀수품 서적이 세관을 빠져나가는 일이 없도록 인쇄소를 조사하는 역할을 맡았다. 이러한 조합은 서적 판매세 면제를 보장받았던 특권 단체였다.

오랜 전통에 맞서 출판업도 진화하기 시작했다. 1800년대 저가 공세를 펼치는 신생 업체들이 등장했으나 조합은 더 이상 이를 막을 수 없었다. 규제에서 자유로웠던 값싼 노동력은 장인, 직공 그리고 견습생을 하나로 묶어왔던 기술과 경험의 위계 체계를 위협했다. 1800년대 이후 시작된 기계화 역시 인쇄공을 위협하는 요인이었다. 고통스러운 근대화의 과정이 시작되면서 오랜 세월 유지해온 출판업계의 근본 구조에 금이 가기 시작했다.

(위) 1680년경 프랑스의 니콜라 드 라메신이 그린 풍자적 내용을 담은 판화로 '글자 인쇄공의 복장'을 보여주고 있다. 인쇄 기계의 본질적 구성 요소는 구텐베르크 시절부터 변한 것이 없었다.

(왼쪽) 문구점과 인쇄소를 운영했던 토마스 키너스비의 명함. 키너스비가 일했던 세인트폴 대성당 묘지 근처의 제지소는 18세기 런던의 출판업체가 모여 있던 곳이었다. 가장자리에 장식을 두른 모양의 명함에는 키너스비가 거래하는 다양한 물건들과 함께 그의 주소가 나와 있다.

계몽주의 시대와 검열

역사를 통틀어 효과적인 검열 제도라는 것이 과연 존재한 적이 있던가? 프랑스 계몽주의 시대, 구체제는 비판 여론을 잠재우고 체제 전복적 성격의 서적의 유통을 막으려 했으나 이는 수포로 돌아갔다. 구체제하에서 위정자들은 수많은 조사관과 검열관을 고용해 서점에서 불온서적이 유포되고 있는지 염탐하도록 했다. 그러나 이러한 검열 제도를 담당했던 이들조차도 어떤 책이든지 금서로 지정된다 해도 결국 인쇄되어 읽힐 것이라는 사실을 알고 있었다.

일부 유명 작가들도 이러한 억압적 체제하에서 고통을 겪었던 것은 사실이나, 법이라는 이름하에 부당한 대접을 받음으로써 오히려 유명세가 올라가는 경우도 종종 있었다. 볼테르(1694~1778)는 1711년과 1726년 두 차례에 걸쳐 바스티유 감옥에 갇혔으며, 파리 대법원은 1762년 『에밀Emile』의 출간 후 작가인 장 자크 루소(1712~1778)를 체포할 것을 명령했다. 그러나 인쇄업자와 서적 판매상들은 더 큰 고통을 겪었다. 바스티유 감옥에 갇힌 죄수들을 보면, 이들 업자들의 수가 작가보다 두 배나 더 많았다. 프

작가들만큼이나 인쇄업자들도 검열법과 충돌을 일쑤였으며, 인쇄기를 압수 당하기도 했다. 19세기 초의 광경을 보여주는 이 그림에서 법을 어긴 사람은 프랑스 정기 간행물 〈르 탕Le Temps〉의 인쇄업자이다. 인쇄업자들이 심문을 받고 있고 서기가 책상에 앉아 심문 과정을 기록하고 있다.

랑스 혁명 세력이 마침내 바스티유 감옥에 쳐들어온 1789년 7월 14일, 이곳에는 재생지 재료가 될 운명에 처한 금서들이 높이 쌓여 있었다. 검열 제도는 저항 문학의 거센 물결을 막을 수 없었다.

프랑스 작가들이 논란이 되는 작품을 프랑스가 아니더라도 스위스, 영국 혹은 네덜란드에서 쉽게 출판할 수 있었다는 사실은 프랑스 왕정에게 큰 골칫거리였다. 일례로 몽테스키외의 『법의 정신』은 1748년 제네바에서 출판되었다. 책에 나타난 발행자명도 확실히 믿을 것이 못 되었다. 드니 디드로의 『철학적 명상』(1746)은 사실 파리에서 출판되었음에도 표제지에 작자 미상으로 헤이그에서 출판된 것으로 쓰여 있었다. 금서를 지정함으로써 외국 출판업체들에게 이득이 돌아갔고 이는 사실상 금서의 간행을 막지도 못하면서 프랑스의 출판업에 타격을 입히는 형국이었다.

또 다른 문제는 검열 제도 그 자체도 이러한 억압적인 규정을 실행하고자 할 의지가 없었다는 점이었다. 말제르브(프랑스의 정치가로 당시 서적 검열관장-옮긴이)는 프랑스 출판업에 대해 비교적 자유주의적인 행정을 펼쳤고(1750~1763), 많은 작품들이 '암묵적 승인'을 받아 출판되었다. 이는 왕의 완전한 윤허를 얻어야만 출판이 허가되는 것은 아니었으며, 정부가 작가, 인쇄업자 혹은 서적상을 탄압하지 않기로 약속했음을 의미했다. 다시 말해 프랑스 왕정은 이러한 관행을 눈 감아주는 데 동의한 셈이다.

1829년 토머스 맥린이 제작한 판화로 자유 언론의 힘을 풍자하고 있다. 제목은 '이 남자가 만인을 지배한다네(The Man wots got the whip hand of em all)'이다.

사실 많은 작가들이 프랑스 왕정과 매우 좋은 관계를 유지하고 있었다. 볼테르는 1745년 루이 15세에 의해 왕실 역사 편찬관 및 침전 근위관으로 임명된 바 있다. 후원자를 잘 만나면 작가의 일평생이 보장되기도 했다. 예를 들어 러시아 에카테리나 2세는 디드로의 장서와 논문을 6만 리브르를 주고 구입함으로써 디드로가 모든 빚을 갚고 여생을 편안하게 보낼 수 있도록 해주었다. 이러한 경우에 해당하지 못해 사정이 여의치 못하면, 작가들은 궁정 검열관으로 일할 수 있었다. 검열관 자체는 무보수직이었으나 20년 이상 근무하면 왕실 연금을 받을 가능성이 높았다. 프랑스 혁명 직전 검열관의 수는 178명이었으며, 여기에는 철학자인 에티엔 보노 드 콩디야크와 같은 저명한 문학계 인사도 포함되어 있었다.

나폴레옹의 프랑스 제정하에서 출판업은 다시 한 번 국가의 엄격한 규제를 받게 된다. 1811년 파리의 인쇄소 수는 80개 남짓했다 인쇄소는 엄격한 허가 제도하에서 운영되었으며 운영 허가를 받은 신문사는 4곳에 불과했다. 모든 신간 서적은 인쇄 전 등록과 승인 절차를 밟아야 했다. 인쇄소와 신문사의 수가 적을수록, 정권은 더 손쉽게 간행물에 대한 통제권을 행사할 수 있었다.

금서

프랑스에서 금서는 수요가 높았던 만큼 값도 비쌌다. 파리의 부유한 부르주아였던 에드몽 장 프랑수와 바버(1689~1771)는 1748년 프랑수아 투생의 『풍속(Les Moeurs)』이 공식적인 금서로 지정되자, 일기에 불만을 토로했다. 이제 투생의 책을 손에 넣기 위해서는 정상가의 두 배를 지불해야 했던 것이다.

금서와 외설물은 정교하게 조직된 비밀 네트워크를 통해 스위스의 출판업체에서 프랑스 독자들의 손에 쥐어지기까지 긴 여정을 밟았다. 책을 실은 노새가 쥐라산맥을 통과해 국경에 다다르면, 노새꾼은 국경선 너머의 상인에게로 배송품을 전달했다. 상인은 세관원에게 뇌물을 건네 물건을 받고는, 이를 트루아나 리옹과 같은 프랑스 지역의 창고로 운송했다. 여기서 금서는 평판이 좋지 못한 지방 서적상에게 팔리거나 소량으로 소비 중심지 지역으로 몰래 반입되기도 했다. 절대 수색당할 리 없는 유명 귀족의 짐 꾸러미보다 더 나은 비밀의 유통 경로는 없었다. 이러한 방식으로 베르사유 궁의 귀족들은 금서를 파리로 가져오는 비밀 유통망 형성에 적극 일조했다. 스위스에서 출발해 베르사유에 당도하기까지 뇌물을 건네고 수많은 유통 단계를 거치는 과정에서 금서의 가격은 25퍼센트가량 상승할 수밖에 없었고, 파리로 들어오면 또다시 두 배로 뛰었다. 올바크 남작의 『자연의 체계(Le Systeme de la nature)』(1770)는 원래 소매가가 4리브르였으나 파리에서는 10리브르에 팔렸다. 금서 거래는 합법적 서적의 생산과 판매에 맞먹는 규모의 고수익 산업이었다.

볼테르는 가장 잘 팔리는 금서 작가 중 열 손가락 안에 꼽혔으며, 이러한 베스트셀러 금서 작가 명단에는 이밖에도 덜 알려진 혹은 지금은 잊혀진 작가들로 가득했다. 혁명 전 시대의 파리에는 타락한 궁정, 왕의 성적 무능력 그리고 마리 앙투아네트 왕비의 양성애에 대한 소문을 조롱하는 회화와 전단지를 수요로 하는 시장이 이미 형성되어 있었다. 왕정은 정치적 풍자와 노골적 외설물을 결합한 이러한 비방글(chroniques scandaleuses)의 유통을 제한하기 위해 노력했으나 성공을 거두지는 못했다. 엘리트 지식인뿐만 아니라 위와 같은 저속한 언론 역시 신성 왕권 군주제의 신뢰도를 떨어뜨리는 데 일조했다.

1791년 제작된 프랑스의 동판화로 마리 앙투아네트 왕비를 '오스트리아에서 온 암탉'으로 풍자하고 있다. 아래 글에는 '금과 은은 속에서 쉽게 내려가지만, 헌장은 삼킬 수가 없어요'라고 쓰여 있다. 프랑스 혁명은 팸플릿 제작의 폭발적 증가를 야기했다.

이윤의 창출

구체제 말기 뇌샤텔(스위스 지방)에서 출판된 올바크 남작의 『자연의 체계』(1770)의 제작 단가를 보면, 그 당시 종이 가격이 얼마나 엄청났는지 알 수 있다. 8절 판형 한 권을 1670부 인쇄하는 과정에서 종이는 전체 예산의 63퍼센트를 차지했다. 조판에 약 16퍼센트, 그리고 인쇄 비용이 20퍼센트가량 들었다. 그럼에도 불구하고 권당 소매가가 4리브르일 경우, 출판업체는 170퍼센트에 달하는 이윤을 창출할 수 있었다. 당연히 18세기 독자들은 자신이 구매하는 책의 종이의 질에 굉장히 민감했고, 이는 출판업자 입장에서는 낮은 질의 종이 대신 고급 종이를 사용하도록 하는 엄청난 경제적 인센티브를 제공했다.

프랑스 출판업자들이 작가에게 인세를 지급하는 방식은 로열티 기준, 즉 판매 부수에 따른 기준이 아니었다. 대신 작가의 육필 원고를 일시불로 구매했다. 장 자크 루소는 자신의 베스트셀러 소설 『신 엘로이즈(La Nouvelle Heloise)』를 암스테르담의 출판업자 레이에게 판매했는데, 그 가격은 2160리브르에 불과했다. 1764년 레이가 『신엘로이즈』 초판을 발행했고 그 이후로도 1789년까지 70차례에 걸쳐 재판본이 나왔으나 이 과정에서 루소에게 돌아간 돈은 단 한 푼도 없었다. 역시 레이에게 팔린 루소의 후속 작품 『사회계약론(Du Contrat social)』이 벌어들인 수익은 이보다 훨씬 적었다. 로열티 제도와 적절한 저작권 규정의 부재 때문에 작가들은 문학 작품을 쓰는 것만으로는 부를 기대할 수 없었다.

출판업자 스스로도 초판 발행으로 큰 수익을 올릴 것이라 기대하지는 않았다. 대신 재판본이 성공을 거두어 그 수입으로 초기 투자금을 단계적으로 회수할 수 있을 것이라 믿었다. 따라서 각 판본의

1889년 삽화로, 세 명의 여인이 대출 도서관에서 빌린 듯한 3부작 소설을 한 권씩 나눠 읽고 있다. 1부는 잔잔한 도입부, 2부는 충격적인 사실의 폭로, 3부는 눈물을 자아내는 대단원의 구조이다.

인쇄 부수는 비교적 적었으며, 신간 소설의 인쇄 부수가 1000권이 넘는 경우는 드물었다.

독서실(cabinets de lecture)은 비교적 적은 돈으로 시간 단위로 책을 빌려 읽을 수 있었던 곳으로, 현대 도서관의 전신이라 할 수 있으며 중요하고 신뢰할 수 있는 서적 시장의 역할도 수행했다. 독서실을 이윤 창출의 수단으로 활용하고자 했던 출판업체들은 인기 있는 소설을 3부작으로 나누어 출간했는데, 이를 통해 독서실은 같은 소설을 한 번에 더 많은 독자들에게 대여할 수 있었다. 이것이 '3부작 소설'의 유래이다. 이러한 3부작 소설은 출판업자에게는 일정한 수입을 보장했으나 결과적으로 책의 가격이 인위적으로 비싸지는 결과를 초래했다. 예를 들어 영국에서는 3부작 소설의 출판으로 인해 1790년과 1830년 사이 소설 책 가격이 300퍼센트나 상승했다.

구독 방식으로 판매될 책에 대한 개요서. 이러한 방법을 통해 출판업체는 미리 시장 가능성을 타진할 수 있었고, 비싼 책의 경우 구독자들로부터 착수금을 모아 출판 자금을 마련할 수 있었다.

선금 구독료 방식으로 책을 판매하는 것은 신중한 출판업자들에게 여러 이점을 가져다주었다. 출판에 들어가기 전 구독자들을 찾는 것은 시장에 대한 예비 조사와 마찬가지였다. 만약 구독자의 수가 적으면, 출판 계획을 중단하면 되었고 손해 볼 일도 없었다. 만약 관심을 보이는 독자의 수가 적절하다고 판단되면, 수익을 올리기 위해 몇 부를 찍으면 될지 확신하고 출판을 진행할 수 있었다. 이러한 시스템은 또한 출판업자가 서적상을 거칠 필요 없이 고객에게 직접 판매할 수 있는 경로를 제공했다. 구독자들은 권 당 기준으로 구독료를 지불했기 때문에 영업 자본이 부족한 출판업체들도 인쇄 부수가 늘어남에 따라 일정한 수입을 기대할 수 있었다. 만약 계획대로 진행되지 않거나 자금이 부족하면 출판업체들은 제작을 중단하면 그만이었다. 하지만 구독자들 입장에서는 닭 쫓던 개 지붕 쳐다보는 격이었다. 1820년과 1830년대 많은 독자들은 볼테르의 작품이 구색을 갖춘 전집으로 나오지 못한 것에 불만을 토로했다.

18세기 책은 값비싼 재화였다. 바이런의 『차일드 해럴드의 편력(Childe Harold's Pilgrimage)』이 1812년 출판되었을 당시 제본 판의 가격은 솜씨 있는 장인이라도 감히 엄두도 내지 못할 정도였고, 성직자는 연간 수입의 상당 부분을, 하녀는 6주치의 주급을 지불해야 살 수 있을 정도였다. 웨스트모얼랜드의 수입인지 발행자로 일하며 정부로부터 상당한 수입을 올리던 윌리엄 워즈워스조차도 높은 가격 때문에 자신이 쓴 책을 구입하기가 쉽지 않았다. 19세기 초반 연판의 발명으로 인쇄 부수를 늘릴 수 있게 되었다. 이전까지는 새로운 판본을 낼 때마다 매번 활자를 다시 조판해야 했다. 그러나 연판 기술이 등장하면서, 활자를 조판한 후 조판된 판면으로 지형을 떠 연판을 만들 수 있게 되었다. 이 연판은 원본의 재판을 인쇄하는 데 무한정 사용할 수 있었다. 이에 따라 출판업체들이 성공작의 재판본을 자주 발간

라이너 빈켈스(1741~1816)가 그린 18세기 네덜란드 서점의 모습으로 제본공이 일하는 광경을 볼 수 있다. 당시 책은 종종 제본되지 않은 형태로 판매되었으며, 고객이 구매 후 자신의 취향에 맞게 제본할 수 있었다.

함으로써 얻을 수 있는 이윤은 이전보다 더 커졌다. 재판본의 제본 양식은 시장에 따라 다른 형태를 띠었고, 연판 자체를 판매하거나 다른 인쇄업체에 대여하는 관행이 생겨났다.

연판 기술은 출판업체들로 하여금 과거의 시대에 뒤떨어진 서적의 재판본을 출판하도록 하는 상당한 금전적 인센티브를 제공했다. 런던에는 저가 서적 시장을 겨냥해 고전을 출판하는 업체들이 모인 사실상의 카르텔이 존재했다. 결과적으로 일반 독자들은 문학의 최첨단 유행을 이끄는 흥미진진한 연애 소설가들의 작품뿐만 아니라 초서, 밀턴, 포프, 스펜서, 디포 그리고 골드스미스와 같은 '고전' 작가들의 작품 역시 접할 수 있었다. 이는 서적 시장을 양분화시켰다. 부유한 독자들은 비싼 신간 서적을 요구했고, 그렇지 못한 가난한 독자들은 계몽주의 전 시대의 논란거리가 될 것이 없는 고전 작품의 값싼 재판본을 읽었다.

디드로의 백과전서

보통 디드로와 달랑베르(1717~1783)의 이름을 떠올리게 하는『백과전서(Encyclopedie)』는 18세기 주요한 출판 프로젝트의 하나였다. 20여 년 동안 수천 명의 작가, 인쇄업자 그리고 식자공이 이 작업에 매달렸다.『백과전서』가 처음 출판된 것은 1751년으로, 17권의 2절 판형 책과 판화가 실린 호화로운 11권의 책으로 구성되었다. 집필 과정에 유럽 최고의 지식인 150명이 참여했다. 장 자크 루소가 아무런 보수도 받지 않고 주로 음악에 관한 400여 편의 글을, 볼테르는 40편이 넘는 글을 썼다. 디드로 자신은 5000여 편이 넘는 글을 통해 철학을 다루고 예술과 제조업을 기술하는 데 큰 공헌을 했다.

『백과전서』는 단순한 백과사전이 아니었다. 계몽주의 시대의 이성적 사고와 사회 비판주의를 대변하는 선언문이었다.『백과전서』는 과학 발명품과 실용기술에 대한 최신의 지식을 배포함으로써, 모든 교육받는 독자로 하여금 새로운 사상과 기술을 접할 수 있도록 하고자 했다. 또한 편견과 구습을 비판하고 사회 정치 제도를 고찰함으로써 자유주의적 경제 정책을 도모하고 왕정의 독점 체제에 종말을 고하고자 했다.

성경의 역사적 진실성, 그리스도가 행한 기적과 부활의 현실성 그리고 사제의 독신서약 원칙에 의문을 제기했다. 귀족 계급의 기생적 지위를 공격하고 사유재산권을 사회의 근본 토대라 옹호했다. 1752년 제2권이 출간된 후, 왕정은 이를 금서로 지정했다. 그러나『백과전서』의 편집자들은 이에 단념하지 않고, 퐁파두르 부인과 같은 왕의 측근의 암묵적 승인을 얻어내 편찬 작업을 계속했다.

『백과전서』가 완성된 후 20년 동안, 2절 판형본은 4000부가 넘게 팔리며 200만 리브르의 수익을 창출했다. 이만한 규모의 출판물이 낸 성과로서 그 자체로도 놀랄만한 것이지만, 점점 판형이 작아지고 가격도 내려가면서 더 많은 유럽의 식자층이『백과전서』를

1767년 루이 미셸 반 루가 그린 프랑스 작가 드니 디드로의 초상화. 그림의 디드로는 자신감에 찬 여유 있는 포즈를 취하고 있으나, 사실 프랑스 계몽주의의 기념비적인 작품인『백과전서』를 집필하는 것은 육체적으로 매우 고된 작업이었다.

접할 수 있게 되었다. 1777년과 1779년 사이, 스위스에서 발간된 36권짜리 2절 판형 『백과전서』는 구독료가 반 이상 내린 384리브르였다.

1778년과 1782년 사이 로잔과 베른에서 나온 8절 판형 『백과전서』는 원본의 특징이었던 값비싼 판화를 대부분 삭제하고 낮은 질의 종이를 사용해 출판되었다. 급하게 제작되었기 때문에 책장에 엄지손가락 지문이 남아 있거나 오타가 있다는 독자들의 항의가 후에 잇따랐다. 어쨌건 이때 가격은 2절 판형의 1/4도 채 되지 않는 225리브르에 불과했다. 18세기에 출판된 디드로의 『백과전서』 재판본은 모두 2만 5000여 부로, 유럽 모든 도시 중심지에 있는 교육 받은 중산층 독자들이 읽을 수 있었다. 『백과전서』를 구입한 이들은 후에 프랑스 혁명으로 특권적 지위를 박탈당한 사회 계층인 프랑스의 성직자와 귀족 계급이었다.

『백과전서』는 네덜란드와 라인 지방에서도 인기가 높았다. 이탈리아의 경우 1758년과 1776년 사이 룩카(피렌체 서쪽에 위치한 도시 - 옮긴이)에서 나온 2절 판형본이 약 3000부 팔렸으며, 후에 리보르노에서 나온 『백과전서』는 1500여 부가 팔렸다. 리

(위) 한때 루이 15세의 총애를 받는 정부였던 퐁파두르 부인은 계몽주의 지식인의 열성적인 후원자였다. 모리스 켕탱 드 라투르가 그린 이 그림에서 퐁파두르 부인은 몇 권의 『백과전서』와 개요서를 들고 포즈를 취하고 있다.

(왼쪽) 『백과전서』 초판. 2절 판형 17권으로 구성된 『백과전서』의 첫 권이 나온 것은 1751년으로, 훌륭한 판화 그림이 곁들여졌다. 후에 나온 재판본은 판화를 없애고 작은 판형으로 제작되어 유럽 전역에 걸쳐 더 많은 독자들이 읽을 수 있게 되었다.

보르노 판 백과전서는 토스카나의 레오폴드 2세 대공의 후원 아래 출판됨으로써 『백과전서』 간행에 대한 교황의 적대감을 효과적으로 누그러뜨릴 수 있었다. 『백과전서』는 전 유럽의 베스트셀러가 되었다.

『백과전서』 초판에 등장하는 인쇄 과정과 활자체에 관한 삽화.

책의 예술

18세기 말 책 시장은 여러 문학 장르에 걸쳐 성장하고 있었다. 우아하고 완성도 높은 고전 작품과 함께 점점 수요가 상승하는 재미를 위한 소설이 등장했다. 출판업체들은 바로크 미술의 호사스러운 장식 대신 간결한 디자인을 선호하기 시작했다. 더 명확한 새로운 활자체가 고안되었고 글자는 더 둥글고 수직적인 형태를 띠었다. 주석을 다는 것이 인기를 잃고 대신 여백을 더 많이 남겨두었다.

이러한 새로운 인쇄 디자인의 선봉에 섰던 인물로 영국의 인쇄업자이자 니스칠업자였던 존 바스커빌(1706~1775)이 있었다. 니스칠업으로 큰돈을 번 바스커빌은 자신이 하고 싶어했던 일, 즉 활자를 주조하고, 잉크를 제조하고 종이를 만드는 일에 열정을 쏟아 부을 수 있었고, 여기에는 글쓰기를 가르치고 묘비에 글을 새기는 일을 했던 젊었을 적의 경험이 도움이 되었다. 1750년부터 바스커빌은 새로운 서체를 개발하기 시작했다. 이는 이전의 서체, 특히 윌리엄 캐슬론(1692~1766)의 서체에 비해 더 간소했고, 굵은 자획과 얇은 자획 간의 대비가 더 선명했다. 또한 바스커빌은 더 진하고 빨리 마르는 잉크를 개발해냈다. 제지업자인 제임스 왓맨과 함께 바스커빌은 지면에 주형의 줄무늬를 남기지 않는 미세한 철망을 이용해 극도로 부드러운 종이를 생산하는 방법을 개발했다.

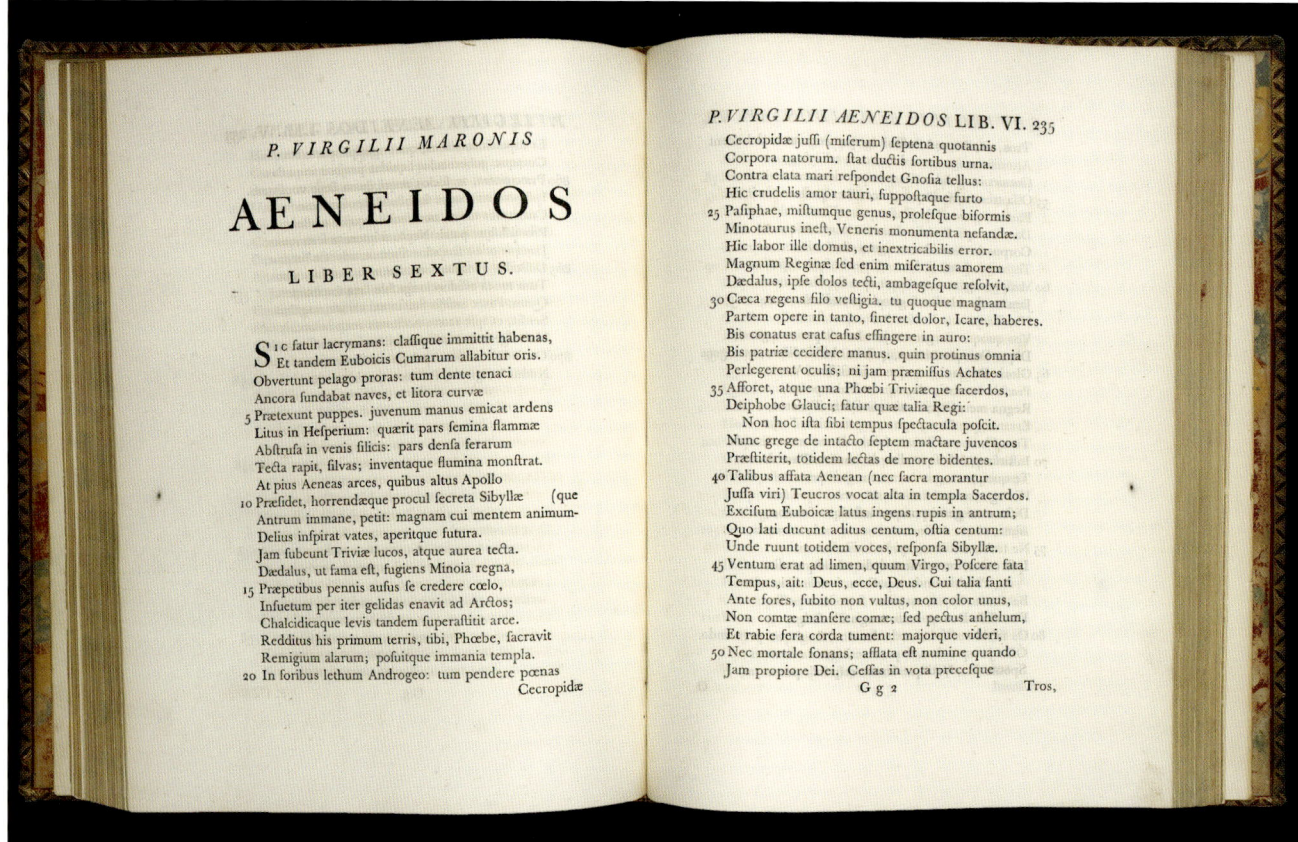

존 바스커빌이 1757년 버밍햄에서 출판한 베르길리우스의 『아이네이드Aeneid』 4절판형본. 바스커빌은 더 짙은 잉크와 선명한 활자체를 개발해 여백이 충분하고 대비가 선명한 텍스트를 만들었다.

바로 '그물무늬 종이'의 탄생이었다.

1757년 바스커빌은 그물무늬 종이 위에 자신이 고안한 서체를 이용해 완성도 높은 베르길리우스 4절판 작품집을 출판했다. 완성에 3년의 시간이 걸렸지만, 그 여파는 엄청나 바스커빌은 1758년 캠브리지 대학의 인쇄업자로 임명되었다. 캠브리지 대학의 후원 아래 바스커빌은 1763년 평생의 걸작으로 손꼽히는 2절판 성경을 제작했다. 그러나 동료 인쇄업자들은 바스커빌이 사용한 서체가 너무 간결하며 종이의 광택이 지나치다고 비판했다.

게다가 바스커빌이 만든 책은 굉장히 고가였기 때문에 소수의 수집가들만이 구매할 여력이 있었다. 바스커빌은 가난에 시달리다 사망했으며, 영국에서 그의 업적은 비교적 진가를 인정받지 못했다. 그러나 그 혁신적 발명품들은 다른 유럽 인쇄업자들에게 큰 영향을 미쳤는데, 여기에 디도가 포함된다.

디도가 출신으로 처음 명성을 날린 인물인 프랑수아 디도(1689~-1757)는 1713년 파리 센 강 좌안에 위치한 케 데 그랑 어거스틴에 황금 성서(A la Bible d' or)라는 서점을 차렸다. 그 아들 프랑수아 앙부르아즈 디도(1730~1804)는 단동 프레스기의 성능을 개선하고 프랑스에서는 파피어 벨린papier velin이라 불린 그물무늬 종이 기술을 더 완벽하게 다듬었다. (일설에 따르면, 인쇄업자로 일한 바 있는 벤자민 프랭클린이 최초의 주프랑스 미국 대사로 파리에서 머무는 동안 영국의 그물무늬 종이를 프랑스 출판업계에 소개했다고 한다.) 앙부르아즈는 자신만의 독특한 서체를 개발해냈으며, 오늘날까지 쓰이고 있는 활자 척도 체계인 디도 포인트제를 규정했다. 루이 16세의 남동생 아르투아 백작의 후원 아래, 앙부르아즈는 어린 황태자의 교육을 위한 용도로 만들어진 기념비적인 프랑스 고전 시리즈 외에도 64권에 이르는 프랑스 소설집을 만들었다. 앙부르아즈의 아들 피에르 디도(1760~1853)는 1798년 산업 박람회에 출품한 베르길리우스 작품집으로 금메달을 받았으며 루브르 궁 내 예전 왕립 인쇄소였던 장소에 아파트도 한 채 받았다. 피에르는 또 다른 디도가

그림에 보이는 호라티우스의 『송가』는 프랑스의 유력한 인쇄업자 집안이었던 디도가의 후손 두 명이 만들어낸 작품이다. 피에르 디도가 인쇄를 맡았고, 사용된 서체를 고안하고 생산한 것은 동생 피르맹이었다. 두 형제는 1798년 프랑스 정부로부터 사례금을 받았다.

계몽주의와 대중 · 111

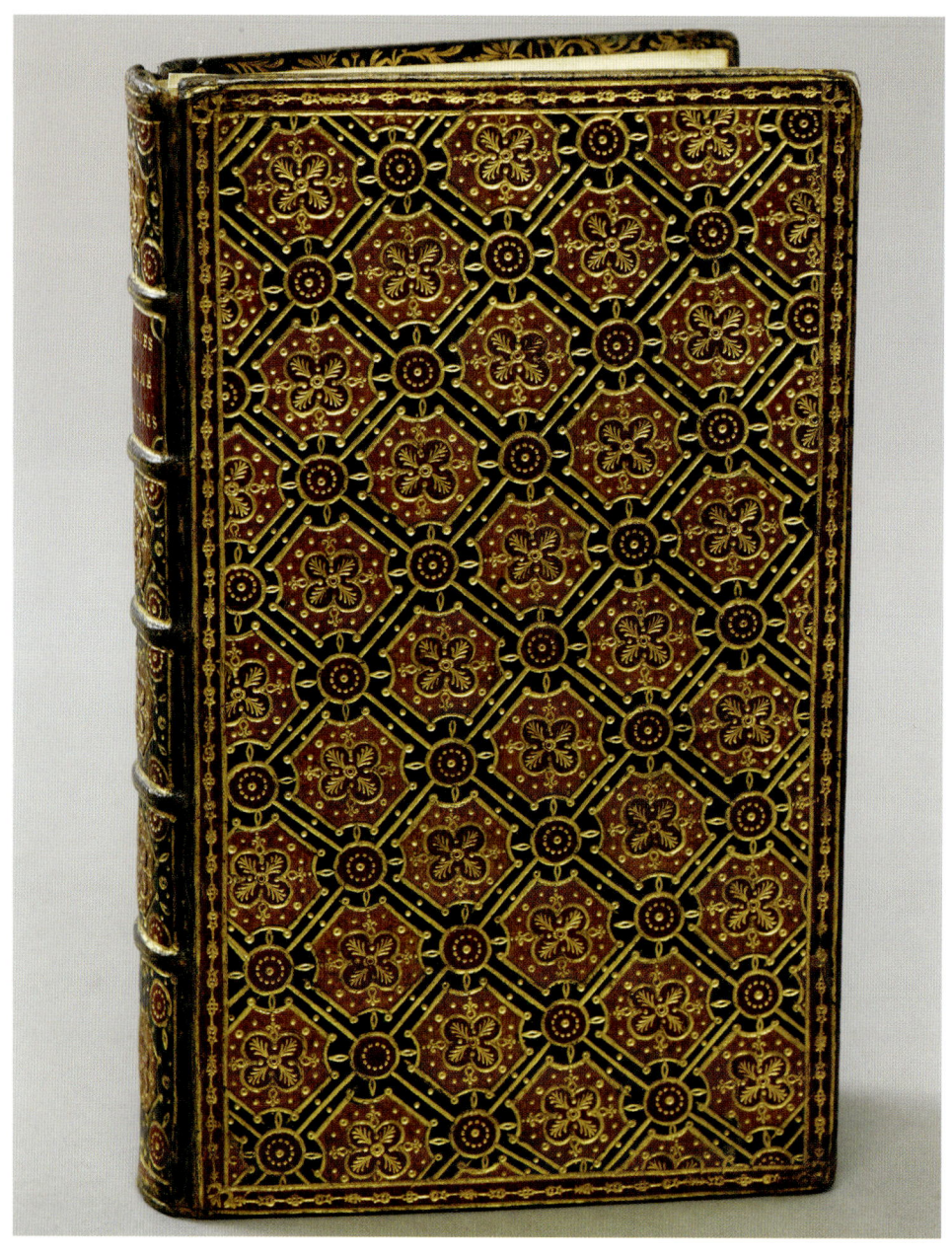

'르 준Le Jeune'이라 불린 니콜라 드니스 드롬은 자신의 혁신적인 레이스 무늬(덴텔) 기법을 이용해 우아한 장식의 제본 양식을 만들었다.

의 일원, 즉 남동생 피르맹 디도(1764~1836)가 고안한 서체를 이용해 아름다운 삽화가 곁들여진 호라티우스 및 라신의 작품집을 제작했다.

이 시기 새로운 제본 양식이 등장했다. 다른 색의 가죽 조각으로 만들어진 '모자이크' 양식이 선풍적인 인기를 끌었고, 레이스를 뜻하는 '덴텔dentelle' 양식은 제본의 가장자리를 나뭇잎 모양 모티브를 이용해 장식하는 것이었다. 1798년 나폴레옹의 이집트 원정 이후, 이들 양식은 이집트에서 영감을 받은 모티브를 이용한 신고전주의 양식의 유행에 자리를 내주어야 했다.

로마체와 고딕체

르네상스 시대 이전의 로마체를 기반으로 한 간결하고 우아한 서체가 등장했는데, 1543년 고안된 클로드 가라몽의 그로 로맹gros romain체 그리고 로베르 에스티엔느가 사용한 '키케로' 서체가 여기에 포함된다. 이러한 르네상스 시대 서체의 후손들은 오늘날 여전히 우리 곁에 남아 있다. 우리가 사용하는 워드 프로세서는 이들 서체를 타임즈 뉴 로만(Times New Roman: 크리스토퍼 플랑탱의 동료였던 로베르 그랑종이 개발한 것으로 16세기 로마체가 변형된 것이다), 안티쿠아(알두스 마누티우스의 로마체에 기반한 것이다), 혹은 가라몽(가라몽의 그로 로맹체가 변형된 것이다)이라 부른다. 그러나 특히 독일어권 지역과 북유럽 지역에서 수세기 동안 널리 사용된 것은 고딕체였다. 자신의 사상을 담은 팸플릿이 더 많은 이들에게 읽히기를 바랐던 마틴 루터가 인쇄물에 사용한 서체는 고딕체였다. 고딕체와 로마체 중 어느 것을 선택할 것인가 하는 문제는 글의 성격과 염두에 둔 독자층의 사회적 지위에 따

클로드 가라몽의 늘어뜨린 듯한 모양의 로마체 활자는 1540년 프랑스 법원에서 쓰이기 시작했고 그 영향력은 유럽 전역으로 퍼져나갔다. 가라몽의 서체는 아마도 베네치아의 인쇄업자 알두스 마누티우스의 디자인에서 영향을 받았을 것이다.

라 결정되었다.

예를 들어 스웨덴에서는 19세기까지 종교 서적 출간에 고딕체가 압도적으로 많이 사용되었다. 스웨덴의 출판업자들은 인쇄업이 시작된 초창기부터 고딕체를 사용했으며, 프랑스어나 영어 인용 문구가 있을 경우만 이를 로마체로 처리했다. 고딕체와 로마체는 독자층과 사회적 지위를 구분하는 요소가 되기도 했다. 서민층을 위한 챕북chapbook은 고딕체로 인쇄되었고, 부르주아 독자층이 읽는 소설, 자서전 혹은 과학 서적은 로마체를 선호했다. 1739년 스웨덴 왕립 아카데미가 설립되었을 때, 국제 과학계의 기대에 부응하기 위해 모든 공식 기록을 로마체로 인쇄하라는 명령이 내려졌다. 따라서 스웨덴에는 두 개의 출판 시스템이 공존했다. 어떤 시장을 겨냥했느냐에 따라 주로 고딕체를 사용하는 출판물과 로마체만을 사용하는 출판물 시장이 따로 존재했던 것이다. 19세기에 이르러서야 스웨덴에서는 로마체가 고딕체를 대신하게 되었고 이러한 변화를 주도한 것은 교육 제도였다. 1878년 스웨덴의 초등학교 일기 교재를 보면, 여전히 고딕체로 표기된 부분은 5퍼센트에 불과했다.

독일에서는 20세기 전반기에 전통 고딕체와 현대 로마체 사이의 갈등이 계속되었다. 이 문제는 심

(왼쪽) 18세기 중반 스웨덴에서 출판된 칼 린네의 『자연의 분류(System of Nature)』 표제지. 과학 서적 출판에는 고딕체보다 로마체가 더 선호되었다.

(오른쪽) 에리히 마리아 레마르크가 쓴 『서부 전선 이상 없다』의 초판. 독일어권 국가에서 널리 쓰였던 고딕 서체가 쓰였다. 1930년 이 책을 번역한 아서 웨슬리 휜은 'All Quiet on the Western Front'라는 기억에 남는 영어 제목을 남겼다.

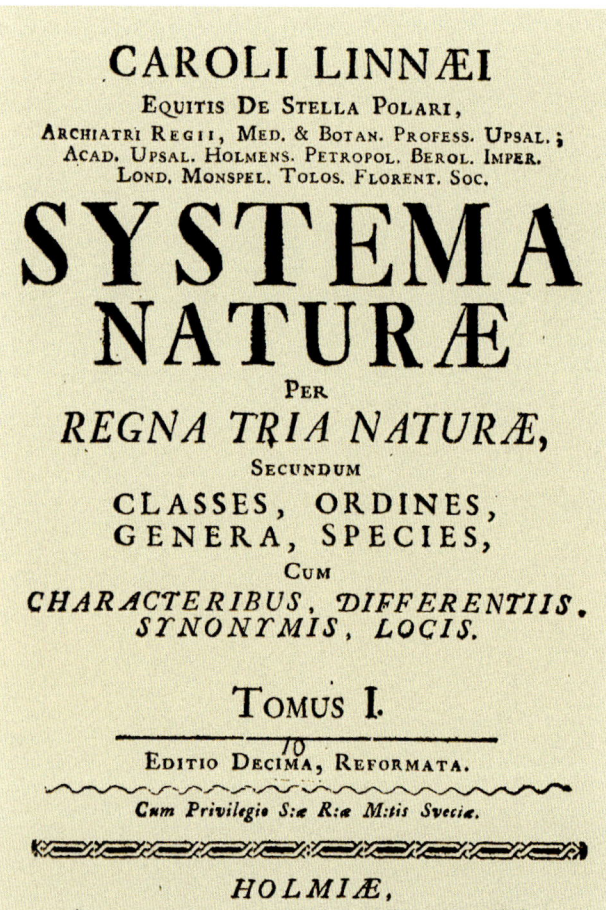

프랑스의 유력 일간지 〈르 몽드〉의 마스터헤드는 고유의 오랜 전통을 나타내기 위해 고딕체를 사용한다.

지어 세계 1차 대전 이전 독일 의회에서 토론의 대상이 되기도 했으나, 그 어떠한 결론도 도출되지 못했다. 이는 독일의 국가 정체성이 걸린 문제였다. 독일 출판업계에서는 서로 경쟁 관계에 있는 이 두 서체를 각각 독일체(Fraktur: 고딕체)와 안티쿠아체(Antiqua: 로마체)라 불렀다. 종합예술대학 바우하우스는 르네상스 시대 지식인들이 영감을 얻기 위해 과거 로마 시대로 눈을 돌렸던 것처럼, 안티쿠아체가 현대성을 상징한다고 옹호했다. 이들의 시각에서 독일체의 사용은 독일을 국제 지식인 사회에서 고립시키는 행위였다. 전통주의자들은 근대 초기 가장 먼저 등장한 독일어 텍스트에 사용되었던 독일체를 진정한 '독일'의 서체라 생각했으며, 특유의 두꺼운 검정색 글자체가 더 읽기 쉽다고 믿었다.

1928년 독일에서 출판되는 서적의 57퍼센트가량이 독일체를 사용했다. 에리히 마리아 레마르크의 『서부 전선 이상 없다(Im Westen nichts Neues)』(1929)의 초판 역시 독일체로 인쇄되었다. 1933년에 이르러 히틀러 치하의 제3국은 독일체를 국서체로 지정해 학교 교과서를 포함한 모든 정부 간행물에 사용할 것을 명령했고, 같은 해 나치는 바우하우스를 폐쇄했다. 그러나 1941년 상황은 갑작스럽게 반전을 맞이했다. 제국 수상 히틀러가 독일체는 유태인 신문사 소유주들이 도입한 것으로 비독일적 오염의 한 형태이기 때문에 없애야 한다고 결정한 것이다. 독일체는 세계 2차 대전 후 잠시 부흥기를 맞았으나 점차적으로 독일에서 사라지기 시작했다.

고딕체는 명예, 엄숙 그리고 시대를 나타내는 장식적 서체 양식으로 오늘날까지 여전히 사용되고 있다. 〈워싱턴 포스트〉, 〈르 몽드〉 혹은 〈시드니 모닝 헤럴드〉와 같은 신문지의 마스터헤드(masterhead: 신문 제1면에 나오는 신문 이름-옮긴이)를 장식하고 있으며, 이는 고딕체가 표준 서체로 널리 사용되었던 과거부터 시작된 유서 깊은 신문사들의 오랜 전통으로 오늘날까지 이어지고 있다. 대학은 시대와 전통의 상징으로서 수료증에 고딕체를 사용하는데, 이는 중세시대 대학부터 시작되는 그 뿌리를 나타내기 위해서이다.

저작권을 위한 투쟁

작가에게 오늘날과 같은 형태의 저작권, 즉 자신이 창작한 지적 재산에 대한 어느 정도의 소유권이 처음 보장되기 시작한 것은 영국과 스코틀랜드가 그 시초이다. 18세기 영국 작가들이 벌어들인 수입은 유럽 전체의 부러움을 사기에 충분했다. 지적 재산권의 개념이 성립된 것은 오랜 법정 투쟁을 거친 후에야 가능했으며, 이는 출판업자들이 이제까지 누려온 독점적 지위를 지키기 위해 온갖 노력을 다했기 때문이었다.

1710년 영국과 스코틀랜드에서 발효된 '앤여왕법(Statute of Anne)'은 출판업자가 아닌, 저자의 지적 재산에 대한 권리를 최초로 인정했으며, 저작권은 창작의 활동이 시작되는 순간부터 성립되는 것으로 간주했다. '앤여왕법'은 신간 서적에 대한 출판업자의 독점적 저작권을 14년으로 제한했으며, 최대 14년을 추가로 연장할 수 있도록 했다. 이미 인쇄된 책의 경우는 출판업체의 독점적 저작권을 21년까지 연장할 수 있도록 했다. 법을 도입하는 것과 이미 뿌리 깊이 박힌 출판업계의 관행을 바꾸는 것은 별개의 문제였기에 이 저작권법이 완전히 확립된 것은 법정 분쟁을 거친 후에야 가능했다. 1774년 영국의 최고 상소 법원으로 기능했던 상원(House of Lords)은 도날드슨과 베케트의 소송 사건에서 에딘버러 최고 민사 법원의 판결에 손을 들어주며 출판업체들이 이제껏 누려왔던 영구 저작권이 불법이라 확정했다. 이러한 판결이 나온 이후 상당한 양의 출판물이 공개 저작물로 전환되었다. 오래된 텍스트는 누구나 출판할 수 있는 길이 열렸고, 런던 출판업계를 지배하던 보호주의적 길드 의식은 더 이상 효력을 발휘하지 못했다. 출판업자들은 신간 서적의 가격을 올리는 것으로 대응했으나, 값싼 재판본이 봇물처럼 쏟아져 나왔고, 출판 부수가 크게 증가했으며, 선집과 요약본의 발간이 확산되었다. 1775년에서 1800년대 사이 영국 출판업의 연간 총 출판양은 네 배나 증가했다. 위의 규제 완화 조치가 내려진 후 5년 동안 대니얼 디포의 『로빈슨 크루소』는 1719년 초판이 발행된 후부터 60년 동안 팔린 것보다 더 많은 판매 부수를 기록했다.

1814년 나온 저작권법(Copyright Act)은 '앤여왕법'보다 훨씬 강화되어 출판업자가 아닌 작가에게 초판 발행 이후 28년 동안 작품을 발간할 수 있는 독점권을 부여했다. 1842년 저자의 저작권은 저자의 사후 7년까지 혹은 최초 출판일 이후 42년까지로 연장되었다. 그러나 다른 국가들이 영국의 저작권법을 인정해야 할 이유는 없었기에 미국의 출판업자들은 저자의 지적 재산권을 전혀 고

대니얼 디포의 『요크의 선원 로빈슨 크루소의 생애와 이상하고도 놀라운 모험(The Life and Strange Surprizing Adventures of Robinson Crusoe of York, Mariner)』의 권두 삽화. 이 작품은 국제적으로 큰 성공을 거두었으며, 교육적 목적으로 종종 번역, 모방 혹은 축약되었다.

러하지 않고 당시 영국 작가들의 베스트셀러 작품을 마음껏 찍어냈다. 한동안 본토 유럽의 독자들보다 미국의 독자들이 더 자유롭게 더 많은 유럽의 문학 작품을 즐겼던 기현상이 발생하기도 했다. 물론 영국도 같은 방법으로 동원해 해리엇 비처 스토의 『엉클 톰스 캐빈Uncle Tom's Cabin』이나 시인 헨리 워즈워스 롱펠로의 작품과 같은 미국 문학의 명작들을 저작권법의 고려 없이 영국에서 발간함으로써 미국에 응수했다. 1891년까지 미국은 그 어떠한 국제 저작권 조약에도 서명하지 않았다. 국제 출판 시장은 그야말로 혼돈의 무질서 상태였으며, 작가들이 저작권 침해나 표절 행위로부터 권리를 보장받을 수 있게 된 것은 국제 저작권에 대한 1886년의 '베른 협약'이 발효되기 시작한 이후부터였다.

영국의 유머 작가 토마스 롤런드슨이 손으로 채색한 판화로, 작가가 서적상에게 자신의 원고를 사도록 설득하느라 애쓰고 있는 모습이다. 여기서 서적상은 잘 먹어 풍채가 좋은 신사의 모습이고 이와 대비해 작가는 제대로 된 식사가 필요한 비실한 체격으로 묘사되어 있다.

전 세계로 퍼져나간 천로역정

존 버니언(1628~1688)의 우의 소설 『천로역정』은 모든 신교 종파에 걸쳐 가장 널리 알려진 책이었다. 비국교회 신교들에게 『천로역정』은 중요도에서 성경 바로 다음 가는 책이었다. 1678년과 1684년 두 편에 걸쳐 초판이 출간된 『천로역정』은 17세기 급진주의적인 반국교주의의 전통을 따른 책이었다. 19세기 『천로역정』은 유럽과 아메리카 대륙 그리고 아프리카 지역에서 베스트셀러로 떠올랐다. 이처럼 세계 서적 시장을 정복하고 나서야 19세기 말 고향인 영국으로 '귀향' 하게 되었으며 뒤늦게 영국 문학 고전의 일부로 편입되었다.

『천로역정』의 내용은 주인공 크리스천이 유혹, 절망 그리고 기타 여러 위험에 맞서 싸우는 험난한 여정에 관한 것이다. 주인공은 죄의 무거운 짐을 내려놓고 마침내 천상 도시에 도착해 하나님과 하나가 된다. 우화를 사용해 신학 교리를 풀어나간 『천로역정』은 이해하기 쉬운 글과 삽화를 사용했다. 『천로역정』은 일종의 '대리' 성경의 역할을 했으며 특히 기독교로의 개종을 도모하기 위한 유용한 종교 교육의 도구이기도 했기에 선교사들은 종종 『천로역정』을 성경과 함께 묶어 갖고 다니기도 했다. 일부 아프리카 사람들은 이 책을 마법의 힘을 가진 백인의 주물이라 믿었다. 예를 들어 1830년대 마다가스카르 사람들은 책의 내용을 읽지 못함에도 『천로역정』을 갖고 싶어했다.

『천로역정』은 200여 개 언어로 번역되었다. 1681년 네덜란드어, 1703년 독일어, 그리고 1727년 스

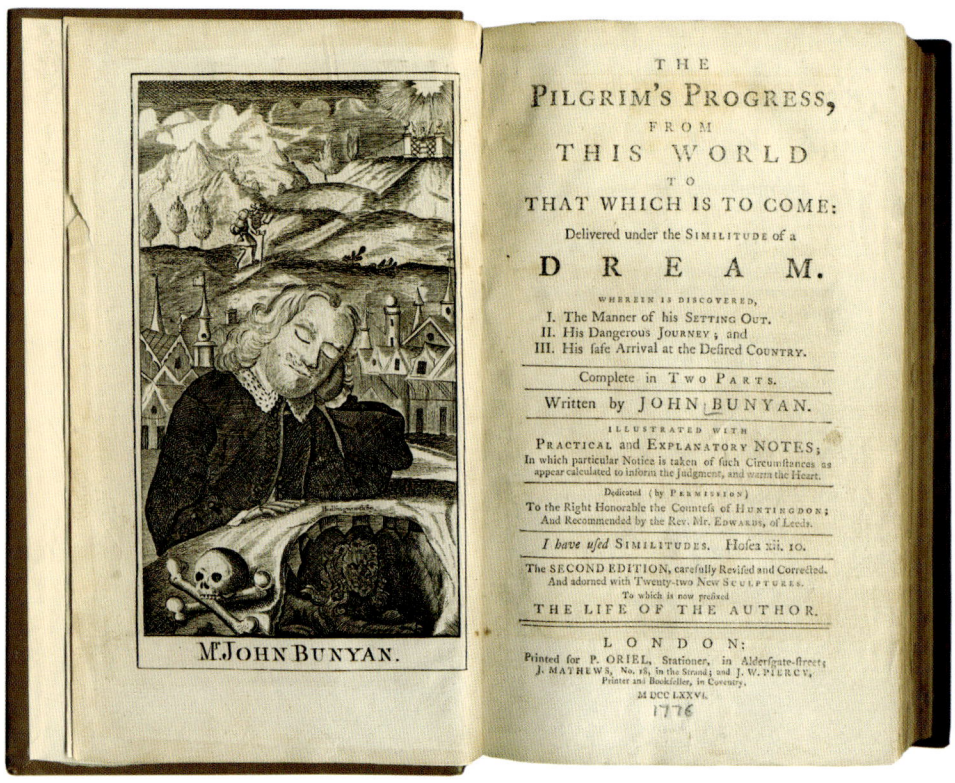

런던에서 출간된 존 버니언의 『천로역정』으로, 저자가 주인공 크리스천이 헤쳐 나갈 유혹의 풍경을 꿈꾸며 잠들어 있는 모습이다. 『천로역정』은 기독교의 가르침을 대중화하는데 성경 다음으로 가장 큰 공헌을 했다.

흑인 기독교인들이 『천로역정』을 아프리카 번역본으로 각색하고 있는 모습이다. 이러한 활동을 지원한 단체로 런던 선교회가 있었다. 버니언의 『천로역정』은 세계 곳곳에서 다른 형태로 구현되었다.

웨덴어 번역본이 나왔다. 북미 지역에서 초판이 간행된 것은 1681년이었다. 식민지 시대 『천로역정』은 아프리카에서 80여 개가 넘는 언어로 번역되어 대영 제국을 단일의 문화 영역으로 묶는 데 일조했다. 이밖에도 남아시아에서 24개, 남동 아시아에서 9개, 그리고 호주와 태평양 지역에서 11개 번역본이 나왔다.

『천로역정』을 유럽 이외 지역의 언어로 번역하기 위해서 선교사와 현지 젊은 개종자들은 복잡한 논의의 과정을 거쳐야 했다. 이들 개종자를 때때로 번역을 돕는 '랭귀지 보이language boy'라 불렀다. 원문의 의미를 아프리카의 문화적 맥락에 맞게 번역하는 것은 쉬운 일이 아니었다. 예를 들어 콩고의 켈레Kele 신교도들은 기독교의 원죄를 설명한 부분을 누락시켰는데, 이는 원죄라는 개념이 그들의 문화적 관념과 양립할 수 없었기 때문이다. 이밖에도 비유럽권 독자들이 공감할 수 있도록 『천로역정』의 원문이 변형된 사례는 더 있었다. 아프리카판 『천로역정』에는 흑인 등장인물이 나오며, 이스트 케이프의 아프리카 엘리트 계층은 이를 아파르트헤이트에 대한 자신들의 투쟁을 나타내는

계몽주의와 대중 · 119

은유로 사용했다. 미국 남부의 흑인 침례교 문화에서 버니언이 창조한 주인공 크리스천은 원죄뿐만 아니라 노예 제도에서 구원받는 흑인 영웅으로 변모했다.

영어권 지역에서 『천로역정』은 종종 각각의 에피소드로 나뉘어 읽혔으며, 엽서·벽보·설교 혹은 매직 랜턴 쇼(magic lantern show: 오락용 영상장치를 이용한 슬라이드 쇼-옮긴이)로 변형되기도 했다. 19세기 말 20세기 초, 종교책자협회는 여러 형태로 『천로역정』을 출간했는데, 한 권을 여러 부분으로 나누거나, 주일 학교에서 상으로 수여하기 위한 용도로 만들거나 혹은 저렴한 축약본으로 만들기도 했다. 버니언의 직소 퍼즐(jigsaw puzzle: 조각 그림 맞추기-옮긴이)이 등장했으며, 일부 열렬한 추종자들은 자신의 정원을 버니언 테마 파크로 조경하기도 했다.

버니언의 국제적 베스트셀러 『천로역정』은 세계 곳곳에서 많은 언어로 번역되어 다양한 용도로 활용되었다. 20세기 초에 들어와서야 버니언의 작품은 모국인 영국에서 그 진가를 인정받아 1912년 웨스트민스터 대사원에 버니언을 기리기 위한 스테인드글라스 창이 생겨났다.

종교책자협회가 펴낸 『천로역정』. 1799년 창설된 종교책자협회는 특히 젊은 독자들을 겨냥해 소책자뿐만 아니라 기타 기독교 서적을 대규모로 출판했다.

챕북

챕북은 책을 살 여력이 되지 않았던 서민들을 위한 값싼 작자 미상의 읽을거리를 가리킨다. 상류층 중에도 가끔 챕북을 소장하는 경우가 있었는데, 이러한 챕북은 개인의 모노그램을 이용해 가죽으로 장정되었다. 일기작가였던 사무엘 피프스는 특별히 제본된 200권이 넘는 챕북 콜렉션을 소장하고 있었다. 하지만 챕북 인쇄업자들은 보통 대중 시장을 염두에 두고, 4~24페이지 분량으로 거친 종이를 이용해 조잡하고 자주 재활용되는 목판화 삽화를 곁들여 제작했다. 그 판매량은 수백만 권에 달했다.

프랑스에서는 챕북을 총칭해 '푸른 도서관'이라는 뜻의 비블리오테크 블뢰bibliotheque bleue라 불렀는데, 그 연원은 챕북이 설탕 포장에 사용되는 저렴한 파란색 종이로 포장되었던 데서 유래한다. 스페인에서 사용된 필리에고 수엘토라는 단어는 말 그대로 제본되지 않은 '종이 더미'를 의미하며, 종이를 한 번 혹은 두 번 접어서 2절 판형의 작은 책으로 만든 것이다. 챕북은 보통 행상들에 의해 판매되었는데, 독일에서는 야마르크트스트로들러Jahrmarktstrodler, 16세기 이탈리아에서는 레겐다이오leggendaio라 불렀다. 17세기 영국에서 챕북 생산은 발라드 파트너스Ballad Partners라 알려진 작은 단체에 의해 통제되었는데, 특히 4페니 이하의 저렴한 챕북의 생산을 전문으로 했다. 프랑스에서 '푸른 도서관'의 생산은 트루아 지방의 우도와 같이 챕북 생산을 전문으로 하는 출판업자들에게 엄청난 부를 가져다주었다. 1696년 후 영국의 챕북 행상들에 대한 허가제가 도입되었는데, 그 당시 2500여 명이 허

(왼쪽) 1623년 프랑스의 작자 미상의 회화로 파리의 서적 행상(colporteur)의 모습을 그리고 있다. 값싼 책자와 소책자를 판매하는 행상이 지나가는 행인들에게 책을 사라고 큰 소리로 외치는 모습이다.

(오른쪽) 1530년경 쓰여진 스페인의 『트로이 왕비의 로맨스』. 필리에고 수엘토pliegos sueltos라 알려진 값싼 무제본 책자의 한 예로, 이러한 책자는 한 장의 종이를 몇 차례 접어 만들었으며 이곳저곳 이동하는 서적 행상들에 의해 판매되었다.

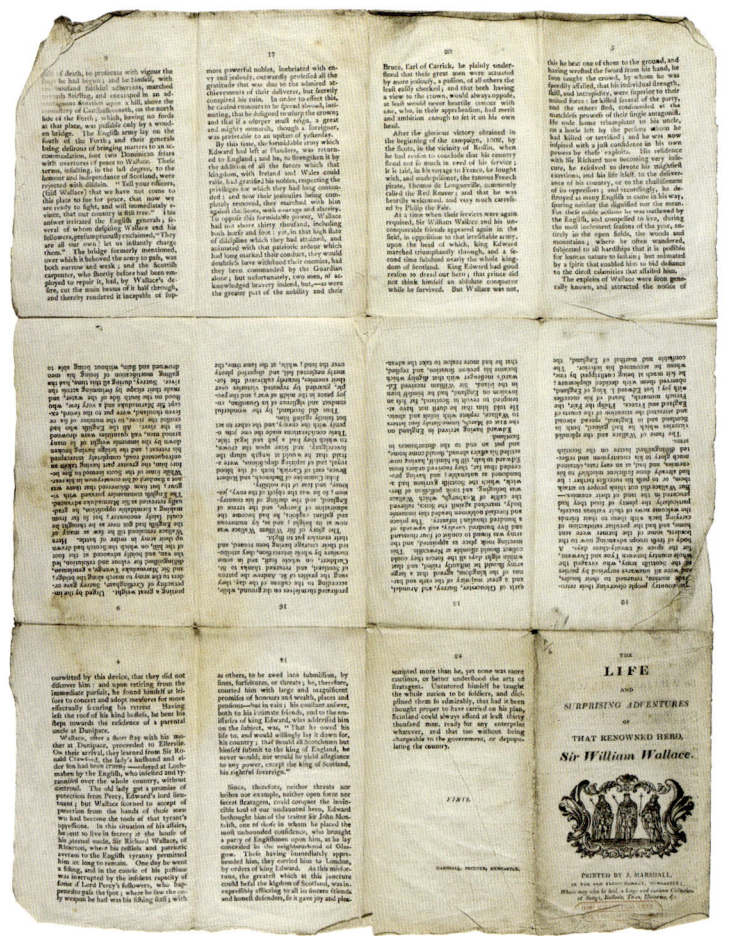

'윌리엄 월레스의 생애와 놀라운 모험(Life and Surprising Adventures of William Wallace)'에 관한 12페이지 분량의 스코틀랜드 챕북으로 뉴캐슬에서 출판되었다. 18세기 유럽에서 이러한 내용을 담은 수천 권의 챕북이 대중 시장에 판매되었으며, 이는 민속 문화의 일부가 되었다.

가를 받았고 런던에서만도 500명의 행상이 허가를 받고 활동했다. 프랑스에서는 1848년경 허가받은 서적 행상의 수가 3500명에 달했고 이들이 매년 판매하는 책은 4000만 권에 달했다.

챕북의 레퍼토리는 거의 정해져 있었고, 인기 있는 책은 계속해서 재출간되었다. 교리문답서, 기도서, 성인의 삶을 다룬 책, 죽음의 기술에 관한 설교 혹은 죽음의 무도의 판본과 같은 종교적 내용의 챕북이 있었다. 소설, 설교, 희극 그리고 권주가도 챕북에 해당했다. 가르강튀아(Gargantua: 라블레의 소설에 등장하는 거인 왕-옮긴이), 스카라무슈(Scaramouche: 고대 이탈리아 희극에 나오는 허세 부리는 광대-옮긴이), 그리고 엄지손가락 톰(Tom Thumb: 영국 동화에 등장하는 엄지만한 주인공-옮긴이)이 등장하는 신화, 동화, 역사 그리고 로맨스를 담은 챕북이 있었고, 보통 부자의 재산을 훔치는 대담한 무법자들의 이야기를 담은 챕북이 있었다. 악마 로베르(Robert the Devil: 중세시대 전설에 나오는 악마의 아들-옮긴이)와 같은 기사도 이야기도 있었다. 이밖에도 일상생활 문제에 대한 해답을 제공하는 챕북도 있었다. 달력, 점성술, 요리법, 특효약과 의학 상식, 카드와 주사위 게임 방법, 에티켓, 아동용 알파벳 그리고 평범한 철학을 담은 책들이 그것이었다. 학문적 내용의 책은 농민 독자를 위해 이들이 이해하기 쉬운 짧은 문단으로 축약하고 간소화해서 만들어졌으며 불경스럽거나 외설적인 내용은 삭제되었다. 오늘날 이러한 챕북 문학의 대부분은 성인이 아닌 아동용으로 더 적합한 것으로 여겨진다.

연감

연감은 일 년 단위로 사용하는 다이어리의 기능과 유용한 정보가 담긴 참고 도서의 기능을 함께 한 책이었다. 연감에는 점성술 표, 미래에 대한 예측과 예언, 종교 휴일의 날짜, 중요한 박람회와 법원의 개정 기간과 같은 정보가 담겨 있었다. 연감은 단순한 달력을 넘어서 방대한 양의 유용한 정보를 제공했다. 특히 농부들에게 도움이 될 만한 요리법 및 약초 정보와 함께 일기 예보와 파종 방법에 대한 지식을 제공했다.

연감 생산의 절정기는 17세기였던 듯하다. 예를 들어 1687년 영국에서는 30종의 연감이 46만 부 판매되었다. 영국의 서적출판업조합은 1775년 서적 시장에 대한 규제가 완화되기 전까지 고수익을 안겨주는 연감 출판의 독점권을 고수했다. 독일에서는 18세기 말 『바디쉐 란드 칼렌더 Badische Landeskalender』가 20만 부 제작되었고 1800년 런던에서는 『복스 스텔라룸 Vox Stellarum』이 35만 3000부가 나왔다. 18세기 말 이탈리아에서는 매년 대략 25만 부의 연감이 생산되었다.

1491년부터 시작해 17세기 말까지 간행된 『그랑 칼랑드리에 에 콤포스 데 벨줴 Grand Calendrier et compost des bergers』는 프랑스에서 선풍적인 인기를 끌었을 뿐만 아니라 그 영어 번역본도 큰 성공을 거두었다. 여느 연감에서 볼 수 있는 정보뿐만 아니라, 삶을 위한 지침도 제공했다. 사도신경, 주기도문과 십계명을 포함한 것 외에 위대한 성현의 조언을 담았다고 주장하는 종류들도 있었다. 독자들에게 언제나 성실과 정직을 추구하고 죽음에 대해 명상하며 오랫동안 건강하게, 특히 도덕적으로 올바른 삶을 살기 위해서는 어떻게 해야 하는지 알려주었다. 그 당시 대부분의 연감과 마찬가지로, 이 책은 신중함과 공손함의 미덕을 강조했으며, 기존의 사회계급 체계를 강화하고자 했다.

한 연감 서적상이 얀 반 빌레의 『알마낙 오브 브리다 Almanac of Breda』(1664)를 광고하며 마을 광장에서 연감을 팔고 있는 모습이다. 연감은 점성술을 이용한 예언과 역사적 사건과 신기한 유령에 관한 이야기를 담고 있었다.

18세기 연감은 더욱 객관적인 성격을 띠게 되었다. 계몽주의를 지지하는 이들은 연감에 담긴 점성술 예언을 멸시했다. 높은 판매 부수를 기록한 스위스의 연감 『그랑 칼란드리에 에 콤포스 데 벨쮀(Le Veritable messager boiteux)』는 점성술보다 중요한 역사적 사건을 더 많이 다루고 있었다. 1820년대 실천지식홍보협회의 출판업자 찰스 나이트가 제작한 『영국 연감(British Almanac)』은 점성술에 대한 내용 없이 유용한 통계 정보를 담고 있었는데, 너무나 진지한 내용만을 다룬 탓인지 판매량은 보잘 것 없었다. 이탈리아에서는 상류층을 위한 패션 연감, 궁정 연감 그리고 젊은이들의 매너 교육을 위한 연감이 제작되었다. 기타 지역에서 의학 연감과 속담 연감도 발간되었다. 정치적 내용을 다루지 않는 한 연감은 정부의 감시로부터 자유로웠다. 오늘날 연감이라는 장르의 일부는 일간지의 '별자리 운세란'의 형태로 오늘날까지 남아 있다.

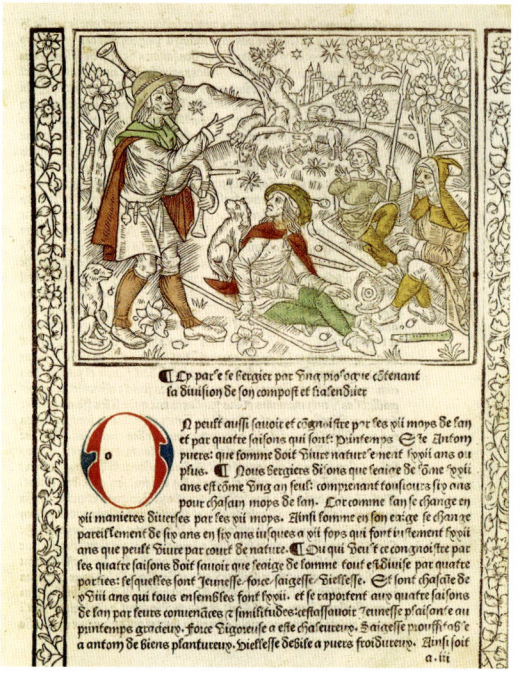

(위) 1490년대 유래한 『위대한 양치기의 연감(Grand Calendrier des bergers)』은 가장 널리 발간된 연감의 하나였다. 상당수의 목판화를 포함하고 있으며, 달력과 함께 보건과 위생에 대한 조언뿐만 아니라 선악에 대한 설교 내용도 다루고 있었다.

(왼쪽) 1677년도 영국 연감의 일부. 조지 라킨George Larkin이 출판한 것으로 종교 축제와 달의 위상 변화를 보여주고 있다.

세계적 베스트셀러 작가 월터 스콧

18세기 말까지 소설은 도덕적 교훈이나 고상한 정서를 제공하지 못하는, 열등한 문학 장르 취급을 받았다. 다만 소수의 예외적 사례가 있었는데, 알랭 르사주의 『질 블라스 이야기(Gil Blas)』, 세르반테스의 『돈키호테』, 그리고 헨리 필딩(1707~1754)과 새뮤얼 리차드슨(1689~1761)의 소설이 그러했으며 이들은 명망 있는 작가로 존경받았다. 그 어떤 작가보다도 소설의 위상을 높인 인물은 바로 월터 스콧(1771~1832)으로 세계적인 베스트셀러 작가가 되었으며, 찰스 디킨스(1812~1870), 윌리엄 새커리(1811~1863)와 어깨를 나란히 하며 19세기 영국 문학 고전의 주축 역할을 담당했다. 제인 오스틴(1775~1817)과 조지 엘리엇(1819~1880)은 스콧, 디킨스, 그리고 새커리와 비교했을 때 살아 생전 높은 평판을 얻지는 못했으며, 낭만주의 시대 스콧의 소설은 다른 모든 당시대 영국 소설가들을 합친 것보다 더 높은 판매 부수를 기록했다.

프랑스와 북미에서 월터 스콧이 거둔 성공은 많은 작가들로 하여금 그가 개척한 장르인 역사 소설

월터 스콧은 오늘날 우리가 알고 있는 형태의 역사 소설 장르를 개척했으며, 그의 책은 작가의 생전 유럽의 베스트셀러 반열에 올랐다. 또한 월터 스콧은 19세기 초 스코틀랜드에서 낭만주의 사조가 꽃피는 데 촉매제 역할을 했다.

1871년 찰스 헌트Charles Hunt가 그린 그림으로, 월터 스콧이 쓴 가장 인기 있었던 소설 중 하나인 『아이반호Ivanhoe』에 등장하는 마상 창 시합 광경을 아이들이 재연하며 놀고 있다.

을 모방한 작품을 쓰도록 영감을 주었다. 오노레 드 발자크의 『올빼미 당원(Les Chouans)』(1829)과 제임스 페니모어 쿠퍼(1789~1851)의 작품은 스콧의 작품을 모델로 삼아 쓰여졌으며, 중세시대 정신을 강조했던 스콧의 문학적 취향은 빅토르 위고의 『노트르담 드 파리Notre-Dame de Paris』(1831)에 영향을 주었다. 그의 작품을 표절하고, 모방하고 번역한 책들이 생겨났고, 연극과 오페라용으로 각색되기도 했다. 파리 상류사회 일원들은 스콧의 소설 『웨이벌리Waverley』의 등장인물로 분장한 이들이 참석하는 가면무도회를 즐기기도 했다. 작가 시절 초기, 스콧과 그의 학창 시절 친구 제임스 밸런타인은 인쇄소를 차렸고, 1809년에는 제임스의 남자 형제인 존이 가세해 출판사 밸런타인(Ballantyne & Co.)을 설립하게 되었다. 스콧의 유명한 시는 대부분 밸런타인사를 통해 출판되었다. 새로 시작한 출판업과 보더 카운티 아보츠포드에 자신이 쓴 방대한 양의 작품을 보관하는데 드는 비용 때문에 스콧은 거의 파산 직전까지 몰렸다. 스콧에게 구원의 손길을 내민 것은 1813년 아치볼드 컨스터블(Archibald Constable & Co.) 출판사였다. 아치볼드 컨스터블은 밸런타인이 출판한 재고 서적을 사들였고 후에 스콧이 작자 미상으로 발표한, 최초의 성공작인 『웨이벌리』를 출간했다.

유럽 대륙에서 스콧의 작품이 처음 출간되었을 때 초판의 판매 부수는 대부분의 소설가들이 그러했듯 천 부를 넘지 않았다. 그러나 수요가 증대하면서 1826년 『우드스톡Woodstock』의 프랑스어 판 인쇄 부수는 6000부까지 늘었다. 최초의 프랑스어 판 월터 스콧 전집은 휴대하기 간편한 12절 판형으로 1820년과 1828년 사이 피에르 프랑수아 라보카와 그 파트너인 니콜에 의해 출간되었다. 1822년 이후부터는 고슬랭이 영어 원문판 출간과 동시에 스콧의 신작 소설을 프랑스어 판으로 출간했다. 1820년과 1851년 사이 프랑스에서 출간된 월터 스콧 전집은 총 20판본에 이르렀고, 이를 주도한 것은 『아이반호』와 『퀸틴 더워드Quentin Durward』(프랑스를 배경으로 한 소설이었다)였다. 월터 스콧은 이탈리아에서도 비슷한 성공을 거두었다. 1830년 그의 소설은 각자 다른 출판업자를 통해 무려 5개에 이르는 다른 종류의 시리즈로 발간되었다. 독일에서는 소설가 빌리발트 알렉시스(1798~1871)가 1823년과 1824년 사이 스콧을 등장인물로 한 『발라드몰Walladmor』이라는 제목의 월터 스콧 패러디 소설을 썼다.

북미에서도 스콧의 소설을 발간하기 위한 비슷한 경쟁이 벌어졌다. 월터 스콧이 다작을 했을 뿐만 아니라 글을 쓰는 속도도 굉장히 빨랐기 때문에 출판업자들은 몇 대의 인쇄기를 동시에 돌려 한 권의 소설을 여러 부분으로 나눠 인쇄해야만 했다. 코르넬리우스 밴 윙클과 찰스 와일리가 1815년 미국에서 『웨이벌리』의 초판을 2권의 12절 판형으로 내놓았다. 1819년 이후부터 월터 스콧 작품의 미국 판 출간은 필라델피아의 매튜 캐리를 통해 주로 진행되었다.

디포부터 시작해 스콧에 이르기까지 영국 소설가들은 18세기 말 19세기 초 국제적으로 매우 큰 성공을 거두었다. 그 인기의 비결 중 하나는 이들이 참신한 주제를 다루었다는 점이었다. 상류 계층의 삶만을 다루었던 유럽 대륙의 작가들과 달리, 이 당시 영국 소설은 중산층, 심지어 농부까지도 등장인물로 삼았다. 또한 영국 작가들은 독자에게 보다 직접적으로 감정에 호소하는 글을 썼다. 유럽의 교육받은 독자층의 취향이 외설적이거나 과도하게 지나침 없이 고상한 감정을 표출하는 문학에 익숙했던 반면, 영국 소설은 독자들의 눈물샘을 자극하는 매력이 있었다. 가끔 영국 작가들의 작품을 유럽 대륙 독자들에게 맞게 '각색'해야 할 경우가 있었는데, 거슬리거나 극단적인 내용이 삭제되곤 했다. 스콧의 작품을 다수 번역했던 프랑스인 번역가 오귀스트 드프콩프레(1767~1843)는 프랑스어 판 『묘지기 노인(Les Puritains d'Ecosse)』을 작업하면서 원문에서 상당한 부분을 삭제해야 했다. 예를 들어 청교도를 옹호하는 일부 발언이 삭제의 대상이 되었다.

오페라 가수 제니 린드(1820~1887)를 그린 그림. '스웨덴의 꾀꼬리'라는 별명을 갖고 있던 린드는 그림에서 가에타노 도니체티의 오페라 작품 '라메르무어의 루치아 Lucia di Lammermoor'에서 주인공 루치아로 분한 모습이다. 이 오페라는 스콧의 소설 『라메르무어의 신부(Bride of Lammermoor)』를 각색한 작품이다.

유럽 주변 지역

출판업계의 열기가 서부 유럽을 뜨겁게 달구는 동안 남부 및 동부 유럽에서는 필적할 만한 움직임이 보이지 않았다. 책은 희귀한 물건이었고 출판은 과거의 방식을 답습한 채 서부 유럽에 의존하는 형국이었다. 중부 유럽과 발트 해 연안 지방에서는 독일의 인쇄 문화가 매우 큰 영향력을 갖고 있었고, 그리스에서는 프랑스와 이탈리아 서적이 주도적 위치를 점하고 있었다. 한편 오토만 제국과 러시아 제국은 출판업의 성장에서 결정적인 문화적 영향력을 행사했다.

원래 오토만 제국은 투자 자본이 부족했고 동방 정교회는 인쇄술의 이점을 충분히 활용하고 있지 못했다. 18세기까지 그리스 서적의 80퍼센트는 베네치아에서 생산되었다. 이들 서적은 주로 그리스 정교 예배를 위한 전례서로, 특히 베네치아 통치하의 크레타 섬과 이오니아 섬에서 사용되었다. 18세기 들어, 정교회 성직자들은 교육 수단으로써 인쇄본이 가진 가치를 인정하기 시작했고, 그리스에서 중산층이 성장함에 따라 그리스어로 쓰여진 비종교 서적에 대한 시장이 형성되었다. 한편 이때 베네치아의 출판업은 쇠락의 길을 걷기 시작했고 대신 비엔나가 그리스어 서적 출판의 중심지로 떠올랐다.

1490년대 이베리아 반도에서 추방당한 후, 유태인 망명자들은 오토만 제국의 술탄 베야지트 2세로부터 콘스탄티노플과 살로니카에 인쇄소를 차려도 좋다는 허가를 받았고, 이를 통해 히브리어 책을 출판할 수 있었다. 오토만 통치하에서 소수 민족이었던 아르메니아인들 역시 이 같은 자유를 누릴 수 있었고, 18세기 콘스탄티노플에서 4개의 인쇄소를 운영할 수 있었다.

가톨릭을 믿었던 크로아티아에서는 1494년부터 독자적인 인쇄소가 운영되기 시작했는데, 9세기 슬라브인들을 기독교로 개종시킨 선교사 키릴의 이름을 딴 키릴 문자를 사용했다. 16세기 이후 발칸 반도에서 오토만 제국의 힘이 강대해지면서, 키릴 문자를 이용한 인쇄술은 왈라키아로 이동했다. 왈라키아는 주교의 감독하에 슬라브어와 루마니아어 서적의 출판 중심지로 기능할 수 있었다. 16세기 세르비아, 보스니아 그리고 헤르체고비나는 독자적인 출판 사업이 자리 잡지 못했으며, 1830년대까지 러시아나 헝가리로부터 교과서와 종교 서적을 수입해 와야 했다. 그러나 19세기 초기 민족주의 운동의 발

1494년 몬테네그로의 체티네 수도원에서 인쇄된 『8선법(Octoechos)』으로, 주일 예배의 순서를 내용으로 하고 있다. 교회 슬라브어로 쓰여진 가장 초기의 전례서 중 하나이다.

전에 힘입어 체코어, 슬라브어, 헝가리어 그리고 우크라이나어와 같은 민족어를 이용한 문학 작품, 사전 그리고 문법책을 생산하게 되었다.

동부 유럽의 경우 개혁 성향의 표트르 대제(1682~1725)가 통치권을 잡기 전까지 슬라브어 서적은 엄격한 종교 감독하에 출판되었다. 1711년 표트르 대제는 상트페테르부르크를 새로이 수도로 정하고 여기에 인쇄소를 설립했으며, 러시아 상원과 과학 아카데미는 과학 및 학문 서적을 생산함으로써 종교집단이 갖고 있던 출판 독점권을 무너뜨렸다. 여제 예카테리나 2세는 1783년 이후 출판업을 한층 더 세속화하기 위해 노력했으며, 1788년 연간 출판량은 상당한 양인 500권까지 증가했다. 그러나 프랑스 혁명은 출판업 자유화를 꾀하던 여제의 노력에 찬물을 끼얹었다. 대중의 소요에 대한 두려움은 개인 인쇄소의 폐쇄로 이어졌고, 러시아 제국 전역에 엄격한 검열 규정이 도입되었다.

(왼쪽) 1705년 알파벳 책의 표제지로 러시아 역대 황제들을 보여주고 있다.

(오른쪽) 주일용 책으로 브라차의 주교였던 소프로니 브라찬스카가 쓰고, 1806년 루마니아에서 인쇄되었다. 현대 불가리아어로 인쇄된 최초의 책으로, 불가리아어 성경이 아직 없었던 그 당시 종교적 지도서의 역할을 했다.

4 출판업자의 출현

1830년 이전 보통 소설의 판매 부수는 몇백 부를 넘기는 일이 흔치 않았다. 한 예로 스탕달의 『적과 흑』은 1830년 출판 당시 인쇄 부수가 750부에 지나지 않았다. 스탕달은 자신의 작품을 '소수의 행복한 이'에게 바쳤던 것이다. 스탕달의 독자 모두가 행복했는지는 알 수 없으나 확실한 것은 적어도 스탕달의 살아생전 그의 작품을 읽을 수 있었던 독자는 소수였다. 그러나 1914년경 값싼 소설을 위한 대중 시장이 형성되었고 프랑스 전역의 독자들은 스탕달의 작품에 친숙해졌다. 사회적 경제적 변화로 인해 인쇄술의 '구체제'는 종말을 고했다. 책과 신문이 대량 생산되었고 종이의 가격은 역사상 그 어느 때보다도 저렴해졌다. 하루 10시간 근무제가 서서히 정착되면서 사람들은 더 많은 여가 시간을 즐길 수 있게 되었고, 적어도 서부 유럽에서는 거의 모든 사람들이 글을 읽을 수 있었다.

19세기 서부 유럽에서 출판업자는 전문가로서 그리고 사업가로서 독자적인 위치를 구축하게 된다(더 작은 유럽 시장의 경우 이러한 발전은 20세기 들어 이룩되었다). 19세기 초반까지 출판, 인쇄 그리고 서적 판매는 서로 구분되지 않고 이 세 가지를 모두 겸업하는 사례가 많았다. 그러나 이제 출판업자의 고유 영역이 등장했다. 출판업자는 자금을 조달하고, 작가 집단을 양성했으며, 판매 전략을 고안했다. 카를 베데커와 피에르 라루스와 같은 누구나 이름을 아는 유명한 출판업자도 일부 출현했다.

문해 능력을 갖춘 대중의 등장은 출판업체들에게는 사업 확장의 호기였지만 이를 사회에 대한 위협으로 보는 이들도 있었다. 사회주의 사상을 담은 서적의 확산을 어떻게 막을 것인가? 여성이 결혼의 안정을 저해할 수도 있는 환상을 주입하는 로맨스 소설을 읽는 것을 어떻게 막을 것인가?

> 프랑스에서 새해 선물을 주고받는 때는 서적 판매 성수기이기도 했다. 출판업자였던 에첼Hetzel은 이때를 활용해 쥘 베른의 소설과 자신이 발간하는 잡지 〈교육과 여가(Magasin d'education et de recreation)〉를 포함해 젊은 층을 겨냥한 서적을 광고하곤 했다.

인쇄의 기계화

19세기까지 인쇄 분야에서는 인쇄술 발명 시대부터 사용해온 목재 수동 인쇄기를 계속 사용하고 있었다. 이제 서적 시장의 확대와 함께 더 많은 부수를 찍어낼 수 있는 더 빠른 인쇄 공정에 투자를 하게 되었다. 인쇄술은 점차적으로 기계화되었고, 더 빠른 속도로 더 많은 인쇄물을 생산할 수 있었다. 구텐베르크가 고안한 인쇄술은 거의 4세기 동안 지속되었으나 1830년대 이후 인쇄업의 양상은 알아볼 수 없을 정도로 변해 있었다. 산업화 초기 몇십 년 동안은 여전히 목재 수동 인쇄기가 사용되었으나, 1800년대부터 새로운 철제 스탠호프Stanhope 인쇄기가 나왔다. 스탠호프 인쇄기는 기존 목재 인쇄기에 비해 실용 수명이 더 길었으나 가격은 훨씬 더 비쌌다. 스탠호프 인쇄기는 커다란 압반을 채택해 한 번에 2절지 전체에 잉크를 바를 수 있도록 했다. 프리드리히 쾨니히(1774~1883)는 1811년 〈런던 타임즈〉를 위해 발명한 증기 기관을 이용한 회전식 인쇄기로 시간당 1100장을 인쇄할 수 있었다. 기존의 목재 인쇄기의 경우 최대로 가동한다 해도 시간당 인쇄량은 이의 십분의 일에도 채 해당하지 않았을 것이다.

그림에 보이는 스탠호프 인쇄기는 철로 제작되었고 신문과 같은 거대 판형 서적물의 생산에 적합하도록 커다란 압반을 사용했다. 그러나 기본적인 인쇄 공정은 크게 변하지 않았다.

1830년 이후 기계식 인쇄기가 널리 확산되기 시작했다. 1851년 윤전식 인쇄기가 에딘버러에서 등장했고, 1853년 〈런던 타임즈〉가 이를 활용해 신문을 찍기 시작했다. 윤전식 인쇄기는 1866년 프랑스로, 1873년 독일로 그리고 1885년 스페인으로 수출되었다. 20세기 초반 여러 개의 급지 장치가 달린 윤전식 인쇄기는 시간 당 4만 8000장을 찍을 수 있었다. 1870년대부터 활자 조판에 사용하는 주식기가 등장하면서 더 빠르고 더 저렴하게 많은 양의 인쇄물을 생산할 수 있게 되었다. 접지기가 발명되었고, 제본 역시 새로운 절지 기기와 제본 장치를 이용해 더욱 기계화가 진전되었다.

종이 생산 자체도 혁명적 변화를 겪었다. 헨리 푸어드리니어와 토마스 길핀은 각각 1799년과 1816년 굉장히 넓은 폭의 연속된 두루마리 형태로 종이를 생산하는 제지 기계를 만들었다. 1860년대 헝겊이 아닌 목재 펄프를 이용해 종이를 만드는 방법이 기술적으로 가능해졌고, 이제까지 총 비용에서 상당한 부분을 차지했던 종

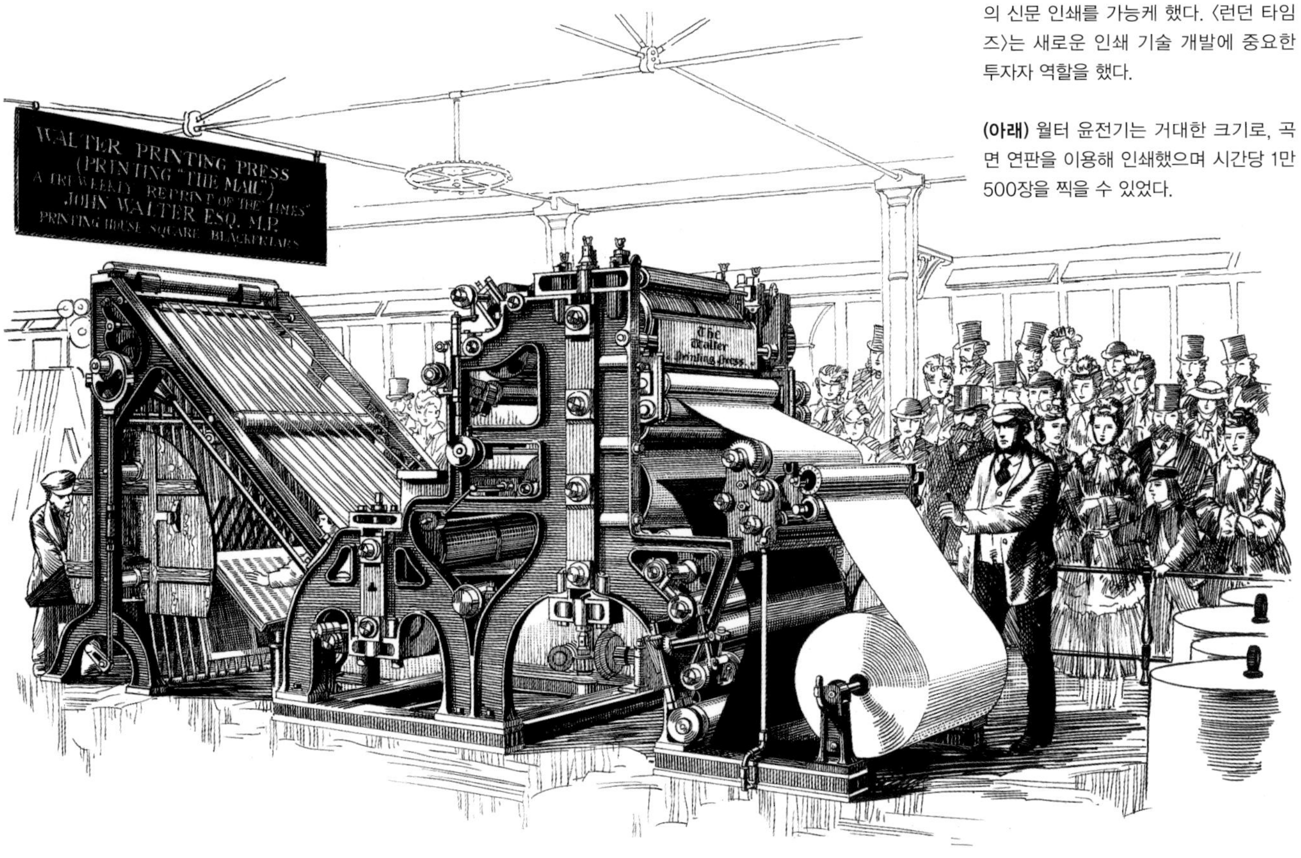

(위) 애플거스 인쇄기는 진정한 산업 규모의 신문 인쇄를 가능케 했다. 〈런던 타임즈〉는 새로운 인쇄 기술 개발에 중요한 투자자 역할을 했다.

(아래) 월터 윤전기는 거대한 크기로, 곡면 연판을 이용해 인쇄했으며 시간당 1만 500장을 찍을 수 있었다.

출판업자의 출현 · 133

이의 가격은 점차적으로 하락하기 시작했다. 결과적으로 책 생산 원가는 급격히 떨어졌다. 프랑스에서 1840년과 1870년 사이 서적의 평균 가격은 50퍼센트 하락했다. 19세기 후반기 주요 산업용지 제조국으로 자리 잡은 독일의 경우 1870년 책 생산 비용에서 원자재가 차지하는 비중이 30퍼센트였으나, 이는 1912년 12퍼센트까지 떨어졌다.

독자들은 순백의 하얀 종이로 만들어진 책을 원했다. 19세기 후반 이러한 기대에 부응하기 위해 종이에 염소를 첨가하게 되었다. 그러나 표백한 종이를 사용한 책은 높은 산성기 때문에 시간이 지남에 따라 못쓰게 되는 경우가 허다했다. 100여 년이 흐른 뒤, 프랑스 국립도서관은 표백된 종이로 만들어진 7만 5000권의 소장 도서가 선반 위에서 썩어가고 있다는 사실을 발견했다. 이 중 일부는 폐기되었고, 일부는 마이크로필름으로 찍어 보관했다.

출판업의 변혁은 기계화 그 자체로만 가능했던 것이 아니다. 이는 사회적 경제적 변화에 따른 필연적인 반응이었을 뿐이다. 기본 문해 능력의 신장에 따라 19세기 말 국가 차원의 초등교육 제도가 도입되었고, 이로 인해 독서 능력을 갖춘 대중의 수는 지속적으로 증가했다. 특히 1840년대 이후의 철도 건설은 전국 어디든지 책을 공급할 수 있는 경제적인 교통수단을 제공했다. 1840년 영국에서 롤런드 힐이 1페니 우편제를 도입하면서, 우편을 이용해 영국 전역에 정기 간행물과 상품 카탈로그를 배송할 수 있게 되었다. 서적의 판매를 촉진하는데 기여한 위와 같은 새로운 기회들과 함께, 인쇄기의 기계화는 대중에게 값싼 서적을 제공하는 데 일조한 것이다.

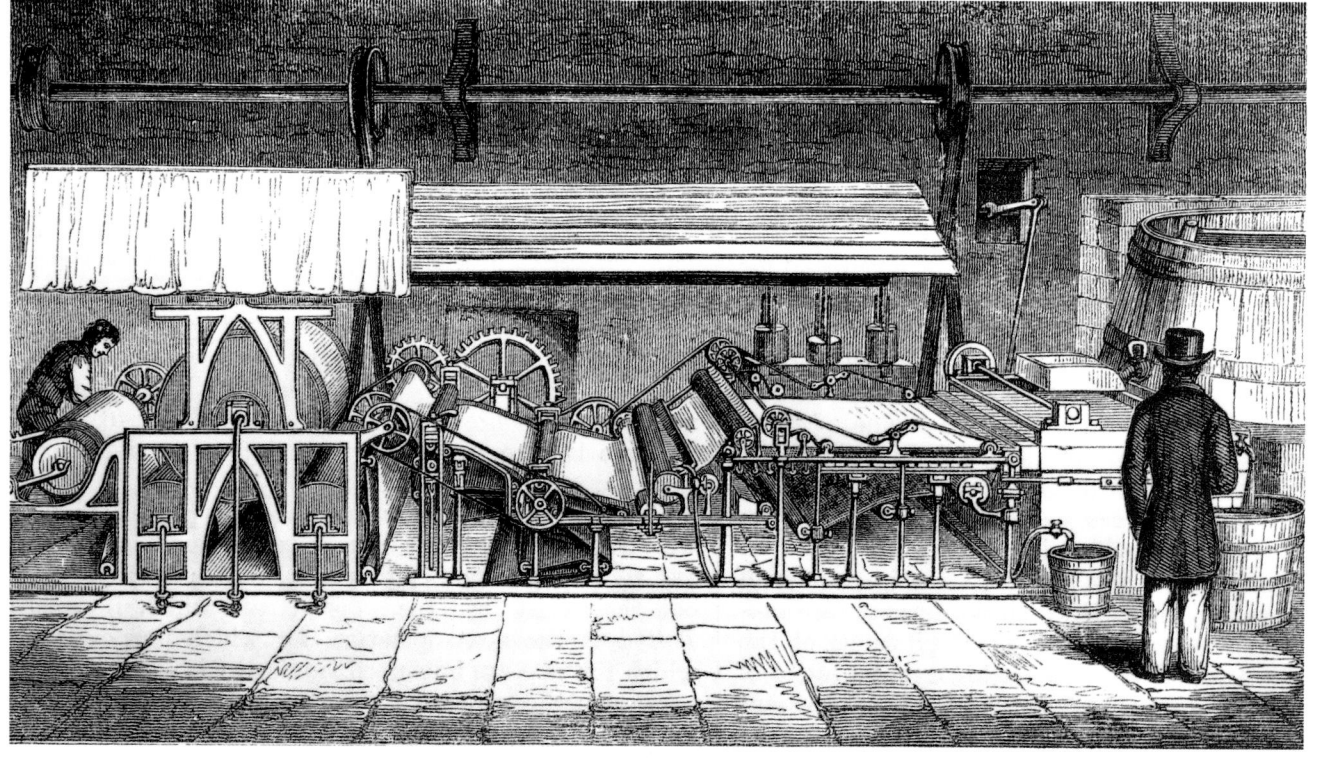

제지 기계를 묘사한 1853년 그림. 19세기 후반 목재 펄프를 이용한 제지 기술과 제지 공정의 기계화로 종이 가격이 하락했고 훨씬 값싼 책을 생산할 수 있었다.

19세기 책 삽화가

19세기까지 한 권의 책에 들어가는 텍스트와 삽화는 각각 다른 과정을 통해 별개의 작업실에서 만들어지는 것이 보통이었다. 그 당시 삽화를 제작하는 데 3가지의 기술이 사용되었는데 첫째 가장 오랜 역사의 목판화 기법, 둘째 더 명확하고 자세한 묘사를 가능케 했던 강판화 기법, 셋째 1819년 알로이스 제네펠더가 발명한 석판화 기법이었다. 석판화 기법은 작가가 인쇄판 위에 직접 그릴 수 있었으므로 글의 내용을 더 다양하고 정확하게 표현하는 데 도움이 되었다. 신문사들은 석판화 기법을 선호했고, 서적 삽화 제작에는 위 세 가지 기법이 모두 사용되었다. 가끔 한 권의 책에 세 가지 기법이 모두 사용되는 경우도 있었다.

삽화가였던 구스타브 도레(1832~1883)는 15살 때부터 프랑스 신문사 〈르 주르날 푸어 리르Le Journal pour rire〉지(풍자 신문이라는 뜻-옮긴이)에 풍자만화를 그리기 시작하면서 삽화가의 길을 걷게 되었다. 도레가 선호한 방법은 목판화 기법으로, 1854년 라블레의 걸작 『가르강튀아와 팡타그뤼엘Gargantua et Pantagruel』의 삽화를 그리는데 매우 효과적으로 사용된 것을 볼 수 있다. 도레의 어둡고 다소 과장된 듯한 그림은 발자크의 『풍류 해학담(Contes drolatiques)』이나 유진 수Eugene Seu의 『방랑하는 유태인(Le Juif errant)』과 같은 19세기 소설에서 찾아볼 수 있다. 프랑스 대중이 자신의 삽화에 점점 싫증을 내었으나, 도레의 삽화는 미국과 영국에서 열렬한 반응을 얻었고 1868년 런던의 한 갤러리에서 도레의 작품 전시회가 열리기도 했다. 도레는 1883년 사망하기 직전까지 셰익스피어의 희곡을 위한 삽화를 그리고 있었다.

서적 삽화 제작은 미술의 한 장르로서 인정받기 시작했다. 19세기 자연사에 대한 관심이 고조되면서, 식물과 야생 생물을 그리는 삽화가들은 서적에 실릴 이국적인 모습의 표본을 많이 접하

삽화가 구스타브 도레(1832~1883)는 발자크의 1855년 판 『풍류 해학담』용으로 425장의 목판화를 제작했다. 『풍류 해학담』은 1830년대 처음 출판되었으며 풍자적인 이야기를 한데 묶은 책이었다.

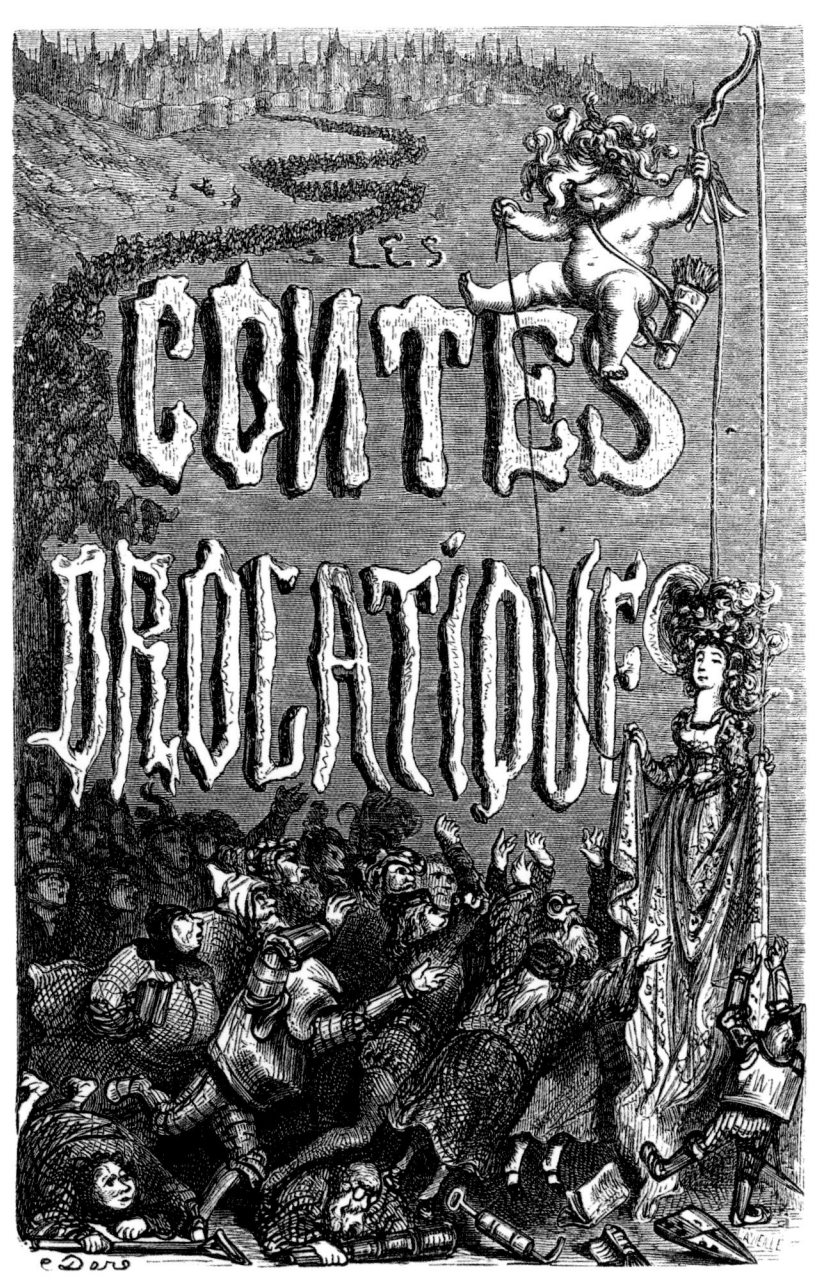

존 제임스 오듀본의 『미국의 새들』은 동식물 삽화의 정교함을 한 차원 높은 경지로 끌어올렸다. 그림의 홍학 삽화와 같은 이미지들은 실제 크기로 재현되었다.

게 되었다. 그중 가장 훌륭한 삽화가를 둘 꼽으라면 존 제임스 오듀본과 존 굴드가 있다.

프랑스령 카리브 해에서 태어난 오듀본(1785~1851)은 젊은 시절을 프랑스와 펜실베이니아에서 보냈다. 몇 차례 사업의 실패를 겪은 후, 1820년대 초반 미국 남부를 여행하면서 파스텔과 수채 물감을 이용해 조류의 식생을 그렸다. 오듀본의 그림은 과학적 정확성보다 질감, 동적인 구도 그리고 극적인 포즈를 더 중요시했고 미국에서의 반응은 호불호가 갈렸다. 그러나 영국에서는 영향력 있는 구독자들을 모을 수 있었고, 오듀본은 자신이 제작한 판화를 기반으로 유화 작품을 찍어내 미술작품 수집가들과 동식물 연구가들에게 판매했다. 오듀본이 출간한 『미국의 조류(Birds of America)』(1827~1838)은 고가의 책으로, 손으로 채색한 애쿼틴트(aquatint: 부식 동판화 제조 기법의 하나-옮긴이)화 435장이 실려 있었다. 이 책은 '엘리펀트 배형지'라 알려진 매우 큰 판형을 이용해 제작해 실사 크기의 새 그림을

실을 수 있었다. 오듀본은 차기작『조류학적 전기(Ornithological Biography)』(1831~1838)를 통해 조류 전문 삽화가로서의 명성을 확고히 할 수 있었다.

존 굴드(1804~1881)는 박제사였으며 1828년 런던 동물 학회의 큐레이터이자 보존가로 활동한 바 있다. 자연을 그리는 삽화가 좋은 수익원이 될 수 있음을 깨달은 굴드는 1830년대 초 예술가였던 아내 엘리자베스 콕센(1804~1841)과 함께 출판사를 차렸다. 굴드의 아내는 석판 인쇄공과 화가로 구성된 팀을 만들어 굴드가 그린 준비 단계 스케치 그림을 석판화로 옮겨 완성하는 일을 했다. 굴드는『히말라야 산 조류의 1세기(A century of Birds from the Himalaya Mountains)』(1831~1832)를 제작했으며, 호주를 2년 동안 여행한 후 아름다운 삽화가 실린 고가의 책『호주의 새들(Birds of Australia)』(1840)을 만들었다.『호주의 새들』은 호주 조류학 발전의 중요한 전기를 마련했다. 굴드는 찰스 다윈과 함께 일한 것으로 유명한데(다윈이 발견한 갈라파고스핀치가 새로운 종임을 처음으로 확인한 사람이 바로 굴드였다) 다윈의 기념비적인 작품『HMS 비글호 항해의 동물학(The Zoology of the Voyage of HMS Beagle)』(1838~1843) 중 조류 부분의 집필과 삽화를 담당하기도 했다.

존 굴드는 정식 교육이나 미술 교육을 받지는 않았으나, 질 높은 색채 판화를 제작하는 데 석판화가 가진 가능성을 꿰뚫어 보고,『호주의 새들』에 나오는 바우어 새의 삽화를 제작하는 데 석판화 기법을 이용했다.

출판업자의 역할

이전까지는 인쇄업자, 출판업자 그리고 서적상 간의 구분이 없었으나, 19세기 들어 출판업자의 역할이 더욱 전문화되었다. 한 예로, 1824년 라이프치히의 서적상들은 전문 서적상들로 구성된 독자적인 조합인 BDB(Börsenverein des Deutschen Buchhandels)를 창설했는데, 이는 인쇄업자 길드로부터 독립해 최초로 생긴 서적상 단체였다. 산업화 이전 시기 출판업자와 인쇄업자는 아버지의 사업을 아들이나 부인이 이어 받는 가족 기업의 형태로 사업을 운영했으며, 결과적으로 출판 유통을 전문으로 하는 명망 있는 가문이 탄생하게 되었다. 신생업체에 대한 길드의 통제력이 약화되면서, 이른바 '아웃사이더'들이 출판 유통 사업에 뛰어들기 시작했다. 출판업자 중에는 일부 전에 인쇄업을 해본 경험이 있는 이들도 있었지만, 대다수는 전혀 다른 분야에서 온, 그리고 보잘 것 없는 배경 출신인 경우가 많았다. 성공을 거둔 출판업자들은 창의력, 독립심 그리고 위험을 기꺼이 감수하는 태도를 지닌 자수성가형의 기업인들이었다.

부유층이 애용했던 파리 이탈리아 대로에 위치한 칼망-레비의 서점은 항상 많은 사람들로 북적였다. 레비 형제는 오페라 대본, 그리고 후에 저가 소설을 판매해 올린 수익으로 이 서점을 지었다.

근대 출판업자는 시장에 대한 전문 지식을 갖추고 있어야 했으며, 수요의 변동을 고려해 사업 판단을 내릴 수 있어야 했다. 또한 새로운 출판 사업이나 시리즈물 간행을 위해 자본을 동원할 수 있어야 했다. 이 시대 출판업자는 작가 집단과 관계를 유지하면서 계약 조건을 결정했으며, 종종 자신을 일종의 지식인 후원자로 생각하기도 했다. 책의 가격, 종이의 질, 판형 그리고 광고 전략에 대한 결정을 내려야 했으며, 유통 경로를 조정하는 일도 맡았다. 이러한 중요한 역할을 수행하는 데 인쇄술에 대한 전문 지식을 갖고 있어야 할 필요는 없었다. 필요한 것은 자본을 끌어들일 수 있고, 숨 막히는 경쟁의 압력을 견딜 만한 배짱이 있는 리더로서의 자질이었다.

프랑스 출판업계는 규모 면에서 최고는 아니었으나, 많은 면에서 가장 역동적인 성격을 갖고 있었다. 인구 규모가 제자리에 머물러 있었기 때문에 프랑스 출판시장은 내생적으로 성장의 여력이 크지 않다는 약점을 갖고 있었으며, 그렇기에 사업을 확장하기 위해서 출판업자들은 더 많은 창의적이고 새로운 아이디어를 개발해야 했다. 19세기 중반 상당수의 출판업체들이 등장했으며 이중 칼망-레비 출판사가 있었다. 형제였던 미셸 레비(1821~1875)와 칼망 레비(1819~1891)는 사업 초기 오페라와 희곡 대본을 판매해 수익을 올렸으며, 1850년 앙리 뮈르제의 『보헤미안의 생(Vie de Boheme)』의 출간으로 성공을 거두었다(후에 푸치니가 이 작품을 토대로 오페라 작품을 창작했다). 레비 형제가 출판 역사에 남긴 가장 중요한 공헌은 책의 가격을 대대적으로 낮추었다는 점이었다. 1856년 미셸 레비는 새로운 소설과 시집 연재물을 발간했는데, 이는 권당 가격이 1프랑밖에 되지 않았다.

이러한 개척적인 사업의 성공은 막대한 수익으로 이어졌고 레비 형제는 파리 오페라 하우스 근처에 새로운 사무소와 당시 유행의 최첨단을 달렸던 이탈리아 대로에 서점을 열 수 있었다. 이는 출판업의 '수직적 통합'을 보여주는 한 예였다. 즉, 출판업자가 책 생산의 모든 단계에 영향력을 행사하고, 종이 공급과 소매 유통 경로까지 독자적으로 조달하고자 했던 것이다. 레비 형제 덕분에 출판업은 프랑스 자본주의 발전의 핵심적인 위치를 차지하게 되었고 프랑스, 북아프리카, 그리고 오스트리아·헝가리 제국에 걸쳐 철도, 보험사 그리고 공공시설에 대한 투자를 유도해냈다.

영국에서도 맥밀란, 머레이 그리고 롱맨과 같은 신규 출판업체가 등장하면서 이와 같은 변화가 일어났다. 맥밀란사가 조정자의 역할을 맡아 영국의 출판업자들은 1899년 출판업체의 서점에 대한 서적 공급 조건을 규정하고 무모한 가격 할인 관행을 없애기 위한 NBA(Net Book Agreement)를 발효시켰다.

오페라 대본 발간으로 성공한 레비 형제와 마찬가지로, 틈새시장을 공략함으로써 성공을 거둔 신생 출판업체들을 종종 볼 수 있었다. 카를 베데커(1801~1859)는 1827년부터 코블렌츠에서 출판업을 시작했는데, 1835년 소형의 라인 지방 여행 안내서를 발간하는

독일 출판업자 카를 베데커(1801~1859)는 유명한 여행 안내서 시리즈를 발간함으로써 수익성 높은 틈새시장을 창조했다

것을 시작으로 여행 안내서라는 틈새시장을 만들어냈다. 이후 발간된 벨기에, 네덜란드, 스위스, 독일 그리고 오스트리아·헝가리 제국에 대한 여행 안내서 모두 베데커 자신이 조사와 집필을 담당했다. 이는 후에 성공을 거두며 하나의 출판 장르로 자리매김한 여행 안내서의 시초였고, 베데커의 여행 안내서는 부유한 중산층 여행자들을 겨냥한 것이었다. 베데커가 출판한 여행 안내서를 간단히 '베데커즈'라고 부르기도 했는데, 빨간색 표지와 여행 명소, 호텔 그리고 레스토랑을 별의 개수로 등급을 매긴 시스템은 베데커즈만의 특징이었다. 영국 출판업자 존 머레이 3세(1808~1892)는 '머레이 핸드북 Murray Handbooks'을 펴내 근대의 여행 안내서를 발명한 인물로, 베데커의 롤모델이자 주요 경쟁자이기도 했다. 19세기 말경, 출판업은 독자적인 전문직으로 자리매김하게 되었고, 출판업자들의 전문 지식은 그 필수불가결한 요소가 되었다.

(왼쪽) 빨간색 표지와 금색 글씨는 베데커 브랜드의 특징이었다. 베데커의 여행 안내서는 가볍고 휴대하기 편했으며 호텔과 물가에 대한 자세한 정보를 담은 최초의 책이었다.

(아래) 베데커의 오스트리아 여행 안내서로, 그림에 보이는 것은 잘츠부르크의 지도이다. 베데커가 발간한 실용적인 여행 안내서는 삽화가 아닌 자세한 지도를 싣고 있었다.

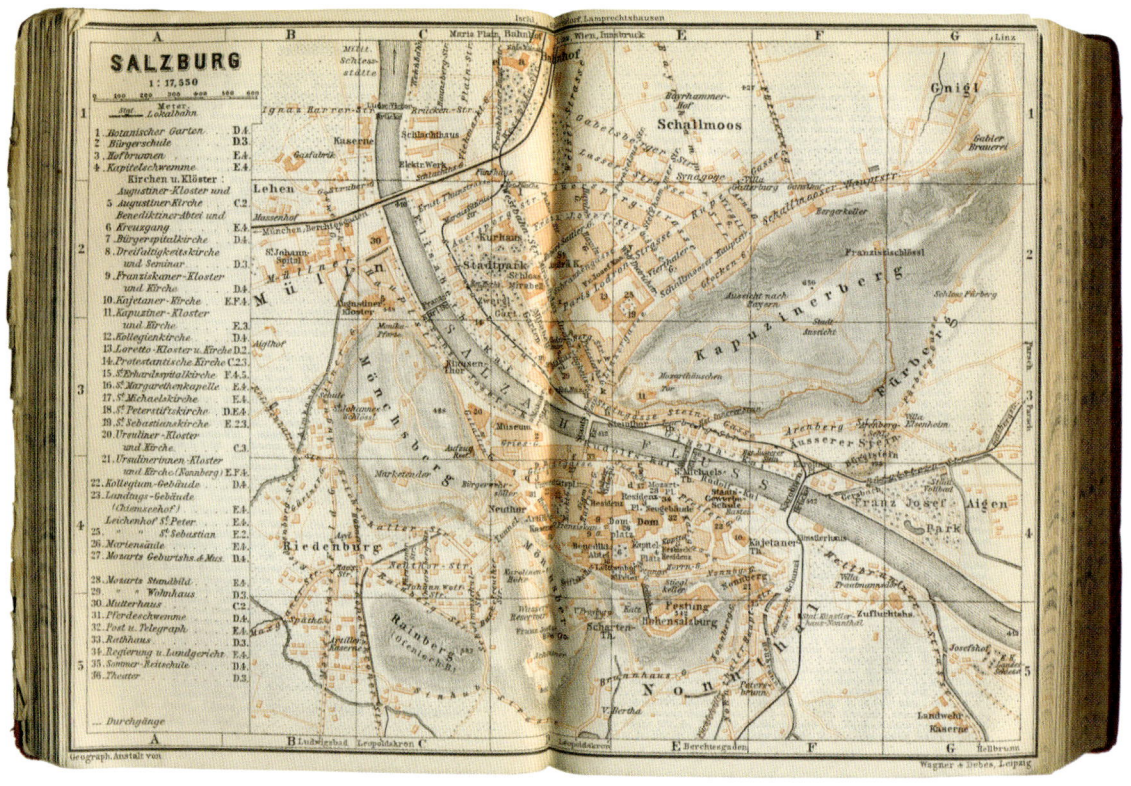

저작권과 로열티

19세기 초, 오늘날 우리가 알고 있는 로열티 제도는 아직 존재하지 않았다. 즉, 작가의 수입은 저작물의 실제 판매와 그 어떤 방식으로도 전혀 연동되지 않았던 것이다. 출판업자는 일시불로 작가의 육필 원고를 구입했고, 저자는 수입에 대해 그 어떠한 추가적인 요구도 할 수 없었다. 재판본을 판매하는 것이(출판업자들은 이에 대해 저자에게 한 푼도 지급하지 않았다) 출판업체들에게 주된 돈벌이 수단이었다. 점차적으로 인쇄 부수에 따라 작가에게 돈을 지급하는 관례가 생겨났지만, 이는 판매 부수

칼망-레비 출판사에서 펴낸 피에르 로티의 『국화부인』. 이 소설은 프랑스의 베스트셀러 작가였던 피에르 로티가 쓴 이국적인 배경의 소설 시리즈 중 하나였다. 극동 지역을 낭만적으로 묘사한 이 작품은 푸치니의 오페라 『나비부인(Madame Butterfly)』에 영감을 주었다.

를 기준으로 한 것과는 달랐고, 만약 책이 성공하지 못할 경우 출판업자는 손해를 감수해야 했다. 진정한 로열티 제도가 완전히 자리를 잡은 것은 19세기 말이 지난 후로, 이때 이르러서야 불법 판본을 근절하고 타국에서도 작가의 저작권을 인정하기 위한 국제법이 제정되었다.

작품을 출간하기 위해서 그 어떤 일도 마다하지 않았던 소수의 작가들 때문에 저자의 권리를 보호하기 위한 집단 투쟁은 약화되었다. 에밀 졸라(1840~1902)는 작가 시절 초기에 맺은 계약에서 엄청난 손해를 감수했다. 라크루아 출판사로부터 10퍼센트의 로열티를 보장받았으나, 대신 라크루아가 로열티 지급 없이 출판할 수 있는 부수 양을 통상적인 경우의 4배까지 올릴 수 있도록 하는데 동의하고 말았다. 더 나아가 로열티를 분납으로 지급받는데 동의했고, 신문 연재물에 대한 모든 권리를 포

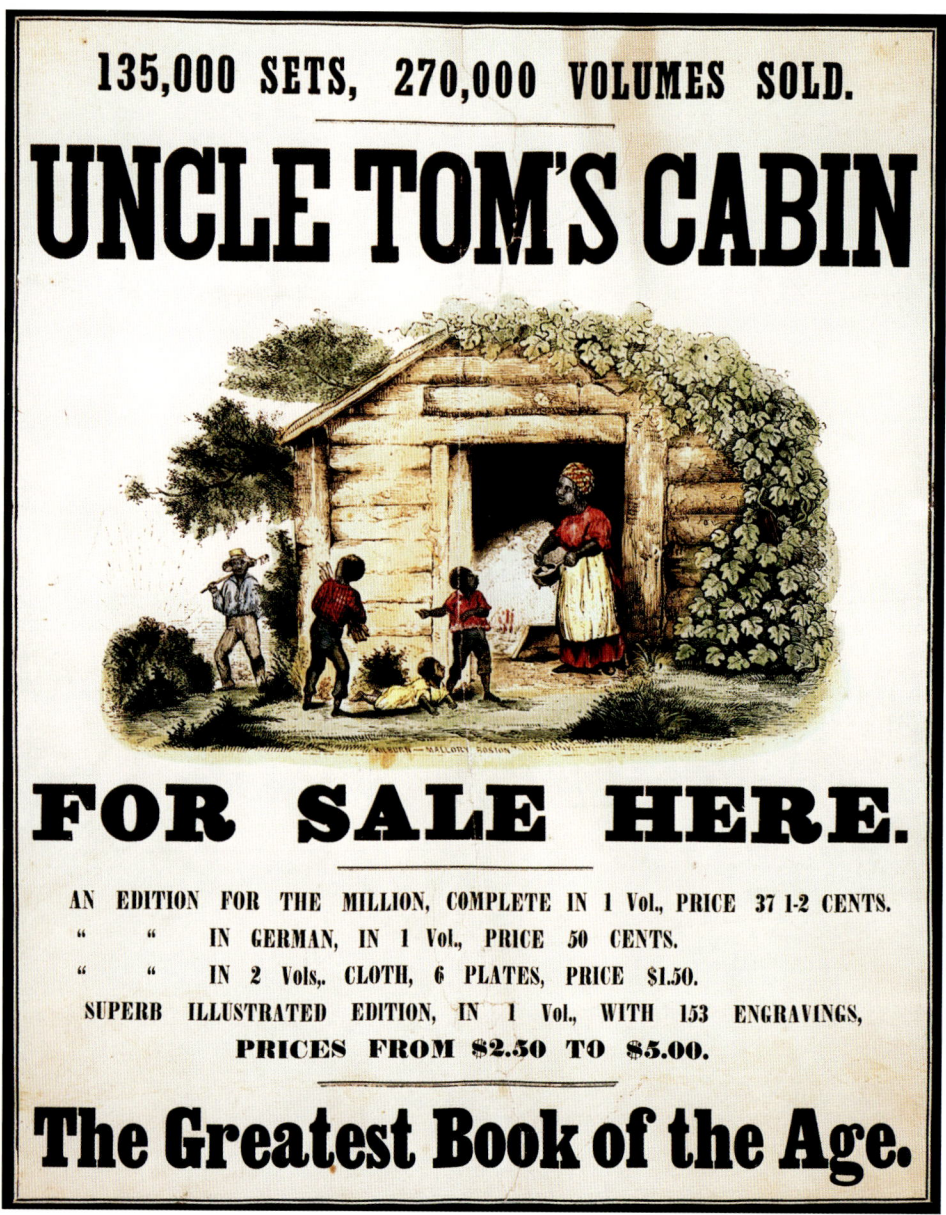

(왼쪽) 해리엇 비처 스토가 쓴 『엉클 톰스 캐빈』의 1859년 포스터로 영어와 독일어로 출간된 판본들을 광고하고 있다. 『엉클 톰스 캐빈』은 전 세계적으로 수백만 부의 판매고를 올렸으나, 국제 저작권 협약이 부재한 탓에 작가의 수입은 상대적으로 미미했다.

(오른쪽) 에밀 졸라의 소설 『대지(La Terre)』의 삽화 연재판을 광고하는 1889년 포스터. 교활하고 탐욕스런 농부들을 다룬 소설 『대지』는 1887년 처음 출간되었다. 연재물의 구독료는 한 회당 10상팀에 불과했으나, 이를 한 권의 소설로 합산하면 꽤 비싼 금액이었다.

기했으며, 동시에 라크루아를 위해 매년 두 권의 소설을 쓰기로 약속했다. 『목로주점』이 성공을 거둔 후인 1877년 에밀 졸라는 더 나은 조건으로 협상할 수 있었고, 출판업자 조르주 샤르팡티에는 14퍼센트 이상의 로열티와 신문 연재물에 대한 독점권을 약속했다.

해리엇 비처 스토(1811~1896)는 후에 19세기 베스트셀러로 떠오른 『엉클 톰스 캐빈』을 처음 신문 연재물로 쓰면서 겨우 400달러를 받았다. 사실 이 액수가 작가의 3년 치 집세를 상회하는 금액이기는 했다. 스토는 1852년 출판된 초판본에 대해 10퍼센트의 로열티를 받았고, 결국 로열티 수입으로 3만 달러를 벌었다. 1850년대 이 3만 달러는 상당한 액수의 금액이었으나 그럼에도 국제적으로 높은 판매 부수를 기록했다는 점에 비추어 보았을 때 충분한 수준은 아니었다. 그 당시 저작권 보호에 대한 국제 협약이 부재했던 탓에 스토는 영국과 기타 지역에서 판매된 모든 판본에 대해서는 한 푼도 받지 못했다.

한편 저작권 보호를 위한 국제 협약이 서서히 형태를 갖추기 시작했는데, 그 발전 속도가 너무나 더뎌 스토는 아무런 수혜도 입지 못했다. 1850년대 각 국가별로 서적의 불법 복제를 금지하기 위한 양자 협정을 조인했다. 1886년 최초의 국제 저작권 협약인 문학 및 미술 저작물 보호에 관한 국제 협정이 스위스 베른에서 조인되었고, 세계 출판업 구조는 성숙기에 접어들게 되었다. 최초로 작가와 출판업체들은 국제적인 불법 복제물 출판으로부터 보호를 받게 되었다. 상호 합의에 기반한 비즈니스 모델이 정착되었고, 이는 전자출판으로 인해 그 유용성에 대한 의문이 제기되기 전까지 한 세기가 넘도록 유지되었다.

19세기 말, 작가들은 자신이 생산한 저작물에 대해 상당한 보수를 기대할 수 있게 되었다. 한 예로 프랑스 소설가 피에르 로티(1850~1923)는 이 당시 가장 높은 보수를 받는 작가 중 한 명이었다. 해군 장교로 복역하면서 잘 알게 된 이국적인 장소를 배경으로 한 『아이슬란드의 어부(Pecheur d'Islande)』(1886)나 『국화부인(Madame Chrysantheme)』(1887, '나비 부인'의 토대가 된 작품)과 같은 소설은 큰 성공을 거두었고, 로티는 18절 판형으로 출간된 이들 소설의 초판본에 대해 17에서 21퍼센트 사이의 로열티를 받을 수 있었다. 후에 더 크고 비싼 판형으로 출간된 판본에 대해서는 이보다 낮은 로열티를 받았다.

서점의 부흥

19세기 말 책을 구입하는 방법은 다양했다. 전통적인 의미의 서점은 그중 하나일 뿐이었다. 상점에서는 식료품, 철물 혹은 남성복과 함께 책을 파는 경우가 흔했다. 뉴잉글랜드에서는 잡화점이 시편과 기도서를 일부 판매하기도 했다. 스페인 독자들이 최신 소설의 일회 연재분을 구입할 수 있는 길거리 간이매점이 있었고, 밀라노의 반치banchi와 같이 판화, 달력, 연감 그리고 종교 책자를 지나가는 행인들을 대상으로 판매하는 가판대가 있었다. 이곳저곳을 떠돌아다니는 행상들은 물건을 종류별로 각각 다른 바구니에 담아 팔며 다녔는데 여기에는 책도 일부 포함되어 있었다. 한편 작은 마을과 농촌 지역에서 책을 전문으로 취급하는 서점이 생겨나기 시작했고, 이에 따라 독서 관행이 널리 퍼지고 대중은 주류 대도시 문화에 편입되었다.

출판업은 여전히 규제를 받았다. 1848년 이전 클레멘스 폰 메테르니히 재상이 독일과 오스트리아 제국에 실시하려 했던 검열 제도에 따르면 허가받지 않은 서적을 출판 혹은 판매하는 행위는 벌금형 혹은 감옥형에 처해질 수 있었다. 프랑스에서는 1810년 나폴레옹이 도입한 체제하에서 서점을 경영하고자 하는 사람은 인가서(brevet)를 신청해야 했다. 지역 시장의 인정을 받고 훌륭한 도덕성을 갖추었음을 증명해 줄 수 있는 4장의 추천서와 서적상으로서의 경영능력이 있음을 입증할 수 있는 4장의 증명서를 제출해야 했다. 인가서가 수락되면, 신청자는 체제에 대한 충성 서약을 해야 했다. 나폴레

(오른쪽) 쾰른의 교사조합 서점 앞에 줄서 있는 아이들과 한 고객이 창문에 붙은 서적 광고를 들여다보는 모습을 볼 수 있는 1902년의 사진. 왼편으로 통어Tonger 악기점이 보인다.

(아래) 런던 북부 핀스베리 광장에 위치했던 래킹턴Lackington의 서점 내부 모습으로 '뮤즈의 사원(Temple of the Muses)'이라 불렸다. 내부 공간이 얼마나 넓은지 4두 마차가 원형 카운터 주위를 돌 수 있을 정도였다고 한다. 래킹턴은 혁신가로서, 자신이 보유한 서적을 소개하는 방대한 양의 카탈로그를 인쇄했고 고객들에게 외상 판매를 거절했다.

웅 정부는 새로 생겨난 서점이 체제 전복적인 간행물을 유포하는 중심지가 되지 않기를, 그리고 서점업자가 성공을 거둘 수 있는 충분한 자금 능력이 있기를 바랐다. 인가서 체제는 1870년이 지난 후에야 완화되었다.

서구 전역에 걸쳐 서점의 수가 꾸준히 증가했다. 예를 들어 독일에서 1895년 소매 서적상의 수는 만 명당 하나 꼴이었으나, 1910년에는 8743명당 하나 꼴로 증가했다. 항상 그렇듯 일인당 서점 수는 농촌이나 지방보다 대도시가 더 많았다. 1913년 베를린의 서점 수는 인구 3700명당 하나 꼴이었고 더 놀랍게도 1910년 라이프치히의 경우 1700명당 하나 꼴로 서점이 있었다. 서점 수의 증가는 국가의 문학 문화를 통합하는 데 중요한 역할을 했다. 최초로 모든 시민이 잘 알려진 교리문답서부터 『삼총사』와 같은 소설에 이르기까지 동일한 대중 서적을 구매할 수 있게 된 것이었다.

19세기 말 철도역에 서적 매점이 등장하면서 책과 신문은 새로운 그리고 훨씬 더 많은 독자층을 끌어모으게 되었다. W. H. 스미스(1825~1891)는 1848년 런던의 유스턴 역에 서적을 판매하는 최초의 철도 매점을 열었다. 루이 아셰트(1800~1864)도 그 뒤를 따라 1852년 '비블리오테크 데 쉐멩 드 페 Bibliotheques des Chemins de Fer'를 열었는데, 프랑스 정부는 아셰트가 철도역 서적 판매에 대한 독점권을 행사할 수 있도록 허락했다. 아셰트가는 오늘날까지도 프랑스 철도역의 신문잡지 판매대 체인인 를레Relais를 소유하고 있다.

1910년 런던 킹스크로스 역에 설치된 스미스의 서적 판매점. 스미스는 철도역 서적 판매대의 사업 가능성을 최초로 꿰뚫어 본 인물이었다. 스미스를 모방한 사업가들이 다수 등장했으며, 프랑스의 루이 아셰트도 그중 하나였다.

순회 대출 도서관

신간 서적의 값이 비쌌던 19세기, 민간 순회도서관과 공공 대출 도서관은 많은 독자들에게 읽을거리를 접할 수 있게 해주었던 좋은 수단이었다. 순회도서관하면 흔히 떠오르는 이미지는 여성 독자를 대상으로 선정적 내용의 소설을 대출해주는 것이었으나, 실제로 항상 그런 것은 아니었다. 많은 유럽 국가에서 민간 순회도서관은 과학 단체나 문단과 같은 틈새시장을 대상으로 했다. 영국에서 순회도서관은 더 왕성한 활동을 펼쳤는데, 주로 상당한 액수의 구독료를 지불할 경제적 능력이 되었던 중산층 독자를 대상으로 최신 소설을 빌려주었다. 이보다 하층 계급의 서민 독자들은 무료 공공도서관에 의존했다. 무료 공공도서관은 19세기 후반 대중을 위한 유익한 서적을 공급한다는 목적 아래 개혁가, 독지가 그리고 고용주들을 중심으로 설립되기 시작했다.

순회도서관은 다량의 베스트셀러 도서들을 대여했다. 월터 스콧이나 바이런과 같은 인기 작가 소설이 기록한 엄청난 판매량으로 미루어 보아 이들 책을 실제로 구입한 독자수도 많았겠지만, 여기에 대여를 통해 책을 읽은 독자 수까지 합산하면 전체 독자 수는 굉장히 많았으리라는 것을 알 수 있다. 출판업자들은 순회도서관을 자신의 사업을 위협하는 요소라 생각하기보다, 오히려 많은 독자들에게 서적을 대출하기 위한 목적으로 다량의 책을 구매하는 믿을 만한 고객이라 간주했다. 그 대가로 출판업자들은 상당히 할인된 가격에 순회도서관에 책을 제공했다. 예를 들어 1842년 영국에서 설립된 순회도서관인 '무디 셀렉트 도서관(Mudie's Select Library)'은 최고 50퍼센트 저렴한 가격에 책을 구매할 수 있었다. 이는 또한 '3부작 소설'의 증가에 큰 기여를 했다. 하나의 소설이 3권에 걸쳐 출판된 3부작 소설은 3명의 고객이 동시에 동일 소설의 각 권을 대여할 수 있도록 했다. 따라서 순회도서관은 책의 가격을 높이는 데 일조했다. 아무리 할인율을 적용한다 해도 '무디 셀렉트 도서관'과 같은 순회도서관이 800권에서 1000권 사이의 신간 서적을 구매하는 한, 출판업자로서는 더 값싼 단권 형태로 책을 출판할 이유가 전혀 없었다.

더비셔 애시번의 순회도서관 관리자였던 수잔나 오크스의 1800년경 그림. 대출 도서관은 주로 대중 소설 독자들을 고객으로 삼았고 독신 여성, 과부 그리고 퇴직자들에게 일자리를 제공했다.

Kitty take those books to the library and get Mrs Brown to change them; tell her I'm fond of the rumantic.

대출 도서관 운영에도 위험은 따랐다. 베스트셀러 소설은 쉽사리 인기가 사그라졌고, 자칫하면 쓸모없는 재고가 엄청나게 쌓일 수도 있었다. 1880년대 후반과 1890년대 초기, 연간 도서관 구독료에 비해 엄청나게 저렴한 가격의 값싼 재판본의 인기가 상승하면서, 무디와 같은 대출 도서관은 사업을 접어야 하는 경우도 있었다.

한편 공공도서관은 중흥기를 맞이하고 있었다. 19세기 개혁가들이 운영을 맡기 전까지, 공공도서관은 주로 고대 희귀서적을 보존하기 위한 목적으로 학자나 박식한 일반 독자만을 받아들였고 운영시간도 일주일에 몇 시간이 고작이었다. 그러나 19세기 문해율이 증가하고 일부 국가에서 투표권이 확대되면서, 위정자들은 보통 서민들이 어떤 책을 읽는가가 곧 공공 이익과 결부된다는 사실을 깨달았다. 쉽게 이용할 수 있는 도서관을 통해 건전한 문학을 제공하는 것이 개혁가와 정치가들 모두의 우선순위가 되었다. 찰스 디킨스는 1852년 맨체스터 무료 공공도서관을 공식 개장하면서, 책이 자본과 노동 사이의 갈등을 중화시킬 것이라는 희망을 피력하는 장엄한 연설을 한 바 있다. 몇 년 후, 면화기근이 랭커셔의 제조업 중심지를 타격해 많은 이들이 일자리를 잃었으나 심각한 소요나 반란은 발생하지 않았다. 그 당시 이를 지켜본 기타 국가의 많은 이들은 영국이 성공적인 사회 통제수단의 비결을 찾아냈으며, 누구나 이용할 수 있는 공공도서관이 그 하나의 방편이라는 결론을 내렸다.

영국은 대출 도서관을 짓는데 다른 국가보다 한발 앞서 나갔다. 1850년부터 지방 정부는 도서관에 자금을 제공하기 위한 지방세를 부과할 수 있는 권한을 얻었으며, 1855년 과세율은 두 배로 늘었다. 이러한 정책이 낳은 결과를 보자면, 영국 북부의 도시 리즈가 한 예로, 1902년 리즈에는 하나의 중앙 공공도서관과 함께 14개의 지역 도서관이 있었으며 이용자 수는 약 50만 명에 달했다. 다른 국가에서 이와 유사한 역할을 수행한 것은 민간 기업으로, 이들 기업은 대중이 보다 쉽게 책을 접할 수 있도록 돕는 역할을 했다. 독일에서는 19세기 말 책대여 사업이 우후죽순으로 증가했다. 보스텔 & 라이마루스Borstell & Reimarus와 같은 기업은 1891년 베를린에 소재한 4층 건물에 도서관을 차리고

(왼쪽) 1830년대 한 독자의 모습. 따뜻한 알코올음료와 함께 연애 소설에 심취해 있는 모습으로 이렇게 외치고 있다. "키티, 이 책들 좀 도서관에 가져가서 다른 책으로 바꿔오렴. 나는 로맨스 소설이 좋아."

(아래) 영국 데본의 플리머스 무료 도서관에서 쓰였던, 숫자가 적힌 입장 토큰. 플리머스 주민들은 1871년 무료 도서관을 설립하기 위한 투표를 실시했고, 도서관은 지방 정부의 자금 지원과 함께 민간 독자의 구독료를 기반으로 세워졌다.

60만 권에 달하는 서적을 대여했는데, 그 고객 중에는 비스마르크 공도 포함되어 있었다.

　미국에서는 민간 독지활동가들이 도서관을 짓는데 자금을 제공했다. 가난한 스코틀랜드 이민자 출신으로 후에 철강업을 통해 백만장자가 된 앤드류 카네기(1835~1919)는 1886년과 1917년 사이 약 1600개에 이르는 공공도서관을 건립하는데 필요한 자금을 제공했다. 카네기는 그 어떤 도서관 건립 프로젝트에도 필요한 경비를 모두 대는 법이 없었다. 카네기는 지역 당국도 나름대로 노력을 해야 하며, 자신이 큰 성공을 거둘 수 있었던 요인이라고 믿었던 의지력을 이들 당국이 보여야 한다고 믿었다. 카네기 도서관의 대다수는 인상적인 모양의 기둥 구조물과 단정히 정리된 잔디밭으로 대표되는 신고전주의 양식으로 지어졌으며, 책에 대한 숭배를 표현하고자 했다. 우아한 도서관 외관과는 상관없이, 지역 주민들은 자신이 사는 곳 근처에 공공도서관이 들어온다는 사실을 그리 반기지는 않았다. 이는 조용한 중산층 거주 지역에 노동자 계층과 흑인들이 책을 보러 드나들 것이라는 사실을 의미했기 때문이다.

　19세기 말경, 고용주들은 일터에 도서관을 짓는 것이 효용 가치가 있음을 깨닫기 시작했다. 직원들은 도서관에서 승진 시험을 위한 공부 자료를 찾을 수 있었고, 독서를 통해 직원들의 도덕성과 협동심을 키울 수 있을 것이라는 기대도 있었다. 백화점에 직원을 위한 도서관이 생겨났고 공장에도 도서관이 세워졌으며 곧 조합원 도서관도 이에 대응해 나타났다. 독일 에센에서 크루프Krupp사가 세운 도서관은 1909년경 6만 1000권이 넘는 도서를 보유하고 있었으며, 근로자의 50퍼센트가 도서

펜실베니아 피츠버그에 소재한 카네기 도서관으로, 도서관의 민주주의적 사명을 선언하는 글이 새겨져 있다. 인상적인 고전주의적 양식으로 지어져 품위를 나타내고자 했으나, 모든 독자들이 이러한 도서관의 존재를 환영한 것은 아니었다.

노동자의 독서를 장려하는 1921년 포스터. 대출 도서관의 원래 의도와 달리, 자기 개발에 관심을 갖고 도서관을 이용하는 노동자는 소수에 지나지 않았다.

관을 이용했다. 포트 선라이트Port Sunlight, 분빌Bourneville 그리고 로운트리Rowntree와 같은 기업도 역시 영국에서 유사한 제도를 운영했고, 미국에서는 포드와 굿이어 사가 그러했다. 호주에서 뉴사우스웨일스 철도 및 트램웨이 연구소 도서관의 연간 대출 권수는 1929년 절정기 당시 90만 권에 이르러, 그 당시 호주 최대 규모의 대출 도서관이 되었다.

 도서관 개혁가들의 고민은 도서관 이용자들이 주로 읽었던 서적에서 교화적 내용의 문학작품이나 교육적 서적보다는 대중 소설이 차지하는 비중이 훨씬 더 많았다는 사실이었다. 1920년대 뉴사우스웨일스 철도 연구소에서 대출한 도서 중 90퍼센트가량이 소설이었다. 처음에 열성적이었던 도서관 사서들은 곧 낙담하고 말았다. 대중이 원한 것은 오락이지 교훈이 아니었다.

그림 형제의 세계

야코프 그림(1785~1863)과 빌헬름 그림(1786~1859) 형제는 괴팅겐 대학의 교수로 재임하던 학자였다. 그림 형제는 독일 낭만주의 세대에 속했는데, 그 당시는 독일이 아직 통일된 민족국가를 이룩하지는 못했으나, 독일 언어와 문학을 통해 국가적 정체성이 막 형성되던 시기였다. 독일의 철학자 헤르더(1744~1803)는 한 국가의 고유한 정신이 농민 문화(volk)에 담겨져 있다는 주장을 내놓았다. 그림 형제는 헤르더의 사상에 영감을 받아, 독일성의 요체를 표현한다는 목표 아래 독일 농부들이 들려주는 구전 전래동화를 위대한 국민문학으로 승화시키는 작업에 착수했다.

적어도 처음 그림 형제의 의도는 그랬다. 하지만 실제로 1812년 처음 출간된 그림 형제의 유명한 전래동화 모음집 『그림 동화(Kinder-und Hausmarchen)』는 독일 문화의 근간이 되는 농부 문화를 정확히 대변한 것이 아니었다.

독일 농부들이 들려준 이야기를 그대로 기록하는 대신, 그림 형제는 헤세Hesse에 있는 자신들의 측

야코프와 빌헬름 그림 형제가 독일 니더츠뵈렌에서 도로테아 피만이 들려주는 이야기를 듣고 있는 모습. 도로테아는 농부였으며, 그녀가 들려준 이야기는 후에 그림 형제의 전래동화로 각색되었다. 위그노 교도 망명자의 후손이었던 도로테아가 들려준 이야기의 대다수는 프랑스에서 유래한 것이었다.

근 문인들에게 조언을 구했다. 그림 형제에게 이야기를 제공한 이들 중 일부는 심지어 혈통이 독일계가 아닌 이들도 있었고, 이야기 대다수는 17세기 프랑스에서 처음 출간된 샤를 페로(1628~1703)의 동화에 영향을 받은 것들이었다. 그림 형제의 이야기 모음집은 독일 국수주의의 기치 아래 열렬한 반응을 얻었으나, 이전 시대의 프랑스 이야기에 크게 의존한 것이었다.

전해들은 이야기를 각색하는 과정에서 그림 형제는 많은 왕자와 공주를 창조해내었고, 가정불화를 암시할 수 있는 내용을 약화시켰다. 예를 들어 1840년 출간된 『헨젤과 그레텔』 4판본에서는 아이들의 엄마를 계모로 묘사했는데, 이는 자식을 버리고 오는 부모의 행동을 합리화하기 위한 것이었다. 그림 형제는 이야기의 많은 부분을 건전한 내용으로 바꾸었으나, 한편으로 악인은 응당한 처벌을 받는다는 교훈을 주기 위해 폭력적인 세부 묘사를 추가하는 데 주저하지 않았다. 예를 들어 샤를 페로의 『신데렐라』에서 못생긴 두 새언니가 신데렐라의 용서를 받고 왕자의 궁전에 동행해 귀족과 결혼하는 것으로 끝을 맺는 반면, 그림 형제의 『신데렐라』는 신데렐라의 결혼식에 참석하러 길을 떠나는 두 새언니의 눈을 비둘기가 파먹는 것으로 결말을 맺고 있다.

그림 형제의 첫 번째 이야기 모음집에는 86개의 이야기가 수록되었으며, 1814년 출간된 후속 작품에 70개의 이야기가 추가되었다. 그림 형제 생애 동안 모두 7차례 걸쳐 재판본이 출간되었으며, 모음집도 점차적으로 증간되어 수록된 이야기의 수는 211개로 늘었다. 그 출발은 독일의 고유한 문학을 보여주기 위한 기념비적인 작품으로 시작했으나, 그림 형제의 이야기는 보편적인 매력을 지녔고 19세기와 20세기에 걸쳐 세계 곳곳에서 다양한 언어로 출간되었다.

1865년 출간된 『그림 동화집(Grimm's Fairy Tales)』의 베를린 판 표지. 요정과 요정을 둘러싼 야생 동물들의 모습은 수록된 이야기 상당수에서 발견되는 잔인함을 전혀 상상할 수 없게 한다.

월간지 소설

연재소설은 작가와 출판업자들이 독자에게 다가갈 수 있는 새로운 통로를 제공했다. 연재에는 두 가지 다른 방식이 있었다. 첫째 19세기 중반 유행했던 것으로 연재물 1회 분량을 단독으로 출간하는 방식이 있었고 둘째 19세기 초반 신문에 등장한 신문 연재소설란(roman-feuilleton)과 19세기 후반 나타난 월간지 연재소설란을 이용하는 방식이 있었다. 연재물은 소설이 주종을 이루었지만, 이외 그 어떤 것이라도 연재물의 대상이 될 수 있었다. 보통 백과사전, 프랑수아 르네 드 샤토브리앙과 같은 유명 인물의 회고록, 그리고 심지어 칼 마르크스의 『자본론(Das Kapital)』도 연재물로 게재되었다.

단편적 사건별로 전개되는 연재물 구성방식에서 서스펜스와 독자의 기대를 십분 활용하는 재주가 있었던 작가들은 연재물 게재를 통해 큰 수익을 올렸다. 프랑스의 유진 수(1804~1857)와 알렉상드르 뒤마(1802~1870)가 연재물 장르의 대가였다. 뒤마의 『삼총사』(1844)는 처음에 신문 연재물로 시작했고, 『몽테크리스토 백작』(1844~1846) 역시 무려 139회에 이르는 분량의 연재물로 창작되었다. 1844년 중반부터 1855년 중반에 이르는 기간 동안 유진 수의 연재물 『방랑하는 유태인』덕분에 소설을 게재했던 〈르 콩스티튀시오넬Le Constitutionnel〉지의 판매 부수는 3600부에서 2만 5000부로 껑충 뛰었다. 연재소설은 곧바로 책의 형태로 출간되었다. 『방랑하는 유태인』은 오늘날의 기준에서 보자면 독자의 짜증을 불러일으킬 만큼 긴 분량에 내용도 지루했지만, 1880년까지 27차례에 걸쳐 재판본이 출간되었다. 19세기 소설의 분량이 엄청난 장편이었던 주된 이유는 바로 이 연재소설 때문이었다. 작가들은 원고의 행수와 연재 횟수를 기준으로 돈을 받았다. 만약 소설이 인기를 끌면, 작가와 출판업자들 입장에서는 이야기를 최대한 길게 늘려 연재를 계속하는 것이 이득이었다. 하지만 그렇지 않은 경우는 연재를 중간에 중단하거나 혹은 급하게 마무리하곤 했다. 프레드릭 매리엇이 쓴 『뉴 포레스트

알렉상드르 뒤마의 『삼총사』는 1844년 초판이 발간되었고 19세기 말 가장 유명한 소설의 하나가 되었다. 그림에는 연재본으로 출간된 판본의 표제지를 보여주고 있다.

의 아이들(Children of the New Forest)』은 후에 매리엇의 가장 인기 있는 소설이 되었으나, 1847년 처음 연재물로 게재되었을 당시에는 월간지에 첫 회가 나간 후 중단되고 말았다.

모든 작가가 매달 무려 2만 단어에 이르는 연재물을 써야 하는 빡빡한 일정을 감당할 수 있었던 것은 아니다. 한 예로 월키 콜린스(1824~1889)는 연재물이 간행되기 일주일 전에 미리 원고를 넘긴 적

알렉상드르 뒤마의 『몽테크리스토 백작』 연재물 판본은 1844년과 1846년에 걸쳐 출간되었다. 표지 그림에서 여주인공인 메르세데스와 함께 왼쪽으로 딴 방에 갇혀 있던 죄수인 파리아 신부, 그리고 오른쪽에 주인공 에드몽 당테스가 이프 섬 감옥에서 탈출하는 모습을 볼 수 있다.

이 한 번도 없었다고 한다. 반면 뒤마는 소설 공장이라 불린 뒤마는 공동 작업자였던 오귀스트 마케와 함께 하루에 12~14시간씩 소설을 써, 몇 편의 연재소설을 동시에 작업하곤 했다.

이제 출판업자들 사이에서 신간 소설을 여러 개의 다른 형태로 출간하는 관행이 자리 잡기 시작했다. 연재물을 잡지 연재물의 형태로 혹은 서점을 통해 판매하는 독자적인 책자 형태로 출간하고 후에 이를 도서관 대출용 3부작 소설 형태로 출간했다. 그리고 잠시 시간 간격을 둔 뒤 질 낮은 종이를 사용한 저렴한 재판본을 출간했다. 심지어 6펜스 혹은 몇 상팀에 불과한 더 값싼 재판본을 내놓기도 했다. 19세기 위대한 작품의 상당수가 이러한 순서를 밟아 출판되었다. 미국에서 『엉클 톰스 캐빈』은 1851년에서 1852년 사이 노예제도 반대 단체의 주간지였던 〈내셔널 이러The National Era〉지에 연재물로 처음 등장했다. 러시아에서는 〈니바Niva〉와 같은 삽화가 곁들여진 주간지에 이반 투르게네프(1818~1883), 막심 고리키(1868~1936), 그리고 안톤 체홉(1860~1904)과 같은 작가의 작품이 24페이지 타블로이드 판형으로 연재되었다.

영국에서 찰스 디킨스는 아홉 편의 소설을 월간 연재물 형태로 내놓았는데, 그 첫 번째 작품(1836~1837년)이 채프먼&홀Chapman & Hall 사에서 출간한 『피크위크 페이퍼스The Pickwick Papers』였다. 1852년에서 1853년 사이 그의 작품 『황폐한 집(The Bleak House)』은 1회당 1실링의 가격에 월간 연재물로 출판되어 4만 부가 팔렸다. 1850년 디킨스는 〈하우스홀드 워즈Household Words〉라는 2페니 가격의 잡지를 출간했고, 이후 1859년 또 다른 잡지인 〈올 더 이어 라운드All the Year Round〉를 창간했다. 〈올 더 이어 라운드〉는 디킨스의 연재물인 『두 도시 이야기(A Tale of Two Cities)』의 성공에 힘입어 매주 10만 부에 이르는 판매 부수를 올렸으며, 디킨스 자신의 『위대한 유산(Great Expectations)』(1860~1861)과 윌키 콜린스의 『흰 옷을 입은 여자(The Woman in White)』(1859~1860)를 연재하기도 했다. 디킨스는 수십 년에 걸쳐 연재물 창작으로 수입을 올렸던 흔치 않은 경우였다. 동시대 작가인 윌리엄 메이크피스 새커리는 1847년에서 1848년 사이 '브래드버리&데반스Brandbury&Evans'에 의해 출간된 『허영의 시장(Vanity Fair)』 연재물 판본으로 성공을 거두었으나, 그 후에 쓴 연재물 『버지니아 사람들(The Virginians)』(1857~1859)이 실패작으로 끝나자 그 후 연재물 형태의 출판을 그만두었다.

연재물 소설을 구입하는 것은 소설 한 권을 구입하는 것에 비해 굉장히 비쌌지만, 독자와 출판업자 모두 1~2년에 걸쳐 비용을 분산시킬 수 있다는 장점이 있었다. 그러나 1860년대 이후 정기 연재소설을 싣는 잡지의 수가 급격히 증가하고 중산층 서민들도 매우 저렴한 재판본을 구입할 수 있게 되면서, 1회 연재물 분량으로 출간되는 소설은 시장에서 설 자리를 잃게 되었다.

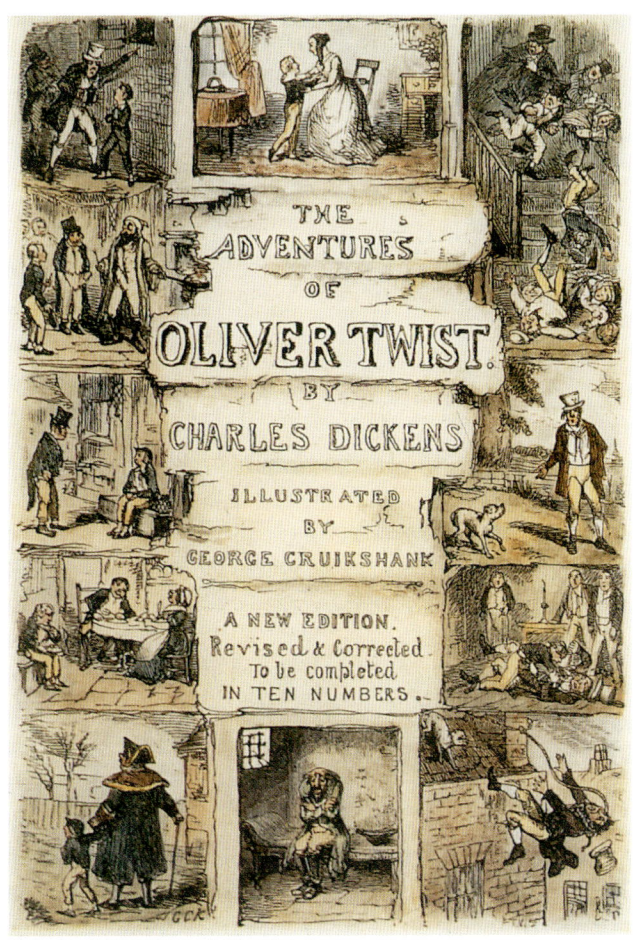

찰스 디킨스의 『올리버 트위스트Oliver Twist』 표지. 조지 크뤼크섕크가 삽화를 그렸고 10회 분량으로 출간되었다. 1837년과 1839년 사이 〈벤틀리스 미셀러니Bentley's Miscellany〉지에 월간 연재물로 처음 등장했다. 다른 작가들과 달리, 디킨스는 자신의 소설 중 9개 작품을 연재물 형태로 출판할 것을 고집했다.

다임 소설

1860년 뉴욕의 출판업자 에라스투스 비들(1821~1894)과 어윈 비들(1826~1882)은 대략 10×15cm (4×6인치) 크기의 작고 저렴한 페이퍼백 서적을 '비들 다임 소설(Beadle's Dime Novels: 다임 소설은 19세기 유행했던 종이 표지의 값싼 소설을 뜻한다-옮긴이) 시리즈'라는 이름으로 출간하기 시작했다. 이 시리즈명은 20세기 초까지 기타 출판업자들이 내놓은 다양한 선정적 내용을 담은 포켓 사이즈의 펄프 픽션(pulp fiction: 싸구려 통속 소설-옮긴이)을 칭하는 일반적인 용어가 되었다.

비들 형제가 최초로 출간한 다임 소설은 당시 잘 알려져 있던 작가인 앤 스티븐스(1810~1886)가 쓴 감상적 내용의 소설의 재판본이었다. 스티븐스의 소설 『말래스카, 백인 사냥꾼의 인디언 아내 (Malaeska, the Indian Wife of the White Hunter)』(1860)는 백인 군인이었던 남편이 죽고 난 후 어린 인디언 아내가 헤쳐 나가는 역경을 그린 소설이었다. 여주인공의 슬픈 운명을 담은 소설은 다임 소설로

19세기 말 미국의 다임 소설과 펄프 픽션 잡지들. 높은 인기를 끌었던 닉 카터Nick Carter 형사 시리즈와 함께 비들 형제가 출간한 『푸른 닻(The Blue Anchor)』이 특유의 연주황색 표지와 함께 보인다.

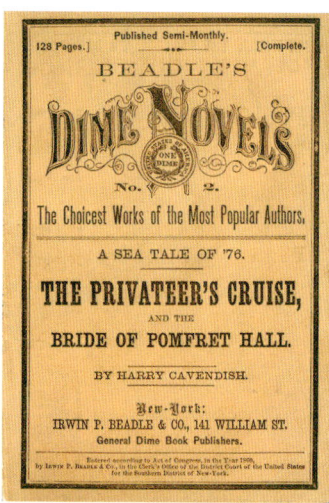
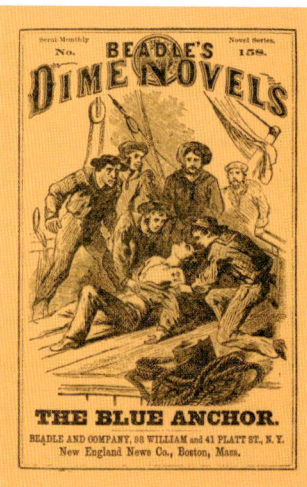

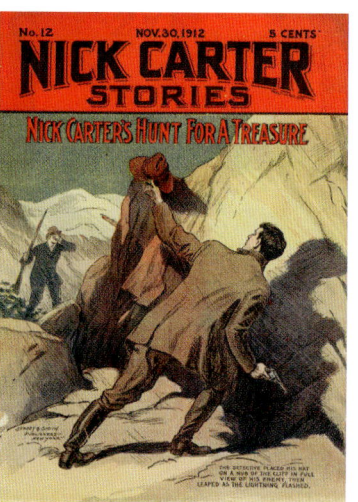

출간된 지 몇 달 만에 6만 5000부에 이르는 판매고를 올렸다. 더 많은 비들 다임 소설 시리즈가 매달, 후에는 격주로 출간되었다. 비들 다임 소설은 질 낮은 종이에 인쇄되었고 보통 분량이 3만 5000자를 넘지 않았다. 처음에는 주홍빛이 도는 분홍색 표지로 출간되었는데, 1874년부터 수작업으로 스텐실 색채를 입힌 표지가 사용되었다. 선정적인 내용, 저렴한 가격(다임이라는 말에서 알 수 있듯이 가격은 10센트였다), 그리고 화려한 색의 표지는 젊은 노동자 계층 독자들에게 크게 어필했는데, 이들 외에도 다임 소설을 즐겨 읽은 독자들이 더 있었다.

상당수의 다임 소설은 창작물로 기타 신문이나 잡지에 연재된 것을 재출간한 것도 있었다. 다임 소설을 쓴 이들로 기자, 교사, 변호사들이 있었는데 이들 다임 소설 작가는 종종 복수의 필명을 사용해 전형적인 줄거리에 따라 매주 간격으로 소설을 썼다. 다소 이름이 알려진 다임 소설가로 로버트 루이스 스티븐슨(1850~1894), 브렛 하트(1836~1902), 그리고 루이자 메이 알콧(1832~1888)이 있다. 초기 다임 소설은 주로 바다에서의 모험이나 로맨스를 다루었는데, 가장 높은 인기를 끌었던 주제는 황량한 서부시대 백인 정착민들과 인디언 원주민들 간의 갈등을 다룬 이야기였다. 비들 형제가 두 번째로 큰 성공을 거둔 작품은 『서부 개척지의 포로 세스 존스(Seth Jones, or the Captives of the Frontier)』로, 사냥꾼의 전형적인 옷차림인 사슴가죽 옷과 너구리 털모자를 쓴 용감무쌍한 백인 사냥꾼이 모호크 족에게 잡힌 백인 포로들을 구하는 이야기이다. 19세의 교사였던 에드워드 엘리스(1840~1916)가 쓴 이 소설은 60만 부가 팔렸다고 한다. 버팔로 빌 역시 많은 다임 소설에 등장한 서부시대 영웅인데, 처음에는 에드워드 저드슨이 '네드 번트라인'이라는 필명으로, 후에는 프렌티스 잉그램(1843~1904) 대령이 버팔로 빌이 등장하는 소설의 집필을 맡았다.

1880년경 다임 소설의 내용은 점점 도시화되어 가는 미국 사회의 모습을 반영하기 시작했다. 서부 변경의 모험담은 탐정, 첩보원 그리고 여주인공이 도시를 배경으로 활약하는 이야기에 밀려났다. 아마추어 탐정 닉 카터가 등장하는 다임 소설은 엄청난 인기를 끌어 출판사인 스트리트 & 스미스사는 1891년과 1915년에 걸쳐 닉 카터의 모험을 다룬 3개의 시리즈물을 내놓았다. 닉 카터 시리즈의 원작자인 프레드릭 반 렌슬레어 데이(1861~1922)가 시리즈에 대한 엄청난 수요를 감당하지 못했던 탓에 차질 없이 일정한 간격으로 시리즈를 내놓기 위해서 다른 작가들을 고용해야 했다.

1890년대 기존의 소설 가격이 내려가고 이보다 훨씬 저렴한 펄프 픽션 잡지가 등장하면서 다임 소설의 인기는 시들기 시작했다. 게다가 제1차 세계 대전 후 영화와 라디오를 포함해 소비자들은 가벼운 오락을 즐길 수 있는 선택의 폭이 넓어졌다.

버팔로 빌과 그 전설적인 사격 솜씨는 많은 다임 소설의 주제로 다루어졌다. 그림에 나오는 다임 소설은 '네드 번트라인'이라는 필명으로 쓰여진, 이러한 종류의 소설 중 하나이다. 버팔로 빌이 등장하는 소설은 1872년 처음 〈뉴욕 위클리 New York Weekly〉지에 등장했는데, 이 당시 버팔로 빌이 누비고 다녔던 서부 변경지의 세계는 이미 빠르게 사라져가고 있었다.

러시아의 루보크

루보크(lubok: 복수형은 루프키lubki라 한다)는 러시아에서 발간된 챕북 형태의 책이었다. 서유럽의 챕북과 달리, 루보크는 20세기 초까지 인기를 끌었는데 그 이유는 전제 군주제 시대 러시아의 문해율 증가가 더뎠고 빈곤율이 높았기 때문이었다. 1890년대까지 러시아에서 간행되는 출판물의 반 이상이 종교 서적이었는데, 이후부터 세속적 성격을 띤 루보크가 주류를 이루게 되었다. 루보크가 다룬 내용에는 황제의 초상화, 위대한 전투의 이야기, 진탕 마시며 난잡하게 노는 축제 잔치에 관한 이야기, 산적 이야기 그리고 마녀 바바-야가Baba-Yaga의 이야기와 같은 유명한 전래동화도 포함되었다.

루보크의 출판량은 그야말로 엄청났다. 1895년 이후 증가하기 시작해 1914년 세 배가 껑충 뛴 3만 2000종에 달했고, 러시아 제국에서 사용하던 모든 언어로 출간된 판매 부수는 총 1억 3000만 권이었다. 루보크는 신문 대판형과 유사한 크기에 텍스트와 목판화 이미지를 결합시킨 형태였고, 목판화는 후에 숙련된 일꾼들이 손으로 색을 입힌 석판화로 대체되었다. 루보크를 채색하는 작업은 후에 다색 석판술이 등장하기 전까지 18세기 동안 모스크바 지역에서 크게 번성했던 가내 수공업이었다.

루보크 제작은 모스크바의 니콜스카야 거리 근처에 집중되어 있었으며, 종교 물품과 함께 주로 스파스키 다리 주변에서 판매되었다. 루보크 작가는 보통 농부였으며, 출판업자 역시 일부 농민 출신인 경우가 있었다. 국유지 농민의 아들이었던 수틴(1851~1934)은 러시아 최대의 루보크 출판업자가 되었는데, 1914년 사실상 루보크 시장을 독점하고 있었다. 수틴은 수천 명의 서적상을 상대했으며, 니즈니 노브고로드 시에서 매년마다 열리는 장터를 루보크 유통의 중심지로 활용했다.

러시아 혁명 전 시대의 지식 계급은 황제에 대한 충성심을 도모하고 종종 반유대주의와 친러시아정

러시아 목판화로 마녀 바바 야가와 대머리 남자에 대한 전래 동화를 표현하고 있다. 전제 군주제 시대 러시아에서 수백만 부의 루보크가 팔려나갔다.

교적인 시각을 표현했던 루보크가 농부의 진정한 가치를 왜곡시키는 정치적 후진성을 띤 장르라 생각했다. 일부 지식인들은 이러한 루보크의 단점을 자본주의 악마의 탓으로 돌렸다. 특히 사회주의자들은 시장주의의 노예로 전락하지 않을, 계몽주의 사상을 담은 대중 문학이 출판되기를 기대했다. 1917년 러시아 혁명 이후, 루보크가 설 자리는 없었다.

위 그림은 삽화가 곁들여진 러시아 인쇄물로 '홉hops은 다른 모든 과일보다 한 수 위다'라고 주장하고 있다.

부유하는 세계를 그린 일본의 인쇄물

일본의 목판화를 가리키는 '우키요에'는 17세기에서 20세기 사이 에도(오늘날의 도쿄)에서 제작되었다. 여기에 사용된 양식과 테크닉을 1670년대 대중화한 이는 판화 제작자였던 히시가와 모로노부였다. '우키요에'는 가부키 극장, 찻집, 게이샤, 고급 창녀 그리고 도시 사회의 모든 세련된 오락거리로 이루어진 '부유하는 세계(floating world)'를 묘사하는 전통을 형성했다. 후에 나온 '우키요에'는 자연 풍경을 매력적으로 묘사한 것도 포함되었다. 초기에는 잉크로 이미지를 그리고 후에 손으로 채색을 했는데, 18세기 들어 다색 인쇄기술을 이용해 니시키에라 부르는 컬러 복제화를 만들 수 있게 되었다.

'우키요에'는 대부분 극장 포스터와 사창가 광고물에서 유래했는데, 많은 경우 한데 모아 책의 형태로 출간되었으며, 각 장마다 작가의 서명이 들어가 있었다. '우키요에'는 일종의 매스 미디어가 되

가츠시카 호쿠사이의 「거대한 파도」는 호쿠사이가 제작한 '우키요에' 중 세계적으로 가장 유명한 작품의 하나로 손꼽힌다. 1830년대 호쿠사이는 『후지 산 36경』과 『후지 산 100경』에 쓰일 용도로 이 목판화를 제작했다.

우타가와 히로시게(1797~1858)의 1856년 작품 『에도 백경』에 등장하는 '우키요에'로 후지 산을 배경으로 도쿄 시내의 모습을 그렸다. 호쿠사이와 달리 히로시게는 일상생활과 사람들의 활동을 전문으로 묘사했다.

었다. 마음에 드는 찻집 접대부나 스모 선수의 모습이 담긴 그림을 원했던 이들이 '우키요에'의 고객층이었다.

가츠시카 호쿠사이(1760~1849)는 후기 에도시대 가장 유명한 예술가이자 판화제작자 중 하나였다. 제목에서 내용을 쉽게 짐작할 수 있는 작품 『후지 산 36경』은 1831년 출판되었는데, 여기에 포함된 「가나가와의 거대한 파도」 판화는 서구에서 매우 인기가 높았다. 후지 산을 영원한 삶의 근원으로 숭배했던 불교의 종파를 믿었던 호쿠사이에게 후지 산은 특별한 의미를 갖고 있었다.

1860년대 이후의 메이지시대 일본은 서구의 문화적 영향에 더욱 개방적인 태도를 취했고, 사진기술의 도입으로 '우키요에'는 구시대의 유물이 되었다. 그러나 유럽 예술가들은 '우키요에'를 높이 평가했다. 한 예로 일본의 판화가 모네의 그림에 미친 영향은 무시할 수 없는 것이었다.

1815년에서 1820년 사이의 것으로 추정되는 고가쿠 야지마의 목판화. 라이스지를 이용해 제작되었으며 책장 옆에 자두나무 가지와 책상이 놓여 있는 모습이다.

대중 소설의 대가

19세기 말 대중 소설 시장이 성장하고 있었다. 출판업자들은 각기 다른 부분의 시장에서 최대한의 이윤을 창출하기 위해 한 소설을 판형과 가격을 달리해 적당한 간격을 두고 출간하는데 능숙해졌다. 인기 소설가들은 이미 검증된 소설 공식을 재활용하면서 엄청난 속도로 작품을 생산했다. 진지한 문학 평론가들은 이들 소설이 저질스런 취향을 갖고 있다고 개탄했지만, 대중 소설은 폭발적인 판매량을 기록했다. 이 시대 대중 소설의 대가 중 가장 유명했던 인물로 독일의 카를 마이와 프랑스의 쥘 베른, 그리고 영국의 마리 코렐리를 꼽을 수 있다.

카를 마이(1842~1912)는 올드 섀터핸드Old Shatter-hand라는 독일인 주인공과 아파치족 전사 비네토우Winnetou를 등장시킨 서부극을 썼다. 올드 섀터핸드는 마이의 소설 16권에 걸쳐 등장하는데, 마이는 보통 1인칭 시점에서 소설을 집필했다. 작센 주에서 태어난 마이는 사실 한 번도 미국 서부에 가본 적이 없었다. 그러나 각 개인이 독립적으로 삶을 영위하며 전통적인 남성우월주의 가치가 존중받았던 산업화 이전 시대의 세계를 묘사한 마이의 소설은 서부극의 모든 전통적 요소를 포함하고 있었다.

마이의 작품은 전 세계적으로 2억 부에 달하는 판매고를 올린 것으로 추정된다. 마이의 소설은 젊은 노동자 계층 남성 독자들에게 크게 어필했으며, 지식인 엘리트 계급의 비난의 대상이 되었다. 1899년 바이에른의 중등학교는 마이의 소설이 학생들이 읽기에 너무나 저질스럽고 선정적인 내용을 담고 있다는 이유로 읽기를 금지시켰다. 근대에 들어와 마이의 작품이 20세기 초반 독일의 광신적 국수주의와 연관되었다는 주장이 대두하면서 그의 명성은 부당하게 훼손되었다. 마이 자신은 점점 기독교 사상에 심취한 반전주의자로 변해갔으나, 그의 사망 후 히틀러 통치하의 제3국 시대 카를 마이 출판사(Karl May Verlag)가 출간한 마이의 소설 재판본들은 원작에는 존재하지 않았던 인종차별주의를 기저에 깔고 있었다. 사실 카를 마이 소설의 판매량 비중을 보면 1945년 이후가 전체의 88퍼센트를 차지했다.

쥘 베른(1828~1905) 역시 성인 남성 독자들에게 강력히 어필했던 작가인데, 베른의 작품을 맡았던 출판업자 쥘

1904년 삽화에서 볼 수 있는 아파치 족 전사 비네토우는 독일 작가 카를 마이가 창조해낸 인물이었다. 이제 대부분 기억에서 잊혀졌지만, 카를 마이는 수십 년에 걸쳐 큰 인기를 누린 펄프 픽션의 대가였다.

에첼은 베른을 모험 소설가가 아닌, 『노르 에 쥐드Nord et Sud』(1887)의 배경이 된 미국 남북전쟁과 같은 최근의 역사적 사건이나 과학적 발견을 대중소설로 풀어내는 교육적 소설을 쓰는 작가로 홍보했다. 베른의 소설은 고유의 여성 혐오증과 당시대의 인종차별주의를 반영하고 있었다. 쥘 베른은 『헥터 세바다Hector Servadac』(1877)에서 독일계 유태인 상인을 비호의적으로 묘사함으로써 반유태주의자라는 비난을 받았으며, 『80일간의 세계일주』(1873)에서는 미국 인디언의 학살을 아무런 거리낌 없이 묘사하기도 했다.

에첼은 베른의 작품을 프랑스와 외국 독자 모두의 구미에 맞게 고치기 위해 노력했다. 베른의 작품에 종교 문헌의 인용구를 넣기도 했는데, 예를 들어 『해저 2만 마일』(1869)에 등장하는 네모 선장의 유언이 '신과 조국이여!(Diet et Patrie!)'로 바뀐 것이 그러했다. 또한 장 전체를 삭제하거나 가끔 에첼 자신이 쓴 글을 삽입하기도 했고, 베른의 글을 다시 배열하거나 줄거리를 완전히 바꾸도록 설득하기도 했다. 한편 에첼은 베른의 소설을 이용해 더 높은 수익을 창출하기 위한 전략을 개발해냈다. 우선 베른의 소설을 자신이 발간하는 잡지 〈교육과 여가〉지에 격월 연재물로 실었다. 그 다음에는 소설의 완본을 삽화 없는 휴대가 간편한 판형으로 3만 부 정도 출판했다. 그 후에는 새해 선물로 적합하도록 삽화가 곁들여진 증정용 판형을 내놓았는데, 이 판형의 특색이었던 고급스러운 금색과 빨간색의 제본 양식 덕분에 베른의 소설 모음집 『경이의 여행』은 오늘날까지 프랑스 출판업 사상 가장 매력적인 성과물로 남아 있다. 종종 전혀 다른 독자층을 위해 네 번째 판형이 나오기도 했는데, 바로 소설을 각색한 희곡이나 자크 오펜바흐가 음악을 담당한 오페라 작품이었다. 한 예로 『달나라 여행』은 베른의 작품 『지구에서 달까지』(1865)를 토대로 한 것이었다.

마리 코렐리(1855~1924)는 문학 평론가들의 경멸을 한 몸에 받았으나, 1890년대 코렐리 소설의 인기가 절정에 달했을 때 연간 판매량은 무려 10만 권에 달했다. 동시대 작가인 아서 코난 도일이나 H.G. 웰스도 이만한 판매고를 올리는 것은 상상할 수 없었다. 코렐리의 소설은 완고한 종교적

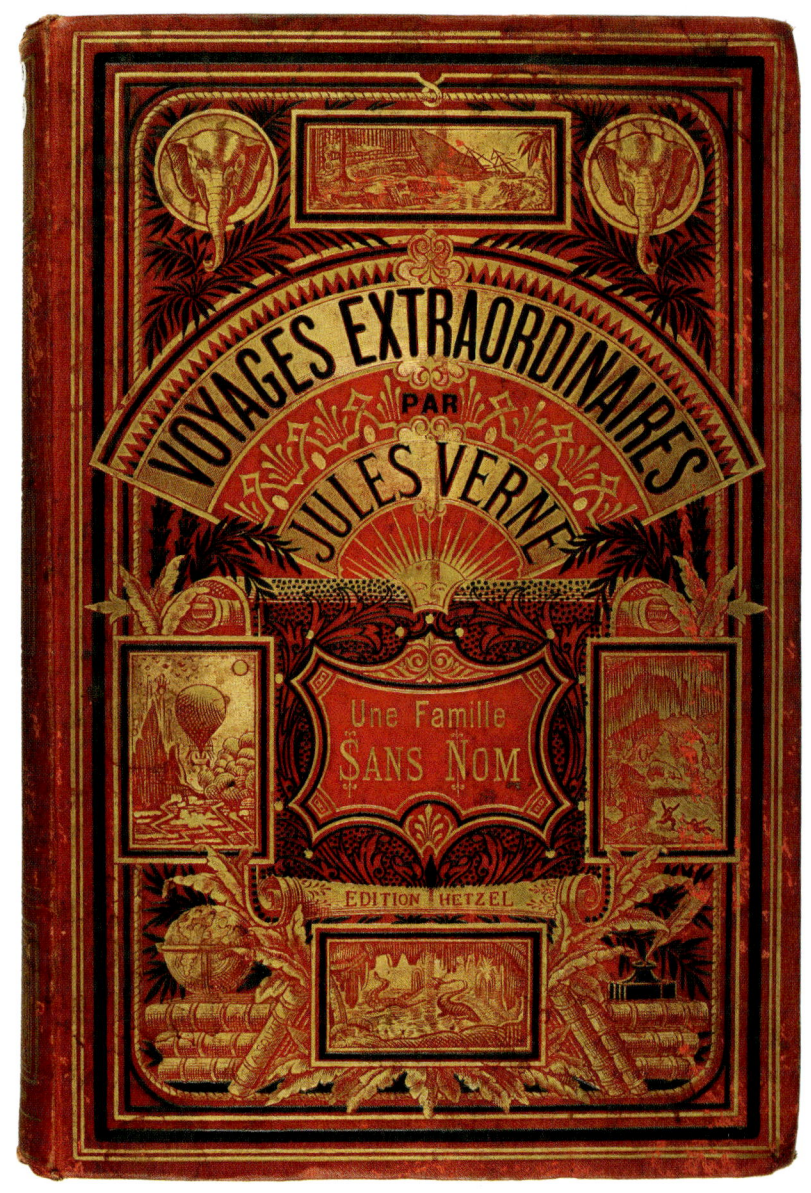

에첼이 쥘 베른의 작품에 사용했던 출판 전략은 우선 자신이 발간하는 아동용 잡지에 연재물로 게재하고, 후에 눈에 띄는 빨간색과 금색의 표지로 제본한 큰 판형의 단권 형태로 출판하는 것이었다. 1837년 캐나다에서 발생한 퀘백 주와 영국군 사이의 무력 충돌을 배경으로 한 가족의 삶을 그린 베른의 1889년 소설 『이름 없는 가족(Famile Sans Nom)』 역시 이러한 전략에 따라 출판되었다.

영국 소설가 마리 코렐리는 자기 광고가 자신이 써낸 로맨틱하고 감성적인 베스트셀러 소설의 판매고에 해 될 것이 없다는 사실을 알고 있었다. 위 그림에서 코렐리는 편안한 모습으로 자신의 곤돌라를 타고 에이번 강을 여행하고 있다.

독실함과 확고한 도덕성에 수위가 높지 않은 성적 묘사를 곁들인 열정적 러브 스토리를 가미한 구조로 전개되었다. 줄거리가 다소 과장된 감이 없지 않았으나, 메튜언Methuen사에서 1895년 출간한 코렐리의 소설 『사탄의 슬픔(The Sorrows of Satan)』은 1924년 60판을 찍을 정도로 인기가 높았다. 또 다른 작품 『마스터 크리스찬The Master Christian』(1900)은 예수가 마뉴엘이라는 이름의 길거리 부랑아의 몸으로 재림하나 로마 가톨릭교회의 인정을 받지 못한 채 살아가는 이야기를 담고 있었다. 유명한 성직자들은 코렐리의 작품에 대해 설교를 했다.

런던에서 태어난 코렐리의 본명은 마리 멕케이였는데, 코렐리는 자신이 베네치아인의 후손이라 주장하며 자신의 소설 속에 프랑스어와 이탈리아어 문구를 여기저기 집어넣었으며(대부분 틀린 표현이었고 가끔 정확한 문구가 등장하기도 했다) 사공까지 동원해 곤돌라를 타고 스트랫퍼드의 에이번 강을 유람했다. 오늘날 관점에서 보면, 지나치게 감성적으로 과장된 것으로 왜 그토록 인기가 있었는지 이해하기 쉽지는 않다. 그의 처녀작 6편을 출간한 출판업자 조지 벤틀리는 소설 내용이 너무나 장황해지는 것을 막고자 노력했으며 글쓰기 속도를 좀 줄일 것을 권고했다. 그러나 빅토리아 여왕은 코렐리의 소설 전권을 주문할 정도로 열렬한 팬이었고, 신비주의 경향이 있었던 러시아의 알렉산드라 여왕도 코렐리 소설을 애독했다. 한편 세계 2차 대전 동안 코렐리가 설탕을 사재기하는 비애국적 행동으로 벌금형에 처해지고, 여성의 참정권 운동에 반대를 표현하는 책과 팸플릿을 발간함으로써 독자층의 일부가 떨어져나가면서 코렐리의 명성도 하락하기 시작했다.

5 만인을 위한 지식

20세기 전반은 세계 역사의 암흑기였으며 책의 역사에서도 고난의 시기였다. 전쟁, 경제 불황, 종이의 부족 그리고 인건비 상승으로 19세기 후반과 같은 전성기는 기대할 수 없었다. 20세기는 대량 학살의 시대였다. 수백만 명이 죽었고 이들의 역사와 문화를 역사에서 지우기 위한 잔인한 만행이 시도되었으며, 이 잔인한 역사의 흔적은 책과 도서관에 기록으로 남겨져 있다. 한편 이러한 힘든 시기를 거치며 독자들은 현실도피주의적인 펄프 픽션에 대한 참을 수 없는 갈망을 느끼게 되었다. 세계 제2차 대전 후, 서적 생산량이 다시 회복되었고 북클럽book club의 인기가 높아졌으며, 현대 출판업이 서구와 아시아에서 그 모양새를 갖추게 되었다. 그리고 디지털 혁명이 목전으로 다가왔다.

컴퓨터 혁명의 영향을 흔히 구텐베르크의 인쇄술 발명에 비교하곤 하는데, 여기에는 오류가 있다. 왜냐하면 인쇄술은 코덱스의 물리적 형태 그 자체를 바꾸지는 못했던 반면, 컴퓨터의 등장은 우리가 텍스트를 전달하고, 소비하고 상호작용하는 방식을 이미 완전히 뒤바꿔놓았기 때문이다. 인터넷이 나타나면서 우리가 활용할 수 있는 지식의 양은 전례 없는 비율로 증가하고 있으며, 이는 새롭고 흥미진진한 기회뿐만 아니라 작가와 출판업자들에게 새로운 도전 과제를 던져주고 있다. 오늘날 새로운 핸드헬드 전자책 단말기가 기존의 종이 코덱스와 경쟁을 벌이고 있으며, 언젠가 한 권의 책에 세상의 모든 지식이 담기는 유토피아적 환상이 현실화될 날이 올 것이다.

방글라데시 다카 지역의 니켓 서적 시장의 모습. 한 서적 가판대 앞에 무슬림 여학생들이 모여 있다.

신기술의 등장

19세기 중반 인쇄술의 기계화가 진척되었고 사상 처음으로 종이 생산이 산업 규모로 진행되었다. 이제 남은 장애물은 단 하나, 많은 노동이 투입되는 식자 공정의 개선이었다. 수세기 동안 식자공들은 활자를 하나하나씩 손으로 조판해왔다. 19세기 말로 접어든 미국에서 식자 공정의 속도를 크게 향상시킬 수 있는 새로운 기술이 도입되었다.

 1884년 오트마 메르겐탈러(1854~1899)가 라이노타이프Linotype 기계를 발명했다. 이는 완성된 주형에 녹은 납을 부어 한 번에 한 줄분의 활자를 주조하는 '활판 인쇄' 식자 시스템이었다. 라이노타이프를 조작하는 라이노타이피스트는 올바른 순서로 자모를 배열하는 작업에 90개의 활자로 구성된 키보드를 이용했다. 따라서 손으로 하나하나의 주물 활자를 일일이 배열하거나 빼거나 분류할 필요가 없었다. 라이노타이프를 사용하면 한 명의 작업자가 시간당 8000개의 활자를 식자할 수 있었다. 반면 기존의 식자 방식은 아무리 뛰어난 식자공이라 하더라도 시간당 작업할 수 있는 활자의 수가 1500여 개에 지나지 않았다. 라이노타이프는 신문 인쇄에 매우 적합했으나, 서적 출판에는 이상적인 방법이 아니었다. 일단 책은 문단의 너비가 신문보다 더 넓었고, 편집 기준도 더 까다로웠다. 한 행이 한 덩어리째로 주조되는 라이노타이프 방식에서는 한 글자만 오류가 나도 한 행을 통째로 들어내야 했기 때문에 교정 작업이 무척 어려웠다. 1887년에서 1889년 사이 도입된 톨버트 랜스턴 의 모

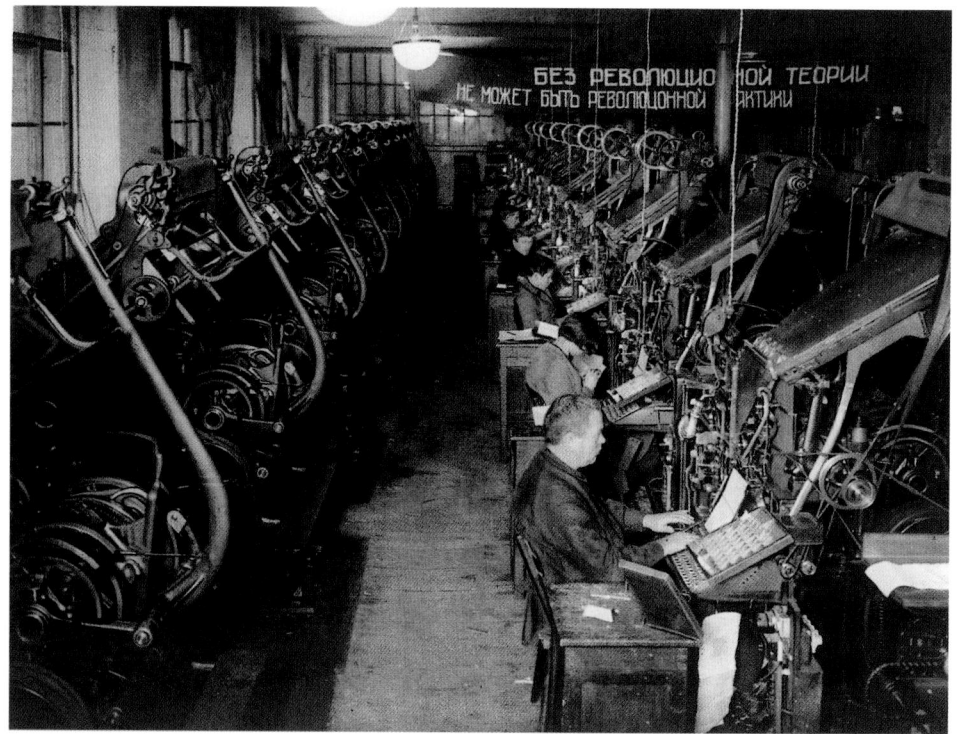

소비에트 연방의 신문 프라우다Pravda에서 일하고 있는 라이노타이피스트들의 모습. 식자 공정의 기계화는 인쇄업 생산 라인의 걸림돌 하나를 해결하는데 기여했으며, 판매 부수가 많은 신문 인쇄에 매우 적절한 방법이었다.

노타이프Monotype는 한 번에 한 행을 한꺼번에 주조하는 방식의 라이노타이프 방식의 결점을 보완한 것이었다.

모노타이프의 도입과 함께 전 세계적으로 서적 생산량이 급증했다. 1909년경 해외시장에서 높은 수익을 올리던 영국의 출판업은 연간 1만여 종이 넘는 서적을 출간하고 있었다. 19세기 말 프랑스에서 간행되는 서적은 당시 전쟁과 정치적 불안정이 경제에 상당한 타격을 입혔음에도 불구하고 1만 3000여 종을 상회하고 있었다. 세계 1차 대전 발발 전 이탈리아에서는 연간 평균 9250종의 책이 출간되었다. 그러나 가장 많은 책을 생산하던 국가는 다름 아닌 독일이었다. 19세기 말부터 시작해 세계 1차 대전 발발 전까지, 독일 출판업계는 기계화, 생산 단가의 하락, 그리고 통합된 단일국가 시장 창출의 혜택을 십분 활용하며 전례 없는 성장을 구가했다. 1884년 독일의 연간 책 생산량은 1만 5000종이 넘었고, 1913년 독일은 세계 최고의 책 생산국 자리에 등극했다. 한편 프랑스의 책 생산은 1900년대를 전후로 절정기를 맞이한 뒤 포화상태에 이르렀으며, 제1차 세계 대전이 발발하기 몇 년 전 동안 재고를 처리하기 위한 할인 경쟁이 빈번히 이어졌다. 영국은 호주와 같은 중요한 수출 시장이, 하락하는 자국 내 수요를 받쳐주었던 덕분에 전전의 불황을 비교적 무사히 넘길 수 있었다.

전 세계적으로 책의 생산이 급증하면서, 19세기 말과 20세기 초 책은 대량생산되는 소비재로 탈바꿈했다. 기술적 발전으로 더 저렴한 비용에 색채 삽화를 생산할 수 있게 되면서, 화려한 색의 선정적인 표지가 등장했다. 그러나 서체 선택의 폭은 점점 더 좁아졌는데, 이는 새로 등장한 자동화 인쇄 기계가 소수의 표준화된 서체만을 사용할 수 있었기 때문이었다. 한편 이처럼 대량생산된 책을 더 많은 시장에 공급하기 위한 새로운 유통 경로가 생겨 나면서, 전통적으로 서적 판매를 독점해오던 서점은 백화점, 약국 그리고 북클럽에 자리를 내주게 되었다.

(위) 랜스턴 모노타이프는 1887년 필라델피아에서 특허를 받았다. 모노타이프는 이전의 라이노타이프를 개선한 것으로, 활자별로 수작업 교정을 볼 수 있도록 함으로써 텍스트의 정확성을 크게 향상시켰다.

(왼쪽) 1890년 『비튼 부인의 일상 요리와 살림법(Mrs. Beeton's Every-Day Cookery and Housekeeping)』 증정판이 출간되었을 무렵, 컬러 인쇄 기법은 책등에도 인쇄가 가능할 정도로 발전하게 되었다. 큰 성공을 거둔 이 책의 초판은 1861년, 저자 이사벨라 비튼이 겨우 25살일 때 발간되었다.

백과사전의 로맨스

19세기 몇몇 야심찬 개인들이 세상의 모든 지식을 한 권의 책에 축약시키겠다는 생각을 품었다. 이들은 보편적이고 누구나 접할 수 있는, 일반 대중을 교육시킬 수 있는 도구로서 기능할 수 있는 백과사전을 머릿속에 그렸다. 참고 서적을 통해 지식을 대중화하고자 하는 욕망은 이미 18세기부터 시작된 것이었다. 프랑스의 드니 디드로와 찰스 조셉 팡쿠크가 훌륭한 백과사전을 출간한 바 있었고, 영국의 에프라임 체임버스는 1728년 런던에서 자신이 집필한 최초의 『백과사전(Cylopaedia)』을 출간했다. 한편 19세기의 백과사전은 현대성을 찬양했고 이전 세대의 백과사전보다 정치적 문화적 정체성을 더 중요하게 생각했다.

에딘버러에서 처음 출간된 『브리태니커 백과사전(Encyclopaedia Britannica)』은 수록 항목별로 정의를 내리고 예술과 사회과학에 관한 전문 지식을 담은 글을 포함했다. 초판본은 1768년과 1771년 사이 주간지 연재물로 출간되었고, 2판본은 1777년과 1784년 사이 10권의 책으로 출판되었다. 초기 판본에서 수록 항목의 대부분을 집필한 인물은 백과사전 편찬 프로젝트의 에디터였던 윌리엄 스멜리(1740~1795)였다. 하지만 곧 백과사전의 수익이 증가하

(위) 제임스 머레이가 옥스퍼드 영어사전 작업을 하는 모습. 머레이가 자신의 '스크립토리움'이라 지칭한 이 작업실은 백과사전에 수록할 내용들이 담긴 수천 장의 종이들로 둘러싸여 있었다.

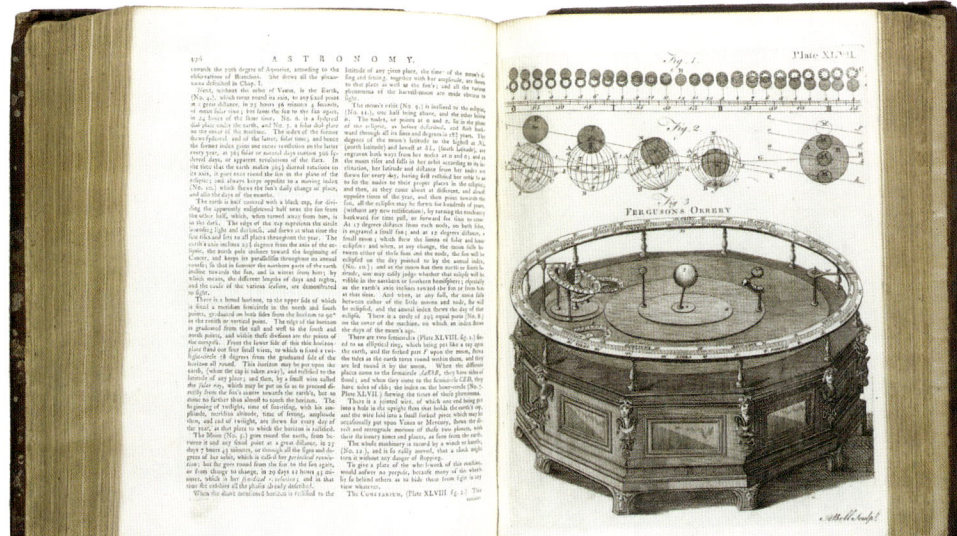

(왼쪽) 『브리태니커 백과사전』은 1768년부터 시작해 계속 출간되었으며, 그 자체로 영국의 국가 단체가 되었다.

면서 저명한 학자들을 고용해 각자의 전문 분야와 관련된 내용을 쓰도록 했다. 한 세기가 지난 후 대영제국의 최전성기 시절, 『브리태니커 백과사전』은 많은 전문가들이 편찬에 참여하도록 동원할 수 있었던 '국가의 백과사전'이 되었다.

프랑스에서 피에르 라루스(1817~1875)는 인생과 건강을 희생해가면서 『19세기 세계대백과사전(Grand dictionnaire universel du XIXe siecle)』을 제작하는데 심혈을 기울였다. 대장장이의 아들로 태어난 라루스는 교사가 되었으나 자신의 꿈을 좇아 일찌감치 퇴직했다. 라루스의 백과사전은 세속적인 성격을 지니고 있어 가톨릭교회의 금서 목록에 포함되기도 했다. 한편 반교권주의자였던 라루스는 수잔 카우벨과 결혼하지 않은 채 동거를 계속했는데, 자신의 인생의 역작이 마무리될 때까지 가족을 꾸리지 않겠다고 맹세했다. 1863년과 1876년 사이 『19세기 세계대백과사전』은 524부로 구성되어 출간되었으며, 각 부는 권당 1프랑씩이었다. 후에 『19세기 세계대백과사전』은 그냥 '라루스'라는 이름으로 알려졌으나, 누구나 아는 이름이 된 라루스의 생전에 팔린 부수는 정작 500세트밖에 되지 않았다. 라루스는 백과사전의 마지막 권이 출간되기 2년 전인 1875년에 사망했는데, 예전에 했던 맹세를 어기고 1872년 카우벨과 결혼한 상태였다.

백과사전의 편찬이 유행처럼 번지면서, 이는 종합 사전의 출간에 활기를 불어넣었다. 오늘날 'OED'라는 애정 어린 약칭으로 불리기도 하는 『옥스퍼드 영어사전(Oxford English Dictionary)』은 제작에 수많은 노력과 시간이 투입되었다. 옥스퍼드 사전의 출간은 영국이 세계 강대국으로서 절정기를 달리고 있었던 1850년대부터 시작되었으나, 1928년까지도 완성되지 못했다. 옥스퍼드 사전 사업을 주도한 이는 제임스 머레이(1837~1915)로 런던 근교 밀힐 초등학교에 위치한 작업장을 자신의 '스크립토리움'이라 부르며, 이곳에서 편찬 작업 가장 초기에 완성된 미완성 원고를 편집하는 일을 했다. 하지만 머레이는 편찬 작업이 결실을 맺는 것을 보지 못한 채 사망했다. 『옥스퍼드 영어사전』은 어원사전으로, 12권의 무거운 책에 총 40만 개가 넘는 단어의 활용 변천사를 다루었다. 마치 오늘날의 위키피디아(Wiki-pedia: 누구나 자유롭게 글을 쓸 수 있는 사용자 참여의 다국적 온라인 백과사전-옮긴이)처럼 수천 명의 작업자들이 자발적으로 정보를 제공했으며, 당당히 지식의 전파에 공헌했다.

『누보 라루스 일러스트Nouveau Larousse Illustre』의 제7권에 나오는 파충류 페이지. 원작인 라루스의 백과사전과 달리, 이 책은 1989년과 1907년 사이 클로드 오쥐에 의해 풍부한 삽화와 함께 편집되었다. 후에 널리 이름을 알리게 된 작가의 이름을 따 명명된 몇 안 되는 책 중 하나이다.

근대 백과사전은 식민 강대국의 힘과 국가 정체성을 찬양했다. 『뉴질랜드 백과사전(Cylopaedia of New Zealand)』이 1897년과 1908년 사이 등장했고, 호주도 자국 고유의 백과사전인 『호주 백과사전(Australian Encylopaedia)』(1925~1926)을 펴냈는데 이는 시드니의 앵거스 & 로버트슨Angus & Robertson사가 출판한 것으로 체임버스의 『백과사전』을 기반으로 했다. 이들 백과사전은 각국의 동식물과 중요한 역사적 인물에 대한 항목을 포함하고 있었다. 36권으로 구성된 『이탈리아 백과사전(Enciclopedia Italiana)』(1929~1937) 역시 이탈리아 극우파 정부의 가치를 찬양하는 내용을 담았다.

20세기가 저물어가면서 한때 라루스와 같은 헌신적인 교사들에게 영감을 불어넣었던 백과사전과의 로맨스는 점점 퇴색하기 시작했고, 다양한 판본에 걸쳐 존재했던 백과사전과 국가 정체성 간의 연결고리 역시 점점 단절되었다. 예를 들어 『브리태니커 백과사전』의 판권은 1901년 미국 출판사인 후퍼 & 잭슨Hooper & Jackson에게 넘어갔다. 20세기 말경, 종이 백과사전은 음향, 영상 그리고 애니메이션 그래픽까지 포함한 전자 백과사전에 자리를 내주게 되었다. 전자 백과사전은 종이 백과사전에 비해 많은 장점을 갖고 있었다. 우선 제작비용이 덜 들었고 최신 정보를 업데이트하는 것이 더 쉬웠다. 또한 더 빨리 원하는 정보를 찾을 수 있고 하이퍼링크 기능을 이용한 상호 참조가 가능했다.

2001년 시작된 위키피디아는 하나의 대안적 백과사전으로, 모든 항목이 온라인 독자들에 의해 편찬되며, 이들은 자유롭게 정보를 추가하거나 오류를 교정할 수 있다. ('위키스Wikis'의 웹페이지는 그룹 협업을 가능케 하도록 디자인되었으며, 그 이름은 '빠른'을 뜻하는 하와이 단어로부터 나온 것이다.) 위키피디아는 끝없는 팰림프세스트와도 같다. 즉 합의를 바탕으로 내용이 끊임없이 검증되고 업데이트 되는 가운데 계속 진화하고 있는 것이다. 2010년 영어판 위키피디아는 330만 개가 넘는 항목을 포함하고 있다. 보편적 지식을 추구하는 유토피아의 세상이 새로운 전기를 맞았다. 이제 누구나 백과사전을 집필할 수 있게 된 것이다.

다윈주의를 반대했던 철학자 에바하르트 데네르트(861~1942)가 집대성한 독일의 유명한 백과사전 『데너츠 콘버자치온스렉시콘Dennerts Konversationslexikon』의 광고 포스터.

펭귄북스와 페이퍼백의 혁명

20세기 중반의 페이퍼백 혁명은 펭귄북스와 펭귄 시리즈를 창조한 선견지명의 출판업자 알렌 레인(1902~1970)과 뗄 수 없는 관계를 맺고 있다. 레인이 선례로 삼았던 업체는 독일의 출판업체 알바트로스였다. 알바트로스사가 1932년 창간한 알바트로스 모던 콘티넨탈 라이브러리Albatross Modern Continental Libarary 시리즈는 염가의 페이퍼백 재판본으로 색으로 분류된 표지에 싸여 판매되었다. 알바트로스사의 바닷새 모티프를 모방해 레인이 1935년 영국에서 펭귄북스를 창간했을 때, 알바트로스사의 염가본 시리즈는 이미 272종이 출판된 상태였다.

레인의 펭귄북스 이후로 곧 경쟁업체들이 등장했다. 1934년 콜린스사가 7페니 가격의 재판본 시리즈를 내놓았고, 피어슨사는 1936년 6페니 가격의 페이퍼백 소설을 판매하기 시작했다. 그러나 레인이 사업가 기질을 발휘해 벌인 도박은 승리로 끝났다. 펭귄북스 시리즈는 출간 첫 해 300만 권의 판매고를 올렸고 매출액은 7만 5000파운드에 이르렀다. 펭귄 시리즈의 첫 번째 베스트셀러는 도로시 세이어스의 『벨로나 클럽에서의 불미스러운 일(The Unpleasantness at the Bellona Club)』이었다. 레인은 요트를 구입하고 이를 '펭귄'이라 이름 지음으로써 성공을 자축했다. 출간 이후 20년 동안, 펭귄북스는 1000여 종의 서적을 발간했으며 연간 총 인쇄 부수는 2000만 권을 기록했다. 1950년대 펭귄북스는 영국 전체 서적 출판의 7~9퍼센트를 차지하고 있었다.

펭귄북스는 6펜스에 불과한 매우 저렴한 가격으로 당시 페이퍼백 시장을 지배했던 펄프 픽션과 달리, 기성 문학 작가들이 쓴 양질의 작품을 재판본으로 발간해 교육받은 독자층을 겨냥한 점이 달랐다. 알바트로스 시리즈와 마찬가지로 펭귄북스의 다소 평범한 표지는 색 분류 체계를 채택했다. 즉 주황색은 소설을, 녹색은 범죄 소설을 의미하는 식이었다. 1950년대 이후부터 한눈에 알아볼 수 있는 표지의 펭귄북스 페이퍼백 시리즈는 특히 당시 점점 증가하고 있던 대학 교육을 받은 독자층 사이에서 큰 인기를 끌며 높은 매출을 기록했다. D. H. 로렌스와 조지 오웰과 같은 작가들은 펭귄의 페이퍼백 판형으로 백만 권이 넘는 판매 부수를 올렸다. 레인이 이룩한 업적의 정도는 그 뒤를 따른 모방 업체들을 통해 가늠할 수 있는데, 영국의 팬Pan과 코기Corgi, 미국의 반Bantam과 시그넷Signet, 그리고 프랑스 아세트의 포켓북이 그러했다.

페이퍼백 혁명이 거둔 금전적 성공은 저렴한 표지와 제본 방식이 아니라 높은 인쇄 부수를 통해 엄청난 규모의 경제를 성취할 수 있

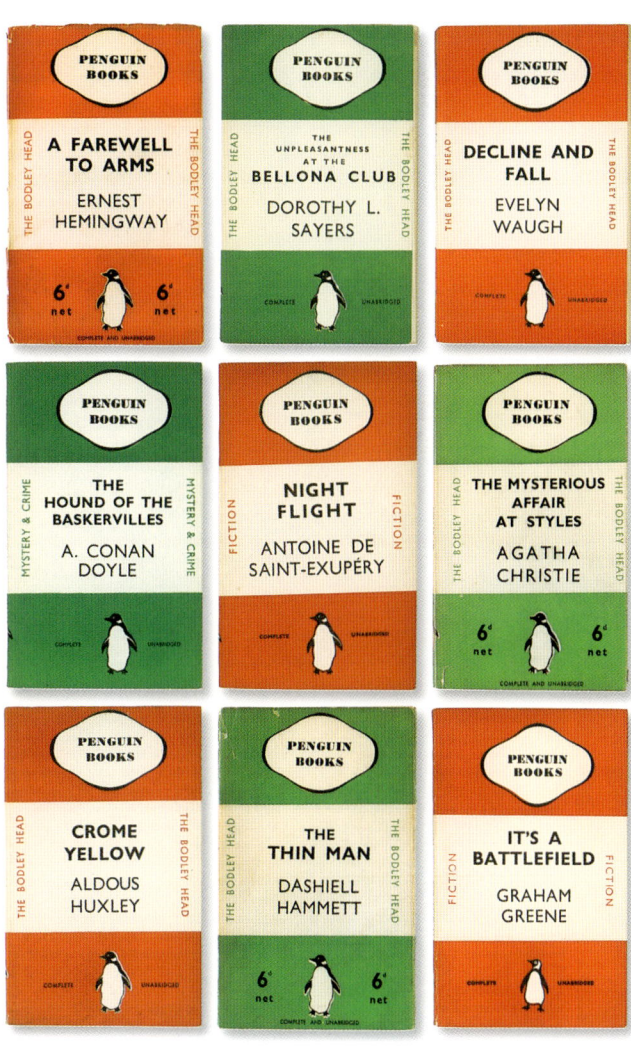

펭귄북스가 출간한 다양한 페이퍼백 출판물. 펭귄 시리즈는 특유의 표지 색 분류 체계를 따랐는데, 녹색은 범죄 소설 그리고 주황색은 현대 소설을 의미했다. 알렌 레인은 독일 출판사의 선례를 바탕으로 출판업계의 신기원을 이룩한 펭귄 로고의 페이퍼백 시리즈를 창조해내었다.

아셰트가 출판한 '철도 도서관' 시리즈의 서적들. 책의 주제에 따라 표지의 색이 달랐는데, 예를 들어 여행 안내서는 빨간색, 외국어 책은 노란색의 표지였다.

었던 데서 비롯됐다. 마케팅과 유통 역시 펭귄 시리즈의 성공에 결정적인 요인으로 작용했다. 펭귄 브랜드는 그 어떤 개인 작가나 작품보다도 더 중요한 역할을 했다.

1960년 레인은 또 다른 계산된 모험을 감행했는데 바로 D. H. 로렌스의 『채털리 부인의 사랑』 무삭제본을 출간하는 것이었다. 이 소설은 성행위에 대한 묘사로 이미 미국에서는 외설적 소설로 판정받은 상황이었다. (소설의 미국 출판업체는 그로브 프레스Grove Press였다.) 그러나 영국에서는 1959년의 음란출판물법이 완화되면서, 작품의 외설성이 그 문학적 가치를 위한 수단으로 이용된 것이라는 점을 문학계의 전문가 증인을 통해 변론하는 것이 가능해졌다. 위험을 감수해가며 이 소설을 인쇄할 업체를 찾던 레인의 노력은 번번이 수포로 돌아갔으나, 결국 웨스턴 프린팅 서비스가 레인의 제안을 수락했다. 발생할 수 있는 모든 법적 비용을 인쇄업체가 아닌 레인이 지불한다는 조건이었다. 레인은 이 조건을 받아들였다. 하지만 출판된 후 당연히 고소가 잇따랐다. 레인은 E. M. 포스터와 같은 저명한 문학계 인사를 동원해 작품의 외설성을 비난하는 원고의 주장에 반박했으며, 결국 무죄로 판명되었다. 재판 비용으로 펭귄북스는 1만 2777 파운드나 지출해야 했지만, 1960년 크리스마스 전까지 200만 부가, 1961년 추가로 130만 부가 더 팔렸으며, 펭귄은 상장 기업이 되었다. 다시 한 번 레인은 누구도 걷지 않은 길을 먼저 가는 대담함을 보여주었다.

런던의 한 통근자가 논란을 불러일으켰던 D. H. 로렌스의 소설 『채털리 부인의 사랑』을 읽고 있다. 이 소설의 출간은 음란출판물법에 대한 의미심장한 승리였다.

바이마르 공화국의 소비자 문화

1929년 베를린의 출판업체 울슈타인에 의해 처음 출간된 레마르크의 『서부 전선 이상 없다』는 발간 첫 해 90만 부가 넘는 판매고를 기록한, 20세기 독일 최초의 국가적 베스트셀러라 할 수 있다. 한편 이 전례 없는 기록은 세계 1차 대전과 2차 대전 사이 기간 독일의 출판업의 상업화가 빠르게 진전되고 있음을 보여주는 하나의 징후였다. 그 당시 독일은 서구에서 단일국가로서 가장 큰 서적 시장으로 발돋움했고, 1927년에는 3만 7800 종이 넘는 출판량을 자랑했다. 1875년과 1920년 사이 독일에서 활약하는 서적상과 출판업체의 수는 세 배 증가했다.

독일의 많은 지식인들은 자신의 관점에서 본 저급 문학의 부상과 전통 서적 문화의 쇠퇴에 경악을 금치 못했다. 1926년 슈트트가르트의 담배 제조업체 발도르프-아스토리아가 16페이지의 소책자를 생산해 이를 자사의 담배 제품과 함께 넣어 판매했다. 많은 이들은 이를 어리석은 소비지상주의에 의해 독일 문학의 품격이 돌이킬 수 없이 훼손되고 있다는 분명한 징후로 받아들였다. 1929년 독일 의회는 '저급 문학으로부터 젊은이들을 보호하기 위한 법'을 도입하고, 이 법에 따라 외설로 의심되는 서적을 검사하기 위한 사무국을 설립했다. 금서 유통으로 유죄 판결을 받으면 1년의 감옥 형에 처해질 수 있었다. 1929년 270건의 유죄 판결이 내려졌으나, 법안의 추진력은 금세 사그라졌고 1932년 유죄 판결 건수는 43건으로 줄었다.

독일 책 생산이 새롭게 부흥기를 맞이한 중심에는 저작권과 가격 변화가 자리하고 있었다. 1867년 저작권법의 개정으로 1837년 이전 사망한 작가의 작품은 저작권의 보호 대상에서 제외되었고, 수많은 고전 작품이 공개 저작물로 전환되었다. 그 후 50년 동안 독일 출판사 레클람Reclam이 출판한 프리드리히 실러, 요한 고트프리트 폰 헤르더, 요한 볼프강 폰 괴테, 고트홀트 에프라임 레싱과 기타 독일 문호들의 작품은 그 판매고가 무려 1800만 부를 상회했다. 여기에 임마누엘 칸트의 작품이 80만 권 팔려나간 것은 말할 필요도 없었다. 한편 1887년 크로너Kroner 개혁으로 서적의 소매가격을 고정시키는 제도가 생겨났는데, 이 가격을 결정하는 주체는 출판업자였다. 1920년대 중반 사실상의 출판업자 카르텔이 독일 서적의 평균 가격을 5.5마르크 이상으로 유지하기 위해 노력하고 있었으나, 이들의 통제력은 그 힘을 잃어갔다. 백화점에서 판매되는 염가본은 그 가격이 2.85마르크에 불과했으며, 이러한 저렴한 서적이 시장을 지배하기 시작했다. 또한 북클럽(Buchgemeinschaften)을 통해 상당히 할인된 가격에 책을 구입할 수 있었다. 1918년과 1933년 사

독일 출판업체 레클람의 창고를 보여주는 1930년 사진. 1828년 라이프치히에서 설립된 레클람은 유명한 '레클람 문고' 시리즈를 통해 독일 고전 작가들의 작품을 염가의 재판본 형태로 수백만 권 이상 시장에 내놓았다.

1901년 피셔사가 출판한 토마스 만의 작품 『부덴브로크가의 사람들』의 표지. 이는 만의 처녀작으로, 독일 북부의 한 부르주아 가문이 천천히 몰락해가는 이야기를 그렸으며, 큰 성공을 거두며 문학의 고전으로 자리 잡았다.

이 토마스 만의 소설 『부덴브로크가의 사람들(Buddenbrooks)』(1901)은 부흐-게마인샤프트Buch-Gemeinschaft 북클럽을 통해 할인된 가격으로 100만 부 이상 팔려나갔는데, 판매고가 급격히 늘어난 것은 만이 1929년 노벨 문학상을 받은 뒤였다. 공산주의자들은 북클럽을 운영했고, 이는 사회 민주주의자, 신교도, 유태인 그리고 가톨릭 신자들도 마찬가지였다.

한편 나치 역시 독자적으로 부라우너 부흐 링Brauner Buch-Ring을 운영했다. 1933년 정권을 잡은 나치는 독일 출판업계에 존재했던 이와 같은 풍부한 다양성을 재빨리 종식시켰다. 공개적으로 책을 불사르고 금서 목록에 등재되는 책이 늘어나면서 창의력이 뛰어난 작가와 진보주의 성향의 출판업자 대다수는 망명길에 오를 수밖에 없었다.

로맨스 소설: 밀스 & 분

오늘날 로맨스 소설 분야를 대표하는 출판사는 전 세계적으로 매우 다양하며, 할리퀸이나 실루엣이 그 한 예이다. 하지만 1930년대와 1960년대 사이는 로맨스 소설=밀스 & 분Mills & Boon이라는 등식이 성립했던 시기였다.

1908년 영국 사업가 제럴드 밀스와 찰스 분이 창립한 밀스 & 분은 일반적인 출판업체로 사업을 시작했고 잭 런던의 소설과 가스통 르루의 『오페라의 유령(The Phantom of the Opera)』(1911)과 같은 작

표지 디자인에서 분명히 확인할 수 있듯이, 1932년 창간된 영국 잡지 〈우먼스 오운 Woman's Own〉이 성공을 거두는 데 로맨스 소설은 중요한 역할을 했다. 오늘날 이 잡지는 예전보다 덜 정형화된 방식으로 로맨스 소설을 다루고 있다.

밀스 & 분을 경영한 앨런 분과 찰스 분 형제. 1908년 설립된 밀스 & 분은 그 자체로 곧 로맨스 펄프 픽션을 의미했으며, 오늘날까지도 매달 50여 종의 로맨스 소설을 출간하고 있다.

품을 통해 초기 성공을 거두었다. 그러나 대공황에서 가까스로 살아남은 뒤 여성 독자를 겨냥한 로맨스 소설을 전문으로 출판하기 시작했다. 1930년대 무렵 밀스&분은 연간 160종이 넘는 서적을 출간하고 있었다. 부츠Boots나 W. H. 스미스와 같은 상업적 대출 도서관이 이처럼 엄청난 출판량을 지탱하는 데 일조했는데, 밀스&분이 페이퍼백 혁명의 물결에 동참한 것이 1960년대 이후라는 점을 고려했을 때 이는 더욱 더 놀라운 사실이다. 밀스&분의 로맨스 소설을 창작했던 수백 명의 무명작가 중 오늘날까지 이름을 남긴 작가는 거의 없다. 이들은 정형화된 공식에 따라 소설을 써냈고, 중요한 것은 밀스&분이라는 출판업체의 브랜드였다. 이들 로맨스 소설은 언제나 여주인공의 시점에서, 결국 모성애와 행복한 가정으로 돌아간다는 으레 예측할 수 있는 전개 구조로 쓰여졌다. 결혼 혹은 남편과 아내 사이의 화해가 모든 로맨스 소설의 바람직한 결말이었다.

로맨스 소설은 전후 시대 진화를 거듭했다. 1960년대, 흔히 간호사와 같은 독립적인 커리어를 추구하는 데 더 많은 관심을 보이는 여주인공이 등장했고, 외국 여행을 경험한 독자들의 수가 늘어나면서 소설의 배경도 점점 이국적인 장소로 변화했다. 하지만 남자 주인공만은 밀스&분의 '알파맨' 공식에 따라 언제나 강하고, 멋지고 너그러워야 했다. 수위가 높은 노골적 성적 묘사를 서슴지 않았던 역사 로망 소설(bodice-rippers)과의 경쟁에 직면하게 된 밀스&분은 자사 출판물에 부과했던 과도한 성적 표현에 대한 규제를 다소 완화시켰다. 그러나 욕설이나 이혼이 등장하는 것은 여전히 금기시되었다.

1971년 캐나다 출판업체 할리퀸이 밀스&분을 인수했고, 1984년에는 뉴욕의 실루엣 북스를 인수했다. 1998년 할리퀸은 24개국 언어로 전 세계 1억 6000만 부의 판매고를 올리는 거대 기업이 되었으며, 밀스&분은 로맨스 소설을 쏟아내는 거대한 출판 왕국의 일부가 되었다.

1913년부터 오늘날까지 밀스 & 분과 할리퀸 소설의 표지. 반복해서 등장하는 테마는 로맨스 소설 공식이 거둔 성공을 증명해준다. 하지만 최근에 들어서 변화한 여성의 요구와 약화된 성적 금기를 반영하고 있다.

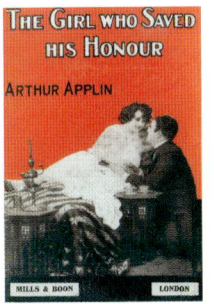  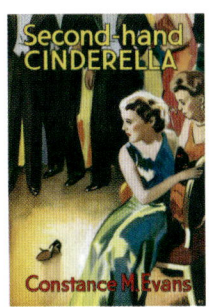

 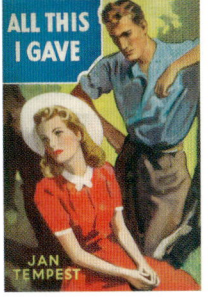  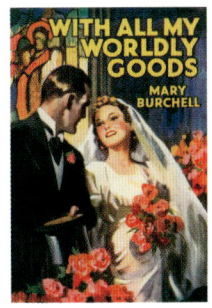

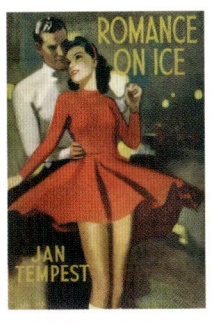 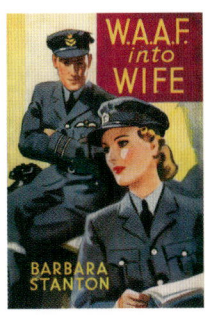 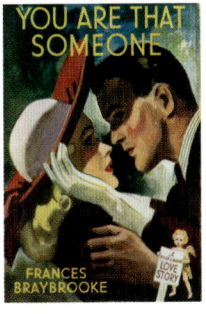 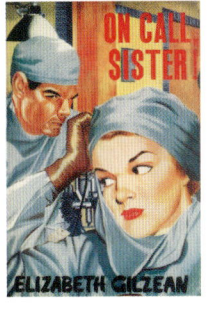 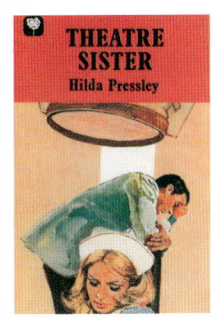

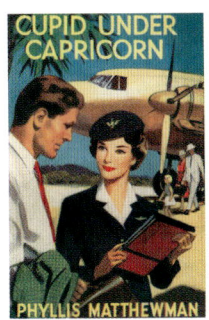 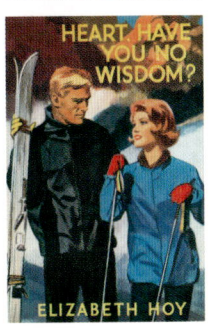  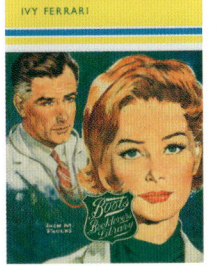 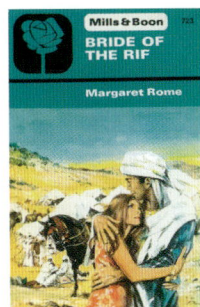

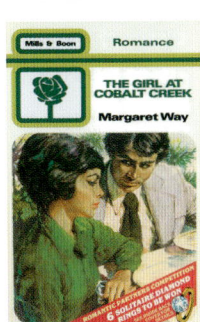   

일본 만화

만화가 일본 서적 출판량에서 차지하는 비중은 잡지와 책 모두의 판매고를 고려했을 때 30퍼센트에 이른다. 일본의 만화는 소설 같은 스토리 형식으로 창작되며 서점, 신문 가판대, 자판기 그리고 편의점에서 판매되는 작은 판형의 값싼 정기 간행물에 연재되는 것을 가리킨다. 보통 거친 혹은 재활용한 종이에 흑백으로 인쇄되며, 접착제나 스테이플러를 이용해 제본하고 눈길을 끄는 컬러 표지로 마무리한다. 만화를 펼치면 흑백의 칸들로 구성된 지면을 위에서 아래로 그리고 오른쪽에서 왼쪽 방향으로 읽게 되는데, 이는 일본의 전통적인 글쓰기 방향을 따른 것이다. 만화에 흔히 등장하는 요소로 캐리커처, 과장된 감정 표현 그리고 흥미로운 시각적 효과를 들 수 있다. 매주 12개 정도의 인기 있는 만화 시리즈가 200~300만 부 가량 팔린다. 『소년 점프』는 1988년 판매 부수 500만 부의 기록을 세우기도 했다.

만화가 주제로 삼는 내용은 무궁무진하다. 소년 만화, 1960년대 시작된 소녀 만화(순정만화), 그리고 성인 만화도 있다. 만화는 교육적 내용뿐만 아니라 학교생활, 액션과 모험, 로맨스, 스포츠, 서사적 이야기, 코미디, 공상 과학, 공포, 종교 그리고 포르노까지도 주제로 다룬다. 만화로 표현하지 못할 소재란 존재하지 않는다. 1986년 『일본 경제 입문』을 만화로 그린 『망가 니혼 케이자이 뇨몬 Manga Nihon keizai nyomon』은 200만 부가 팔렸다. 성공을 거둔 연재작은 한데 모아 페이퍼백 판형으로 출판하는데 고단샤, 슈에이샤 그리고 쇼가쿠칸이 3대 주요 만화 출판업체이다. 만화광들은 예전에는 24시간제로 운영되는 만화방을 이용해 좋아하는 만화를 읽었으나, 오늘날에는 다운로드 받아서 휴대폰을 통해 보는 경향이 늘어나고 있다.

만화의 예술적 뿌리는 꽤 오래전까지 거슬러 올라간다. 상상력을 자극하는 즉흥적이고 개별적인 그림의 시리즈를 의미하는 만화는 예술가였던 가츠시카 호쿠사이(1760~1849)가 자신이 창작한 삽화집의 개설에서 처음 만들어낸 용어이다. 한편 만화의 특징인 동적인 제스처와 과장된 얼굴 표정은 12세기의 익살스런 족자 그림(에마키모노)에서 유래한 것으로 보이며, 만화의 미학적 특징 역시 전통 가부키 극장의 양식화된 표현에서 영향 받은 바가 크다.

현대에 들어와 만화는 서구의 정치 만화나 미국 만화와 같은 외국 문화의 영향을 받게 되었다. 세계 제2차 대전 이후 만화에 영화적 기법이 도입되었으며, 한편으로 더 비판적인 내용을 다루기 시작

데즈카 오사무가 1952년 창조한 만화 캐릭터 아스트로 보이Astro Boy. 만화 소설이 다양한 미디어용으로 각색되면서, 아스트로 보이는 성공적인 TV 시리즈물과 일본 애니메이션 영화의 주인공이 되었다.

했다. 기술의 발달로 생긴 재앙 때문에 황폐해져 멸망할 날을 기다리는 지구를 용감한 십대가 구원한다는 식의 시나리오가 점점 많이 등장하기 시작했다. 1972년의 마징가 Z는 거대한 전투 로봇을 등장시킨 최초의 만화로, 이는 만화의 상투적인 모티브로 자리 잡게 되었다. 세일러 문(1991~1997)과 같은 보다 부드러운 내용의 소녀 만화에서 여주인공은 마법의 힘을 갖고 있는 경우가 많았다.

만화, 아니메(anime: 일본 애니메이션), 그리고 기타 현대 매스 미디어 간에는 밀접하고도 공생적인 관계가 형성되어 있다. 예를 들어 1963년 세계적으로 성공을 거둔 TV 애니메이션 시리즈인 아스트로 보이는 일본에서 처음 방영되었으며, 이는 공중파를 통해 방영된 최초의 정규 아니메 시리즈물의 하나였다. 아스트로 보이는 유명한 20세기 만화 작가인 데즈카 오사무(1928~1989)가 그린 동명의 1952년도 만화를 원작으로 한 것으로, 2009년 장편 3D 애니메이션 영화로 만들어지기도 했다. 이후에는 아스트로 보이 비디오 게임도 출시되었다.

이제 비디오 게임은 종이 만화의 영향을 한층 확대시키고 있으며, 상당수 일본 현대 영화의 미학적 특성과 줄거리 전개 역시 만화라는 장르에 영향을 받고 있다.

(위) 만화는 주로 젊은 독자층에게 어필하지만, 일본의 오랜 예술적 전통을 서구 스타일 만화의 논스톱 액션과 결합시킨 것이기도 하다. 사진에서 보이는 책등에는 '선데이', '캡틴' 그리고 슈에이샤가 발간하는 잡지인 '점프'의 제호가 보인다.

(왼쪽) 한 독자가 만화 '블리치Bleach' 영문판 시리즈 중 한 권을 훑어보고 있다. 악령과 심적 에너지의 이야기를 다루는 만화 블리치는 2001년부터 주간지 소년 점프에 연재되고 있으며, TV 시리즈와 몇 편의 애니메이션 필름으로 제작되었다.

현대의 아랍 세계

아랍권은 모리타니에서 오만에 이르는 22개 국가로 구성되어 있다. 이 방대한 지역의 독자층은 그 성격이 굉장히 이질적이며 문해 능력의 정도도 편차가 크다. 아랍권의 출판업은 필연적으로 각국의 부와 안정에 영향을 받고 있다.

20세기 중반, 카이로와 베이루트가 아랍 서적 시장의 수도이자 혁신의 중심지로 떠올랐다. 카이로는 노벨 문학상 수상자인 나기브 마푸즈의 작품 『카이로 삼부작(The Cairo Trilogy)』(1956~1957)을 비롯해 극작가이자 단편 소설가인 유수프 이드리스의 『가장 값싼 밤들(The Cheapest Nights)』(1954)과 여류 작가 라티파 알 짜야의 『열린 문(The Open Door)』(1960) 등의 작품이 가장 먼저 출간된 곳이었다. 카이로와 베이루트 모두 서구 문학 작품을 아랍어로 번역하는 데 막대한 금액을 투자했다. '이집트는 쓰고, 레바논은 인쇄하고 이라크는 읽는다'라는 유명한 속담은 1960년대 등장한 것으로, 이 당시 레바논 출판업의 위상을 잘 보여준다. 당시 베이루트는 레바논 정부의 검열에 대한 진보적 성향 덕분에 중요한 출판의 중심지가 될 수 있었다. 예를 들어 독립 출판사인 달 알 아답Dar al-Adab은 1956년부터 베이루트에서 사업을 해왔다. 이 출판사는 시리아의 가장 유명한 소설가인 하나 미나(1924~)를 포함해 중요한 아랍 문학 작품을 출간했으며, 아랍권에서 가장 명성이 높은 출판사 중 하나이기도 하다.

『카이로 삼부작』의 저자 나기브 마푸르는 이집트에서 가장 널리 알려진 소설가이다. 1988년 노벨 문학상을 수상한 바 있다.

이집트 카이로의 알 아즈하르 대학의 책 가판대. 구색을 갖춘 가판대 옆에 주인의 모습이 보인다.

베이루트는 내전 기간(1975~1991) 동안 출판업에서 차지하는 주도적 위치를 지키기 위해 노력했는데, 아랍권에 걸친 시장을 겨냥해 이슬람 전통 문학 투라스turath를 전문으로 하는 이집트 지식인들과 시리아의 사업가들을 유치한 것도 그 일환이었다. 예를 들어 1967년 창립된 달 알 필클Dar al-Fikr은 몇몇 아프리카어로 번역된 코란 번역본을 출판한다. 저렴한 투라스 서적은 서예체로 장식한 모조 가죽 장정이 그 특색이다. 이집트에서 이러한 인기 있는 이슬람 고전은 카이로 알 아즈하르 지구의 가판대나 서적 시장에서 저렴한 가격에 판매된다. 베이루트의 시아파 출판업체는 2003년 사담 후세인의 몰락 이후 이슬람 시장에 진출해 바그다드와 나자프에 사무소를 개설했다. 레바논은 오늘날까지도 이슬람 작품, 현대 아랍 문학작품, 사전, 백과사전 그리고 아동 서적을 포함해 가장 다양한 종류의 서적을 내놓고 있다.

2009년 베이루트는 유네스코가 선정한 세계 책의 수도가 되었는데, 이는 베이루트의 중요성과 오랜 내전을 극복한 레바논의 저력을 기념하는 것이다. 그러나 오늘날 베이루트는 오랜 경쟁자인 카이로와 아랍 에미리트 모두와의 치열한 경쟁에 직면하고 있다. 이들 지역에서 대학 교육을 받은 인구가 증가하면서 도서전이 빠른 속도로 발전하고 있기 때문이다. 이제 사우디아라비아는 이슬람 서적의 주요 출판국으로 자리 잡았으며 시리아, 요르단 그리고 머그레브(Maghreb: 북아프리카의 모로코, 알제리 그리고 튀니지 지역을 일컫는 말-옮긴이) 국가들의 출판업도 점점 활기를 띠고 있다. 이들 국가에서 한때 출판업에 대한 국가의 강력한 통제가 실시되었던 곳에서 민간 출판업체가 우후죽순으로 증가하고 있다.

2009년 베이루트의 한 서점의 모습으로 레바논 여대생이 아랍 소설을 훑어보고 있다. 이해 베이루트는 유네스코가 선정한 세계 책 수도가 되었다. 자유주의적 문화 덕분에 레바논은 아랍권 신간 소설 출판의 중심지로 도약하고 있다.

노벨 문학상

편협하고, 유럽 중심적이며 지나치게 정치화되었다는 온갖 비난에도 불구하고, 노벨 문학상은 세계적으로 가장 권위 있는 문학상으로서의 위치를 굳건히 지켜오고 있다. 미국의 내셔널 북 어워드American National Book Award나 영국의 맨부커상(Man Booker Award)과 같은 국가적 차원의 상과 달리 노벨상은 작가의 국적이 문제되거나 최근 소설의 상업적 성공을 반영하지 않으며, 프랑스의 공쿠르상과 달리 심사위원들이 유수의 출판업체와 긴밀한 관계를 맺고 있는 것도 아니다. 몇몇 경우 수상자 선정 결정이 이해하기 힘든 적도 있었으나, 그만큼 영감을 주는 고무적인 결정이 내려진 적도 있었다.

스웨덴 출신 기업가 알프레드 노벨(1833~1896)은 사망 직후 막대한 부를 물리학, 화학, 의학, 평화 그리고 문학의 각 분야에 걸쳐 매년 수여되는 국제적 상을 설립하는데 기증했다. 노벨은 자신의 유언을 통해 문학상을 '이상주의적 성향'을 갖고 위대한 문학적 작품을 남긴 작가에게 수여할 것을 지시했다. 그런데 '이상주의적 성향'이란 문구가 과연 어떠한 의미를 갖고 있느냐에 대한 해석이 문제였다. 노벨 문학상 초기 이 문구를 이유로 너무나 비관주의적 성향을 갖고 있는 것으로 간주되었던 에밀 졸라나 헨리크 입센과 같은 작가는 선정 대상에서 제외되었으며, 종교적 성향을 갖지 않은 작가가 노벨상을 수상하기란 매우 어려운 일이었다. 후에 이상주의적 성향에 대한 해석이 더 완화되면서 사무엘 베케트(1969년 수상)와 같이 꽤 비관주의적 성향을 가진 작가도 노벨상 수상의 영광을 안을 수 있었다.

처음에는 스웨덴 한림원만이 프랑스와 스페인 한림원 위원과 함께 노벨상 후보자를 선정할 수 있었다. 1901년 최초의 노벨 문학상이 프랑스 작가인 쉴리 프뤼돔에게 돌아간 것은 아마도 일괄 투표를 고집했던 프랑스 한림원 위원들의 영향력 때문이었을 것이다. 오늘날 노벨 문학상 수상자는 스웨덴 한림원 위원 중에 선정된 5명으로 구성된 위원회가 결정 권한을 갖고 있으며 가끔 외부 전문가가 참여하기도 한다. 위원회의 토론 내용은 비밀에 붙여지며, 상과 관련된 모든 후보자 지명이나 서한은 50년 동안 비밀로 유지된다. 현재 노벨 문학상 상금액은 스웨덴 화폐 단위로 천만 크로나에 해당한다. 오늘날까지 106명의 수상자가 배출되었으며, 중간에 몇 차례 수상자가 나오지 못한 경우가 있었는데 특히 1940년에서 1943년의 전쟁 중 기간이 그러했다.

노벨 문학상의 초기는 수상자 선정이 매우 보수적인 성격을 띠기도 했으나, 그럼에도 불구하고 많은 걸출한 작가들은 결국 상을 수상했다. 토마스 만(1929), 버트란드 러셀(1950), 알베르 카뮈(1957), 그리고 장-폴 사르트르(1964)가 그러했다. 동시에 유명세에도 불구하고 수상에 실패한 작가들이 몇몇 있는데, 마르셀 프루스트, 프란츠 카프카, 그리고 폴 발레리와 같이 12번이나 후보로 지명되고도 끝내 탈락한 작가들이 있었다. 또한 북유럽 작가들이 수상하는 사례가 유독 많았는데, 이는 아마도 선정 과정이 스웨덴 한림원을 중심으로 하기 때문일 것이다. 또한 수상자의 거의 2/3는 서유럽 출신이었다.

최근까지 개도국 출신의 수상자는 비교적 적었다. 노벨 문학상 최초의 아시아인 수상자는 인도 벵골의 시인 라빈드라나트 타고르(1913년 수상)이다. 남아메리카 출신으로는 칠레 시인 가브리엘라 미스트랄(1945년 수상)이 최초로 노벨 문학상을 수상했다. 그 후 칠레 시인 파블로 네루다(1971년

벵골 출신 시인이자 철학자인 라빈드라나트 타고르(1861~1941)는 1913년 아시아 최초로 노벨 문학상을 수여받았다. 타고르의 작품 중 가장 유명한 『가정과 세계(Ghare bsire)』은 1916년 출간되었다.

수상)와 콜롬비아 소설가 가브리엘 가르시아 마르케스(1982년 수상)가 그 뒤를 따랐다. 아프리카 출신 수상자로는 나이지리아 소설가 월레 소잉카(1986년 수상)와 남아프리카 공화국의 나딘 고디머(1991년 수상)와 J. M. 쿠체(2003년 수상)가 있다. 아랍권 최초의 수상자는 이집트 소설가 나기브 마푸르(1988년 수상)이다. 호주 출신으로는 유일하게 패트릭 화이트(1973)가 수상했다. 미국 작가들도 몇몇 수상의 영광을 안았는데, 1930년의 싱클레어 루이스를 필두로 유진 오닐(1936년 수상), 윌리엄 포크너(1949년 수상), 어니스트 헤밍웨이(1954년 수상) 그리고 존 스타인벡(1962년 수상)이 그 뒤를 이었다.

정치적 요소 또한 수상자 선정 과정에 영향을 미쳤다. 예를 들어 러시아의 대문호 레프 톨스토이는 무정부주의적 성향을 갖고 있다는 이유로 수상에서 배제되었다. 냉전의 정치적 상황은 보리스 파스테르나크(1958년 수상)와 알렉산드르 솔제니친(1970년 수상)이 수상자로 선정되었던 배경을 이해할 수 있는 요소 중 하나이다. 전 영국 수상 윈스턴 처칠은 1953년 노벨 문학상을 수상했는데, 이러한 결정은 정치적 동기에서 비롯된 것이라는 혹독한 비난을 받았다. 2009년 노벨 문학상은 차우셰스쿠 체제를 배경으로 사람들의 일상생활을 묘사한 작품을 쓴 루마니아 태생의 독일어 소설가 헤르타 뮐러에게 돌아갔다. 헤르타의 수상은 냉전의 종식을 상징적으로 표시할 뿐만 아니라 수상자 선정 위원회의 관심사가 상대적으로 덜 알려진 작가들에게 수상의 영광을 돌리는 데 있다는 것을 보여준다.

이제까지 노벨 문학상 수상을 거부한 작가는 단 두 명이다. 1958년 파스테르나크가 소비에트 당국의 압력 때문에 수상을 포기했으며, 1964년 사르트르는 항상 이와 같은 수상의 영광을 거부해 온 관행대로 노벨 문학상 역시 사절했다.

(왼쪽) 콜롬비아 출신 작가 가브리엘 가르시아 마르케스(1927년 출생)가 1982년 스톡홀름에서 열린 시상식 이후 노벨 문학상 메달을 들고 있는 모습.

(오른쪽) 루마니아 태생의 독일어 작가 헤르타 뮐러(1953년 출생)는 2009년 노벨 문학상 수상으로 모두를 놀라게 했다. 『청매실의 땅(The Land of Green Plums)』(1993)을 포함한 자신의 소설을 통해 뮐러는 니콜라에 차우셰스쿠의 폭정에 시달리던 사람들의 고난과 굴욕을 그려냈다.

아동 문학

특별히 아이들을 위해 쓰여진 책의 경우 초기에는 동식물과 의인화된 글씨로 장식된 교육용 책, 품행 교육 책 그리고 간단한 알파벳 책이 주종을 이루었다. 19세기까지 영어권 국가의 아이들은 혼북 horn-book을 이용해 읽기를 배웠는데, 혼북은 짧은 손잡이가 달린 작고 판판한 나무판에 종이를 매달고 그 위를 얇고 투명한 동물 뿔(horn) 각질로 덮은 것이었다. 종이에는 보통 알파벳, 각각 두 개의 글자로 구성된 기본 음절의 목록 그리고 주기도문과 같은 기도서가 쓰여 있었다. 초기 읽기용 입문서에는 보통 엄마나 아빠의 무릎에 앉아 읽기를 배우는 아이의 모습을 그린 권두 삽화가 등장했다. 즉 19세기 말까지 아이들이 초기 문해 능력을 습득하는 곳은 보통 학교가 아닌 집이었던 것이다.

19세기 들어와 학교의 읽기 교재로 사용되는 아동서적 중 일부 유명한 작품들이 나타났다. 여기에 이솝 우화와 장 드 라퐁텐(1621~1695)의 우화를 비롯해 많은 전래동화가 포함되었는데, 이 이야기들은 19세기 초 '동화'로 발전했다. 이밖에 초기 영향력 있는 아동용 이야기 모음집으로 샤를 페로의 1697년 작품 『마더 구스 이야기(Tales of Mother Goose)』가 있는데, 이는 동화라는 문학 장르 전체의 토대가 되는 책으로 인정받고 있다.

이들 초기 동화집이 인기를 끌면서 마법을 지닌 물건이나 말하는 동물과 같은 모티프를 포함한 아동용 판타지 이야기책과 동화가 19세기 들어 다수 등장했다. 현대 동화의 고전이라 할 수 있는 『인어공주』나 『공주와 완두콩』 등을 포함한 아동용 창작 동화 모음집인 한스 크리스티안 안데르센의 『동화집(Fairy Tales)』은 1835년과 1845년 사이 출간되었으며 점차 국제적으로 성공을 거두게 되었다. 1865년 루이스 캐럴의 『이상한 나라의 앨리스』도 발간 즉시 열렬한 반응을 얻었고, 카를로 콜로디의 『피노키오의 모험』(1886)은 이탈리아에서 베스트셀러 연재물로 인정받은 뒤 책으로 출간되어 전 세계적으로 큰 사랑을 받았다. 아스트리드 린드그렌이 20세기 들어 내놓은 『말괄량이 삐삐』 시리즈 또한 동화 및 전래 동화 장르에 힘입은 바 컸다. 힘이 엄청나게 세고 물려받은 돈도 많은 말썽꾸러기 빨강머리 삐삐가 등장하는 재미나고 환상적인 이야기는

(오른쪽) 아서 래컴이 그린 『도깨비와 식료품 장수(The Goblin and the Grocer)』의 삽화로, 이 동화는 덴마크 출신 동화 작가 한스 크리스티안 안데르센(1805~1875)이 쓴 것이다. 이 그림은 1932년 해럽Harrap 출판사가 내놓은 『안데르센 동화(Andersen's Fairy Tales)』에 등장했다.

(아래) 루이스 캐럴의 『이상한 나라의 앨리스』하면의 존 테니얼의 삽화를 빼놓을 수 없다. 『이상한 나라의 앨리스』는 1865년 맥밀란사에서 처음 발간한 아동 문학의 고전으로, 아래 보이는 삽화는 3월의 토끼, 잠쥐, 그리고 모자 장수가 말도 안 되는 이야기로 앨리스를 짜증나게 하는 모습이다.

만인을 위한 지식 · 187

소설 주인공으로 등장하는 스웨덴 소녀 삐삐 롱스타킹은 초인적인 힘을 지녔고 어른이 되기를 거부하며 언제나 9살에 머물렀다. 처음에는 이 작품을 출간하겠다는 출판사가 없었으나, 작가 아스트리드 린드그렌은 라벤Raben과 쇼그렌Sjogren사를 통해 1945년 말괄량이 삐삐 시리즈 초판을 출간하는 데 성공했다.

보통 스웨덴 아이들의 일상생활에 존재하던 구속이나 제약을 뛰어넘는 것이었다.

19세기 말과 20세기 초, 어린 주인공을 중심으로 마법 같은 것이 등장하지 않는 현실적인 줄거리의 아동용 소설이 등장했다. 국제적으로 인기를 끈 작품들로 로버트 루이스 스티븐슨의 『보물섬(Treasure Island)』(1883), L. M. 몽고메리의 『빨강머리 앤』(1908), 그리고 루이자 메이 올컷의 『작은 아씨들』(1869)이 있으며, 이들 작품은 수십 개 외국어로 번역되어 출간되었다. 1890년과 1930년 사이, 아동 문학은 서적 시장의 중요한 일부가 되었다. 출판업자들은 아동용 도서를 전문으로 하는 편집자를 두었고, 공공도서관에는 아동용 서적을 위한 공간이 마련되었다.

현대 출판업자들의 눈에 아동용 서적 시장은 중요하고 수익성이 높은 분야였다. 20세기 독서 실태 조사를 보면, 여성과 남성 모두 가장 책을 많이 읽는 연령이 12세 혹은 13세인 것으로 나타난다. 또한 아동용 서적은 라이벌 관계에 있는 다른 미디어와의 경쟁에서도 특히 큰 성공을 거두어 왔는데, 이는 매우 정적인 성격의 성인용 서적 시장에서는 찾아볼 수 없는 창의성을 발휘할 수 있기 때문이다. 팝업북, 다양한 결말이 있는 책, 소리가 나고 촉감을 느낄 수 있는 책 모두 어린 독자들의 관심을 사로잡아 왔다. 한편 J. K. 롤링의 해리 포터 시리즈(1997~2007)가 거둔 경이로운 성공은 판타지, 동화와 학원 소설 장르와 같은 보다 전통적인 형태의 아동 문학이 다시 떠오르고 있음을 반증한다. 7권의 해리 포터 시리즈를 통해 출판업체인 블룸즈버리Bloomsbury는 4억 부 이상의 판매고를 기록한 것으로 알려져 있으며, 타임워너사가 제작한 해리 포터 영화 시리즈는 엄청난 수익을 거둬들였다. 불과 몇 년 사이에 저자인 롤링은 억만 장자가 되었다.

아동 문학은 언제나 혁신적인 삽화가들에게 관심의 대상이었으며, 이들의 작품은 어린 독자들의 상상력을 자극하는 데 중요한 역할을 해 왔다. 루이스 캐럴의 『이상한 나라의 앨리스』에 관해 이야기할 때, 정치 풍자 만화가인 존 테니얼의 삽화를 빼놓을 수 없다. 삽화 책 생산의 기술적 진보 덕택에 20세기 삽화 작가들은 아동 서적을 그 자체로서 아름답고, 컬러풀하며 다양한 볼거리를 담은 예술 작품으로 승화시킬 수 있었다.

많은 것을 생각하게 하는 모리스 센닥의 작품 『괴물들이 사는 나라(Where the Wild Things are)』와 폴란드 태생 작가로 무대 디자이너로도 활동하고 있는 얀 피엔콥스키가 그린 활기 넘치는 『메그와 모그(Meg and Mog)』 시리즈가 그 예이다. 호주 삽화 작가 숀 탠은 환상적이고 동적인 세계를 통해 문자 텍스트를 그림으로 표현하는 것에서 한 발 더 앞서 나간다. 『잃어버린 것(The Lost Thing)』(2000)과 『바깥 교외 생활의 이야기(Tales from Outer Suburbia)』(2008)에서 나타나는 숀 탠의 삽화는 언어를 통한 의사소통 그 자체의 부적절함을 테마로 삼고 있다.

해리 포터 시리즈는 수많은 언어로 번역되며 출판계에 하나의 현상으로 자리 잡았다. 이를 뒷받침한 것은 영국 출판업체 블룸스버리와 국제 공동 출판 파트너들, 그리고 영화 제작사인 워너브라더스의 철두철미한 마케팅 전략이었다.

책의 삽화와 디자인

19세기와 20세기 다양한 새로운 테크닉의 발달로 책의 삽화에 혁명적 변화가 일어났으며 삽화 작가와 디자이너들은 운신의 폭이 더 넓어졌다. 19세기 초, 그라비어인쇄 공정이 도입되면서 책에 사진을 싣는 것이 가능해졌다. 이는 빛에 민감한 젤라틴을 이용해 사진의 이미지를 금속판으로 옮긴 뒤 이를 식각하는 방식이었다. 19세기 중반 프랑스에서 개발된 다색 석판술은 컬러 인쇄를 가능하게 했는데, 삽화 작가가 각 색별로 다른 판을 준비해야 했기에 품과 비용이 많이 들어간다는 단점이 있었다. 20세기 들어, 인쇄하기 전 네가티브 사진을 고무 표면으로 옮기는 화학적 공정을 이용하는 오프셋 석판술의 등장으로 컬러 인쇄를 더 빠르고 저렴하게 할 수 있게 되었다. 이제는 컴퓨터의 인쇄 소프트웨어를 이용하면 누구나 책의 삽화를 그리고 디자인을 할 수 있는 세상이 왔다.

'켈름스콧 초서체(Kelmscott Chaucer)'로, 윌리엄 모리스 특유의 꽃무늬와 라파엘 전파 화가들 사이에서 많이 쓰였던 중세시대의 모티프가 사용된 것을 볼 수 있다.

19세기와 20세기의 아방가르드 미술 운동은 인쇄 예술에 관심을 쏟았고, 이는 책 디자인과 삽화의 질을 높이는 데 큰 영향을 미쳤다. 19세기 후반, 윌리엄 모리스(1834~1896)가 탄생시킨 미술공예(Arts and Crafts) 운동은 당시 대량생산 산업 시대에 사라져가던 전통 공예기술의 가치를 중요시했다. 자신이 연관되었던 라파엘 전파 화가들의 작품과 마찬가지로, 모리스의 디자인은 종종 중세시대의 모티프를 인용했다. 1891년 모리스는 켈름스콧 출판사(Kelmscott Press)를 창립했으며, 비록 1898년 문을 닫았으나 그 전까지 전통적인 인쇄 기법, 수동 인쇄기 그리고 수제작 종이를 이용해 50종이 넘는 서적을 출간했다. 이중에는 모리스가 제작한 훌륭한 작품으로 에드워드 번존스(1833~1898)가 삽화를 그린 『초서 작품집(Works of Geoffrey Chaucer)』이 있다. 모리스는 골든Golden체, 트로이Troy체, 그리고 초서Chaucer체의 특색 있는 서체를 세 가지 고안했으며, 텍스트 주위를 복잡한 꽃무늬 모양으로 채워 넣었는데, 이는 중세의 채색 필사본을 연상시켰다. 모리스의 작품은 20세기 많은 소규모 개인 인쇄업자들에게 영감을 주었다.

오브리 비어즐리가 그린 『아서왕의 죽음』 호화판의 삽화는 책 삽화의 새로운 표준을 제시했다. 아르 누보 운동의 일원이었던 비어즐리는 결핵으로 25세의 이른 나이에 사망했다.

오브리 비어즐리(1872~1898)는 아르 누보Art Nouveau와 유미주의(Aestheticism)의 주창자로, 책의 삽화에도 큰 영향을 미쳤다. 비어즐리는 에로틱한 성적 표현을 전문으로 그렸다. 가장 잘 알려진 사례로 오스카 와일드의 『살로메(Salome)』(1894)의 영국 초판에 그려 넣은 삽화가 있는데, 작가인 와일드 자신도 비어즐리의 삽화 때문에 자신의 글이 그늘에 가린다고 생각했을 정도였다. 후에 비어즐리는 토마스 맬러리의 『아서왕의 죽음(Le Morte d'Arthur)』 고급판의 삽화를 그렸다.

다다이즘, 초현실주의 그리고 바우하우스와 같은 20세기 아방가르드 운동 역시 책 디자인과 삽화에 관심을 기울였다. 그러나 이들은 윌리엄 모리스와 달리 기계화라는 시대의 흐름을 포용했으며, 그들의 시각에서 현대성을 대표했던 서체인 산세리프체를 다수 도입했다.

다다이즘의 영향을 크게 받았던 독일 미술가 쿠르트 슈비터스(1887~1948)는 세계 2차 대전이 발발하기 전 몇 년의 기간 동안 활자체를 대상으로 실험적 시도를 했다. 친구인 엘 리시츠키(1890~1941) 역시 비슷한 시도를 했는데, 러시아 구성주의 미술가이자 그 자신이 인쇄공이기도 했던 리시츠키의 작품은 동료 미술가들에게 더 지속적인 영향을 미친 것으로 보인다. 리시츠키가 삽화 작가로서 처음 내놓은 작품은 『외동아이(Had Gadya)』(1919)를 포함해 이디시어로 쓰여진 아동 서적의 삽화였는데, 이들 작품은 전통적인 유태인의 유월절 노래에서 영감을 얻은 것이었다. 1920년대 초반 베를린에서 러시아 정부의 문화 담당관으로 근무하면서, 리시츠키는 다수의 영향력 있는 책의 디자인을 맡았다. 여기에는 블라디미르 마야콥스키의 시집 『목소리를 위해(Dlia Golosa)』(1923)와 조각가 장 아르프와 공동으로 작업한 미술 선언(art manifesto)이라 할 수 있는 『예술의 사조(The Isms of Art)』(1925)가 포함되었다. 리시츠키는 히브리어와 키릴어 문자를 자신의 디자인에서 빼놓을 수 없는 중요한 요소로 종종 활용했다. 리시츠키는 책 삽화 외에도 소비에트 연방의 선전 포스터를 다수 제작했으며, 건축가로 활동하면서 소비에트 정부의 명령에 따라 전시 공간 디자인을 맡기도 했다.

엘 리시츠키(1890~1941)는 자신의 디자인 작품을 '책 구성(book construction)'이라 부르는 것을 더 선호했다. 그림에 보이는 것은 아방가르드 시인 블라디미르 마야콥스키의 시집으로 빨간색과 검은색 잉크가 디자인의 지배적 요소로 활용되고 있다. 왼쪽으로 망치와 낫이 보이며, 오른쪽 페이지 가장자리는 마치 전화번호 책처럼 계단 모양으로 구성해 원하는 시를 색인으로 찾을 수 있도록 했다.

화보집

화보 출판으로 이름을 떨친 출판사들의 상당수가 등장하기 시작한 것은 20세기 초 무렵이었다. 1904년 뮌헨에서 창립된 피퍼Piper, 1923년 비엔나에서 창립된 파이든Phaidon, 그리고 1928년 로잔에서 창립된 스키라Skira가 여기에 포함된다. 그러나 컬러 사진의 생산 단가가 대량생산 서적용으로 쓰일 수 있을 만큼 내려간 것은 4색 오프셋 인쇄술에 획기적인 개선이 이루어진 20세기 중반 이후부터였다. 이와 같은 인쇄 기술의 발전은 미술과 사진 서적뿐만 아니라 아동 서적, 요리책 그리고 여행 안내서에 이르기까지 출판의 양상을 변모시켰다.

이러한 진보에도 불구하고 삽화책의 생산 단가는 비교적 높은 수준에 머물렀다. 스키라와 파이든은 이처럼 높은 비용을 상쇄하기 위한 방법을 처음으로 시도했던 출판사 중 하나였다. 그 방법은 첫째, 넓은 시장을 겨냥해 인쇄 부수를 늘리는 데 집중하거나 둘째, 국제 동시 출판, 즉 자사 서적의 외국어판을 해외 출판업자들에게 판매할 목적으로 동일한 인쇄 부수로 생산하는 것이었다. 예를 들어 1950년 파이든은 에른스트 곰브리치가 미술의 역사에 관해 저술한 높은 인기를 끈 단권 형태의 서적 『서양미술사(The Story of Art)』를 출간했는데, 이 책은 오늘날까지 출간되고 있으며 30개가 넘는 언어로 번역 및 출판되었다. 동시 출판 방식은 대다수의 삽화 책 출판의 모델이 되었으며, 진정한 국제 출판업계의 형성에 일조했다.

세계 제2차 대전 발발 전, 뛰어난 중부 유럽 출판업자들이 다수 영국으로 피신했다. 이들은 모국의 훌륭한 시각 및 문학 문화와 책 생산의 전문성과 장인 정신의 전통도 함께 가져왔다. 하이든의 창업자인 벨라 호로비츠와 루드비히 골드샤이더는 1938년 독일이 오스트리아를 합병한 이후 영국으로 사업을 옮겼다. 비엔나의 출판업자였던 월터 뉴라스도 같은 해 영국으로 왔다. 처음에 뉴라스는 혁신적인 서적 패키저(packager: 제품의 기획, 제작, 판매를 일괄적으로 취급하는 회사–옮긴이)

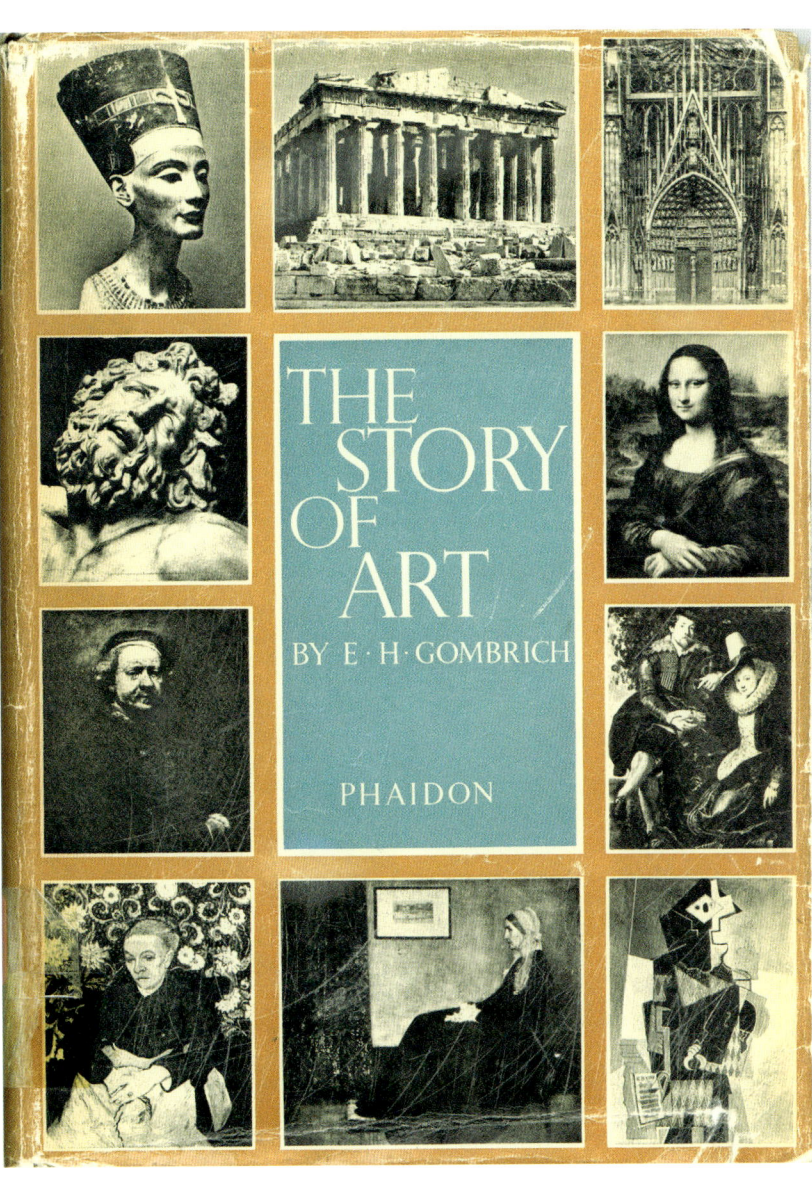

에른스트 곰브리치는 오스트리아에서 태어났으나 1936년 영국에 정착했다. 파이든이 1950년 출판한 곰브리치의 『서양미술사』는 일반 대중이 접할 수 있는 양질의 화보집이었다. 역사상 가장 높은 인기를 끈 화보라 주장하기도 한다.

월터 뉴라스가 책상에 앉아 있는 모습. 오스트리아 망명자였던 뉴라스는 후에 아내가 될 포이히트방과 함께 템스 & 허드슨사를 창립했으며, 저렴한 가격의 고품질 화보집을 시장에 내놓는 것을 목표로 했다.

업체인 애드프린트Adprint사에서 제작 담당자로 일하며, 애드프린트가 콜린스사를 위해 제작하고 있던 『사진 속의 영국(Britain in Pictures)』시리즈 작업을 맡고 있었다. 1949년 뉴라스와 에바 포이히트방(Eva Feuchtwang: 뉴라스와 같은 망명자이자 애드프린트사의 직원으로 후에 뉴라스와 결혼했다)은 런던과 뉴욕에서 템스 & 허드슨 Thames & Hudson을 설립했다. 이들의 목적은 미술, 조각 및 건축에 관한 보다 저렴한 책을 출판함으로써 비전문가 독자에게 지식을 전달하고 즐거움을 주는 것이었다.

20세기 중반까지 미국에서 판매되는 화보집

2010년 런던 피커딜리의 해차즈Hatchards 서점의 모습으로 템스 & 허드슨의 책이 진열되어 있다.

의 대부분은 유럽에서 수입한 것이었다. 1949년 창립된 해리 N. 에이브럼즈는 풍부한 삽화가 담긴 화보집 발간을 전문으로 하는 미국 최초의 화보집 출판사였다. 월터 뉴라스가 사업 초기 에이브럼즈 서적의 유럽 생산을 감독했다. 1952년 창업자 해리 에이브럼즈는 독일 망명자 출신 출판업자였던 프리츠 란즈호프를 고용했고 1955년에는 그 아들 안드리아스도 고용해 에이브럼즈 서적 생산과 유럽과의 공동 출판을 맡겼다. 이들의 노력은 큰 성공을 거두었다. 예를 들어 미술사학자 H. W. 잰슨이 쓴 『사진으로 보는 회화사(The Picture History of Paintings)』는 12개국 언어로 번역되었으며, 유럽의 9개 출판사와 공동 출판한 예술가의 모노그래프monograph 페이퍼백 시리즈는 300만 부 가까이 팔렸다. 1966년 해리 에이브럼즈는 자신의 출판사를 타임스-미러Times-Mirror에 매각했는데, 그 이후 1977년까지도 계속 경영을 맡겼다. 현재는 파리에 기반한 라 마르티니에르 그룹La Martiniere Groupe의 계열사가 되었다.

17세기 초 창립된 쾰른의 신문사 엠 듀몽 샤우-베르크는 1956년부터 화보집을 출판하기 시작했는데, 이는 듀몽가와 절친하게 지냈던 란즈호프가의 독려가 크게 작용했다. 집필, 디자인 그리고 컬러 재현의 기준이 매우 좋은 것으로 유명한 듀몽은 화보뿐만 아니라 여행 안내서와 달력까지 출판 서적의 종류를 확장했다. 기타 주요한 독일 화보 출판사로 프레스텔Prestel, 힐머Hirmer 그리고 하티에 칸츠(Hatje Cantz: 1947년 게르드 하티에Gerd Hatje 출판사로 편입되었으며, 게르드 하티에는 1997년 에디시옹 칸츠Edition Cantz와 합병했다)가 있다.

상당수가 국영 기업으로 운영되어 온 동유럽 출판업체들 역시 화보집 출간에 활발한 활동을 보이기 시작했다. 1954년 부다페스트에서 창립된 코르비나 키아도Corvina Kiado는 국제 공동 출판에 역점을 두고 미술 서적과 여행 안내서를 영어, 독일어, 프랑스어, 러시아어, 폴란드어, 헝가리어 그리고 기타 언어로 동시에 출간했다. 1957년 바르샤바에서 설립된 국영 폴란드 출판업체 알카디Arkady는 미술과 건축에 관한 화보집 제작을 위해 세워진 출판업체로 1992년 민영화된 이후 일반 서적과 아동 서적도 출간하고 있으며 지속적으로 상당한 양의 외국어 공동 출판물을 구입하고 있다. 프라하의 아르티아Artia와 레닌그라드(오늘날에는 다시 예전의 지명이었던 상트페테르부르크로 불리고 있다)의 오로라Aurora 역시 공산주의 몰락 이전 동유럽에서 주요한 화보 출판업체로 활동했다.

파리에 기반을 둔 출판업체인 플라마리옹Flammarion은 1875년 설립되었으며 화보집 출판과 관련해 오랜 역사를 자랑한다. 1911년 파리에서 창립된 갈리마르 출판사는 비교적 화보집 발간에 늦게 뛰어든 경우로 마르셀 프루스트, 장-폴 사르트르, 시몬 드 보부아르, 제임스 조이스, 프란츠 카프카, 잭 케루악, 그리고 미셸 푸코를 포함해 현대 문학의 대가들의 작품을 다수 출판하면서 명성을 쌓아왔다. 최근 들어 갈리마르는 화보집 발간을 확장해 왔는데 한 예로 현재 500종이 넘게 발간된, 유명한 '디스커버리Decouvertes' 시리즈가 있다.

전후 이탈리아 화보 출판업계의 주요 업체로 가르찬티Garzanti, 리졸리Rizzoli, 파브리Fabbri, 그리고 엘렉타Electa가 있다. 1907년 밀라노에서 설립된 몬다도리Mondadori는 1970년대 화보 담당 부서를 만들고 역사, 미술, 자연사 그리고 대중문화와 관련된 서적을 출간하고 있다.

일부 화보집 출판업체들은 시각 예술만을 전문적으로 다루기도 한다. 1961년 설립된 스페인의 에디시옹 폴리그라파Ediciones Poligrafa는 스페인과 기타 지역의 주요 아티스트들의 그래픽 작품을 전

2010년 제네바에서 열린 팔렉스포Palexpo 도서전 개막일에 한 방문객이 화보집을 보고 있다. '파리 도서 박람회(Salon du Livre)'에는 유럽 전역의 출판업체들이 참여하며, 300여 개 업체와 12만 5000여 명의 방문객이 몰려든다.

문으로 출판하고 있다. 시각 예술과 실용 미술을 전문으로 하는 도쿄의 출판사 그래픽-샤Graphic-Sha는 1963년 설립 이후 아시아 지역의 중요한 삽화집 출판업체로 자리 잡았으며, 총 매출의 25퍼센트를 해외 시장에서 올리고 있다.

1980년 쾰른에서 베네딕트 타셴이 창립한 출판사 타셴Taschen은 미술과 관련 있는 주제에 대한 서적을 출판하며, 에로틱하고 페티시즘적인 이미지에 관한 서적으로도 잘 알려져 있다. 타셴은 외국 출판업체들을 위한 공동 출판물을 제작하는 대신, 최대 8개 국어로 서적을 자체 생산한 뒤 각 지역의 주요 유통업체와 직접 거래하는 새로운 국제 출판의 모델을 개척했다. 타셴의 출간물은 판형, 주제 그리고 소매가가 굉장히 다양한 서적들을 포괄하고 있으며, 언론의 관심을 한데 집중시키는 호화판 서적도 발간하고 있다. 가장 유명한 호화판 서적의 예로 20세기 출간서 중 가장 큰 판형과 높은 가격을 자랑하는 헬무트 뉴튼Helmut Newton의 『스모Sumo』(1999), 그리고 권투선수 무하마드 알리를 기념하는 700페이지 분량의 2003년 출간서 『GOAT(Greatest of All Time)』(사상 최고의 가장 위대한 선수-옮긴이)를 들 수 있다.

20세기 인쇄술의 발전과 활발한 활동을 펼친 출판업체들 덕분에 방대한 컬러 삽화를 포함한 책들이 전 세계 독자들에게 다가갈 수 있게 되었다.

글로벌 미디어

지난 몇십 년 동안 출판업계는 전 세계적으로 급속한 구조 조정을 겪었다. 1980년대 말 거대한 미디어 재벌들이 주요 출판사를 인수하기 시작했다. 그 결과로 많은 출판업체들이 거대한 커뮤니케이션 비즈니스의 작은 일부가 되었다. 독일의 미디어 재벌 베르텔스만Bertelsmann은 출판사, 신문사 그리고 잡지뿐만 아니라 영화 제작사를 소유하고 있으며 TV와 라디오 방송국 그리고 인터넷 미디어에도 지분을 갖고 있다. 어떤 경우에는 독립적으로 운영되던 출판사가 새로운 소유주의 기업 문화에 흡수되면서 이전의 독특함을 잃어버리는 경우가 발생하기도 했다.

이와 같은 인수, 합병 그리고 매각은 때로는 눈이 휘둥그레질 정도의 빠른 속도로 진행되었다. 국제적으로 명성을 얻은 백과사전 시리즈의 프랑스 출판업체인 라루스는 아바스Havas사 소유였는데, 아바스는 구루프 드 라 시트Groupe de la Cite에 인수되었다. 1998년 아바스는 제네랄 데조Generale des Eaux에 인수되면서 비방디Vivendi사가 탄생했고, 비방디는 후에 비방디 유니버설Vivendi Universal이

로스앤젤레스 그로브 쇼핑몰에 있는 반스 & 노블 서점의 내부 모습. 반스 & 노블과 같은 대형 서점으로 인해 독립적으로 운영되는 소규모 서점이 사라지고 문화적 획일성이 증가할 것이라는 예견은 아직 완전히 현실화되지는 않았다.

되었다. 2004년 아바스 출판사는 에디티스Editis라는 이름으로 또 다시 아셰트 리브르Hachette Livre사와 드방델De Wendel 투자 펀드에 매각되었다.

출판업계가 소수의 거대 기업으로 집중되는 것은 분명 단점이 있다. 우선 미디어 재벌 기업은 빠른 시일 내 큰 수익을 거두길 원한다. 1990년대 출판사 인수 열풍이 잠잠해진 것은 이들 재벌 기업이 출판업의 수익성(평균 마진이 보통 5퍼센트에 불과하다)이 자신들이 기대했던 것보다 높지 않다는 사실을 깨달았기 때문이었다. 2003년 베르텔스만 소유의 랜덤 하우스 출판사에서 일반 문학 출판을 담당했던 앤 고도프는 15퍼센트의 연간 수익률을 달성하지 못한 이유로 즉시 해고당하고 말았다.

아스다(Asda: 영국의 할인점 체인-옮긴이) 슈퍼마켓에서 한 여성 고객이 1파운드에 불과한 가격에 판매되고 있는 서적을 둘러보고 있다. 할인 판매 경쟁과 책을 구입할 수 있는 다양한 소매점의 등장으로 전통적인 서점의 역할이 위협받고 있다.

빠른 수익 창출을 강조하는 전략은 블록버스터 작품 출판을 선호하는 경향으로 이어지는데, 이는 재무적 관점에서 봤을 때 출판업자들에게는 위험 부담이 큰 것이다. 고도프가 실패한 원인 중 하나는 스티븐 킹과 같은 베스트셀러 작가들에게 수백만 달러에 달하는 막대한 액수의 선금을 아낌없이 (결국 수익은 저조했지만) 투자했기 때문이었다. 고도프에게는 안된 일이었지만, 스티븐 킹의 작품 『프롬 어 뷰익From a Buick』이 독자의 기대에 부응하지 못하면서 2002년 킹의 판매 성적은 부진을 겪었다. 미디어 재벌이 우선시하는 사업 전략을 따르면, 상업적 성공이 불확실한 창작물이나 독립적 작품을 출판하는 것이 매우 어려워지고, 판매고 신장이 꾸준하지만 느린 분야는 불리한 입장에 놓이게 된다. 예를 들어 역사와 사회과학 분야의 논픽션 서적 대다수가 이런 이유로 위기에 처하게 되었다. 독립 출판사들은 시장의 특정 틈새 분야를 공략함으로써 살아남았는데 '론리 플래닛Lonely Planet' 시리즈 출판으로 굉장한 성공을 거둔 호주의 출판업체가 한 예이다. 한편 이 업체는 현재 BBC 월드와이드BBC Worldwide의 소유이다.

출판업체뿐만 아니라 서점 업계 역시 비슷한 문제에 당면하고 있다. 특히 미국에서 서적 판매업은 막강한 힘을 자랑하는 거대한 규모의 소수 재벌에 집중되고 있다. 반스&노블과 같은 대형 회사가 미국의 서적 판매 시장을 지배하면서 베스트셀러 책과 빠른 시일 내 판매고를 올리는 서적이 수혜를 입고 있다. 그러나 이와 같은 대형서점 체인 역시 거대 온라인 할인 서점과 슈퍼마켓의 저가 공세에 위협받고 있다. 해리 포터 마지막 두 시리즈의 경우, 미국에서는 반스&노블보다 월마트나 기타 이와 유사한 유통점에서 올린 판매고가 더 많았다. 영국에서는 1995년 서적 분야의 소매가격 협정 체제가 붕괴하면서, 테스코와 같은 슈퍼마켓 체인점이 인기 서적을 대상으로 출판사와 대폭적인 가격 할인 협상을 할 수 있는 기회가 생겼다. 이러한 환경에서 독립 서적 판매업체들은 생존에 안간힘을 쓰고 있다. 한편 유럽 대륙의 서적 판매업체들은 비교적 이 난항을 잘 헤쳐 나가고 있는 듯하다.

세계화와 문화 정체성

1989년 피어슨 롱맨Peason Longman사는 계열사인 스코틀랜드의 교육 서적 출판업체 올리버 & 보이드Oliver & Boyd의 문을 닫기로 결정했다. 올리버 & 보이드는 10퍼센트의 순이익을 올리고 있었으나, 미디어 재벌의 눈에는 충분한 수준이 아니었던 것이다. 비교적 인구가 적고 서적 시장도 규모가 작은 스코틀랜드와 호주와 같은 국가들은 자국의 고유한 문학 문화가 위기에 처해 있다고 생각하기도 한다. 물론 이들 국가는 영어권에 속하므로 그만큼 미국화의 영향에 속수무책일 수밖에 없다고 생각할 수 있으나, 한편으로는 영어권이라는 거대한 글로벌 시장에 연동되어 있다는 장점을 누리고 있다는 것도 부인할 수 없는 사실이다.

한편 유럽 대륙은 언어와 문화의 다양성 덕분에 유로의 출현과 같은 획일적인 유럽 통일의 흐름이 출판업까지 파고들지는 못했다. 유럽의 베스트셀러 작가들의 작품은 오늘날에도 다양한 언어로 출간되고 있으며, 이들 작품을 내놓는 출판사 역시 놀랍게도 소규모, 대규모 그리고 전문 및 일반 출판사를 모두 아우르고 있다. 유럽 출판사의 편집장들은 다양한 언어로 쓰여진 책을 읽을 수 있는 역량을 갖추고 있으며, 유럽 연합 인구의 10~30퍼센트가 여러 외국어로 쓰여진 서적을 읽을 수 있다. 영국, 프랑스, 이탈리아, 독일, 스웨덴, 네덜란드 그리고 스페인을 대상으로 한 미하 코박과 뤼디거 뷔센바르트의 조사에 따르면, 2008년 4월과 2010년 3월 사이 유럽에서 가장 많이 팔린 소설을 쓴 작가는 미국이나 영국 출신이 아닌, 바로 스웨덴 작가 스티그 라르손(1954~2004)이다.

지역 문화가 글로벌화의 물결에서 살아남기 위해서는 소규모 지역 출판사와 독립 서적 판매업체들이 정부의 도움을 받아야 한다. 이는 문화 보조금이나 세금 우대 조치의 형태로도 지원이 가능하다. 현재 영국, 아일랜드, 폴란드 그리고 크로아티아에서는 서적에 부가가치세가 한 푼도 붙지 않는다. 다만 덴마크에서는 독자들이 25퍼센트의 부가가치세를 전액 부담해야 한다. 아일랜드의 예술 위원회는 창립 이래 지난 20년 동안 아일랜드에서 출간되는 아동 서적의 수를 늘리는 데 힘써 왔다. 캐나다 정부의 프로그램은 자국 내에서 출간되는 서적 수와 국내 출판업체의 수를 대폭 늘리는데 큰 기여를 했다.

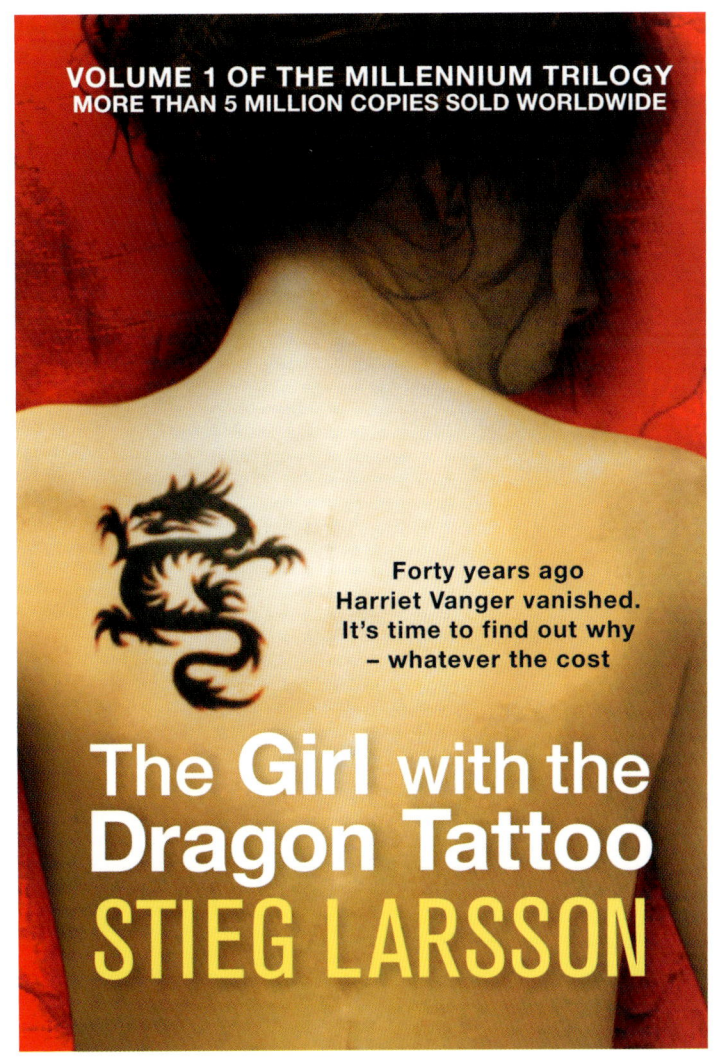

스웨덴 작가 스티그 라르손의 『밀레니엄 3부작(Millennium Trilogy)』이 거둔 엄청난 성공은 영어권 국가의 작가와 출판업체가 전 세계 소설 시장을 독점할 것이라는 우려를 잠재웠다.

책의 적

중세 시대 종교 재판에서 시작해 오늘날에 이르기까지 유럽에서 책을 태우는 분서 행위는 빈번히 발생해왔다. 많은 정권들은 체제전복적인 글의 유포를 억제하기 위해 공개적으로 금서를 태우거나 그 저자, 인쇄업자 그리고 독자를 처벌했다.

책을 태우고자 하는 욕망은 20세기 전세기에 걸쳐 그 모습을 드러냈다. 미국 우체국은 1920년대 제임스 조이스의 『율리시스Ulysses』를 태웠다. 1933년 이후부터 제3국의 지휘 아래 자행된 나치의 분서 행위는 유태인 작가의 작품뿐만 아니라 모든 평화주의를 비롯한 외국의 영향으로부터, 더 나아가 바이마르 공화국의 퇴폐적인 문학으로부터 독일 문화를 정화하는 것을 목표로 했다. 파리에서 반극우주의자 망명객들은 히틀러가 불태운 모든 서적의 동일한 사본을 모아 분서 도서관(Library of Burned Books)을 설립했다. 또한 나치는 동유럽 유태인 중심지에서 수백만 권의 책을 압수했는데, 유대인 말살이 완성되면 세워질 유대인 박물관에 소장하기 위한 목적으로 소수 희귀본이나 고사본은 보존해

1938년 4월 오스트리아 잘츠부르크 레지덴츠 광장에서 일반 대중과 국가 사회당 고위 관리들이 지켜보는 가운데, 히틀러 소년단이 1만 2000여 권이 넘는 유태인 및 마르크스주의자 관련 서적을 불태우고 있다.

러시아 작가 알렉산드르 솔제니친이 1953년 카자흐스탄 코크-테렉에서 복역했을 당시의 모습. 스탈린의 정치범 수용소에서 자행된 악행을 묘사한 솔제니친의 이후 작품들은 소비에트 연방에서 금서로 지정되었다.

두었다. 이 책들 중 일부는 살아남아 1945년 이후 이스라엘과 미국으로 전해졌다.

소비에트 연방에서 국가는 출판을 강력히 규제했으며, 1930년 이후로 민간 출판업체의 운영이 금지되었다. 공산당은 인쇄물에서 자신의 정치적 정통성을 옹호하는 역할을 수행했고, 도서관 소장서의 내용은 경우에 따라 삭제되었다. 니키타 크루셰프의 개혁 정책이 실행된 짧은 기간 동안 소비에트 연방에서 알렉산드르 솔제니친의 『이반 데니소비치의 하루(One Day in the Life of Ivan Denisovich)』(1962)가 출간될 수 있었으나, 그 후 솔제니친의 주요 작품은 공산주의 체제하의 억압을 있는 그대로 묘사했다는 이유로 억압받았다. 솔제니친(1918~2008)은 1970년 소비에트 작가 연합에서 제명되었고, 『수용소 군도(The Gulag Archipelago)』가 서구에서 출판된 이후인 1974년 강제추방 당했다. 1970년대와 80년대 소비에트 연방 내에서도 암시장을 통해 금지된 서적들을 구할 수 있게 되었으며, 서구에서 유명해진 반체제 작가들은 소비에트 연방에 의해 금지된 자신들의 작품을 등사판 인쇄물로 만들어 비밀리에 유포했다. 1980년대 후반 미하일 고르바초프가 출범시킨 페레스트로이카 시대에 들어와 검열 제도가 완화되었다.

검열 제도는 전체주의적 독재 정권에만 한정된 것은 아니었다. 서구에서 문학 자유화의 물결이 전개되기 시작한 1960년대 이전까지, 청교도주의의 망령 때문에 일탈적인 혹은 노골적인 성적 묘사를 포함한 많은 걸작들이 출판되지 못했다. D. H. 로렌스의 『채털리 부인의 사랑』(1928) 초판은 이탈리아 피렌체에서 출간되었으며 1960년이 지나서야 영국에서 출판되었다. 한편 잉키 스티븐슨의 맨드레이크 출판사Mandrake Press는 1929년 『채털리 부인의 사랑』을 비밀리에 출판하기도 했다. 1960년대 들어와 오랜 동안 망각된 존재로 남아 있던 금서들이 세상의 빛을 보게 된다. 1964년 미국에서 내려진 법원 판결은 헨리 밀러의 『북회귀선(Tropic of Cancer)』(1934년 파리에서 초판 발행)의 외설성을 둘러싼 법정 논쟁에 종지부를 찍었다. 중년 남자와 12살 소녀 사이의 불륜을 그린 블라디미르 나보코프 Vladimir Nabokov의 『롤리타Lolita』 역시 1958년 마침내 G. P. 퍼트넘즈 선즈 Putnam's Sons에 의해 미국판이 출간되었고, 1959년에는 영국에서 바이덴펠트 & 니콜슨Weidenfeld & Nicolson사에 의해 출간되었다. 『롤리타』는 1955년 파리에서 초판이 출간되었는데(그리고 출간 직후 금지되었다), 그 이유는 영어권 국가에서는 출판하려는 업체가 없었기 때문이었다. 『롤리타』는 곧 세계적인 베스트셀러가 되었고 『채털리 부인의 사랑』과 마찬가지로 소설을 읽어 보지도 않은 사람들 사이에서 오히려 훨씬 더 잘 알려져 있는 부류의 작품이 되었다.

세계 많은 지역에서 국가의 검열 제도가 완화되었으나, 현대에 들어와서도 책을 태우는 행위는 완전히 없어지지 않았다. 1992년 세르비아가 보스니아 문화를 말살하려는 시도에서 사라예보의 국립 도서관에 포격을 가했다. 1989년 영국 브래드퍼드에서는 무슬림 시위자들이 TV 카메라가 보는 앞에서 살만 루시디의 『악마의 시(Satanic Verses)』(1988)를 불경스러운 내용을 담고 있다는 이유로 불태워버렸다. 인터넷의 힘이 확산되고 디지털화가 증대하는 오늘날에도 분서 행위가 자행될 만큼 책은 여전히 중요한 존재로 남아 있다.

1989년 영국 북부 브래드퍼드에서 영국 무슬림 교도들이 살만 루시디의 『악마의 시』를 태우고 있는 광경. 이들은 루시디의 작품이 예언자 마호메트와 관련된 부분에서 불경스러운 내용을 담고 있다고 주장했다.

1992년 보스니아의 문화적 유산을 말살하기 위해 세르비아가 폭탄 공격을 감행한 사라예보 국립 도서관의 잔해 속에 한 UN 병사가 서 있다.

가상의 책

19세기 중반 출판업에 로열티 지급과 국제 저작권 보호를 근간으로 하는 비즈니스 모델이 자리 잡으면서 저자, 출판업자 그리고 서적 판매업자들은 창의적 노동에 대한 합당한 대가를 보장받았고 독자들은 이전보다 더 저렴한 가격에 책을 구입할 수 있게 되었다. 그런데 20세기 말 전자 출판의 진보는 이처럼 오랜 시간에 걸쳐 검증된 제도에 의문을 던지고 있다.

주문형 도서 출판(POD, Print on Demand)은 전통적인 서적 판매 시스템을 바꾸어 놓았다. 2007년 소위 에스프레소 머신이라 불리는 최초의 POD 시스템이 뉴욕 공립 도서관의 중앙 부서에 설치되었다. 이 시스템은 진짜 커피를 추출하는 것이 아니라, 책을 주문하면 컴퓨터 파일의 내용을 인쇄하고 제본해 페이퍼백 형태로 만들어 주는 것이었다. 오늘날 이러한 POD 기계는 대형 서점에서 흔히 찾아볼 수 있다. POD 시스템은 유통 비용을 없애고 출판업자와 서적 판매업자들의 재고 부담을 줄여준다. 이러한 '선주문 후제작' 모델은 특히 인쇄 부수가 극히 적은 시집이나 학위 논문과 같은 틈새 시장에 매우 적합하다. 그러나 POD 서적의 단위당 비용이 보통 인쇄본보다는 더 높기 때문에 베스트셀러 서적 생산에 이용하기에는 수익성이 맞지 않는다.

19세기 말 정립된 성공적인 비즈니스 모델은 출판업계의 모든 이해관계자들에게 이익을 가져다주었으며, 디지털 시대의 새로운 출판과 글쓰기 문화에서 이를 대체할 만한 모델이 아직까지는 등장하고 있지 않다. 출판업체들은 새로운 비즈니스 환경, 즉 아마존의 킨들이나 애플의 아이패드와 같은 핸드헬드 전자책 단말기가 점점 사용자의 편리성을 증대하며 널리 확산되고 있는 현실에 적응하

주문형 도서 출판을 위한 에스프레소 머신은 2007년 뉴욕 공립도서관에 처음 설치되었다. 이 기계는 단 몇 분 만에 PDF 파일을 직접 인쇄 및 제본해 페이퍼백 서적을 생산해낸다. 이러한 POD 방식은 절판된 서적이나 소수의 전문가 독자층을 대상으로 한 서적을 생산하는 데 매력적인 방식이다.

2010년 1월 27일 샌프란시스코에서 열린 아이패드 설명회에서 애플사의 CEO 스티브 잡스가 발표하고 있는 모습. 아이패드는 그해 4월 미국에서 출시되었다. 아이패드는 멀티터치 디스플레이를 장착했고 영화 감상뿐만 아니라 책과 신문을 읽을 수 있는 플랫폼으로서 기능한다.

고자 노력하고 있으며, 이 과정에서 인쇄 서적 시장의 일부는 그 대가를 치르고 있다. 인터넷 덕분에 이제 중고 서적 시장이 세계적 규모로 확대되었고 누구라도 쉽게 중고 책을 구할 수 있게 되었으며, 이는 신간 서적의 판매고를 갉아먹고 있다.

    인터넷은 이미 신문업계를 완전히 뒤바꿔놓아 버렸다. 신문사의 웹사이트는 인쇄판이 나오기 한참 전에 이미 따끈따끈한 최신 뉴스를 배포한다. 예전에 신문에 게재되었던 안내 광고는 이베이eBay와 같은 웹사이트로 옮겨갔고, 이제 지역 정보의 대부분은 블로그나 인터넷 게시판을 통해 제공된다. 음반 산업 역시 대대적인 변화를 겪었다. 이제는 디지털로 음악을 다운로드 받는 것이 점점 CD 판매를 앞지르고 있다. 그러나 책은 이와 다르다. 우선 책은 과거에도 광고 수입에 의존한 적이 전혀 없었으며, 또한 온라인으로 짧은 신문 기사를 읽는 것이나 MP3 플레이어에 다운로드 받은 음악을 듣는 것과 달리 긴 텍스트를 스크린으로 읽는 것은 그리 편안하지도 편리하지도 않기 때문이다.

계속되는 디지털화의 진전

이제 디지털화의 진전은 그 누구도 막을 수 없는 것처럼 보인다. 미국에서 2008년과 2009년도 사이 전자책은 책 생산의 2퍼센트를 차지했다. 물론 이는 전체와 비교했을 때 그리 높은 수치는 아니지만, 그 비율은 가파르게 증가하고 있다. 2009년 전 세계적으로 400만 대의 전자책 단말기가 판매되었다. 미국 시장 예측 조사에 따르면, 전자책 단말기의 판매고는 2010년에는 1200만, 2012년에는 1800만 대까지 상승할 것이라 한다. 2015년이면 중국이 단일 시장으로서 세계 최대의 전자책 단말기 시장이 될 것이라 예측하고 있다. 물론 중국 국내의 전자책 콘텐츠가 전무한 형편이고 대부분의 전자책이 불법 다운로드를 통해 유통되고 있기는 하지만 말이다.

   2004년 구글 북스는 미국 도서관에 소장된 1500만 권의 도서를 디지털화해 일반 대중이 이용할 수 있도록 하는 프로젝트를 출범시켰다. 이는 알렉산드리아에서 꿈꾸었던 그 어떤 것보다도 더 방대한 가상의 도서관을 짓는 계획이었다. 구글 북스는 현재 약 1000만 권의 책을 디지털 형태로 제공하고 있다. 이중 150만 권은 무료로 읽을 수 있고, 또 다른 200만 권은 저자 및 출판사와의 계약에 따라 이용 가능하며, 650만 권은 저작권의 보호를 받고 있기 때문에 요약본만을 볼 수 있다. 구글이 다소 성

아마존의 킨들과 같은 전자책 단말기는 수천 권에 이르는 책을 저장할 수 있다. 전자책 단말기는 가볍고, 종이가 필요치 않으며, 저조도 환경에서도 사용할 수 있다. 그러나 인쇄본 서적과 달리, 전자책 단말기는 배터리 전력을 필요로 하며 떨어뜨리면 고장이 날 수 있다는 단점이 있다.

구글 북스는 다수의 세계 유수의 도서관과 공동으로 수천 권의 책을 디지털화했다. 저작권 보호에 대한 우려나 구글의 독점적 지위에 대한 불안감 그 어떤 것도 세계의 모든 책을 스캔해 모두가 볼 수 있도록 한다는 이 원대한 프로젝트에 제동을 걸지 못했다.

급하게 대규모의 서적 디지털화 사업을 벌이면서 법적 분쟁이 뒤따랐다. 2005년 저자와 출판업자로 구성된 단체가 저작권 위반 혐의로 구글에 대한 집단 소송을 제기했다. 2009년 나온 조정안은 구글에게 콘텐트 제공업자에 대한 보상을 지급할 것을 명령했는데, 이러한 결정은 영어로 쓰여진 책에만 적용된다. 프랑스의 경우 구글이 저작권 위반을 이유로 프랑스 출판업체들에게 손해 배상을 해야 할 것이라는 관측이 돌고 있다.

디지털화는 이미 책의 형태 그 자체와 책을 읽는 방식을 바꿔 놓았다. 2009년 미국 펭귄 그룹 산하 출판사인 더튼은 '세계 최초의 디지털 소설'을 출간했는데, 바로 TV 범죄 드라마로 큰 성공을 거둔 CSI 시리즈의 작가 앤소니 주이커가 쓴 스릴러 소설 『레벨 26』이었다. 독자가 매번 20페이지 분량을 읽고 나면 암호가 등장하는데, 이 암호를 인터넷에 입력하면 짧은 영화를 볼 수 있다. 동영상을 통해 독자는 소설의 줄거리를 더 깊게 이해할 수 있고, 보고 난 후에는 다시 종이책에 쓰인 내용으로 돌아가게 된다. 최근 한 시범 프로젝트에서 프린스턴 대학이 선정된 학생들을 대상으로 킨들 단말기를 제공하고, 종이를 절약하기 위한 일환으로 모든 교재를 전자 포맷으로 배부했다. 학생들은 교재를 복사하거나 책이 든 무거운 가방을 들고 캠퍼스를 돌아다녀야 하는 번거로움이 사라진 데 만족했으나, 한편으로는 킨들을 계속 충전하는 것이 귀찮은 일임을 알게 되었고 종이책을 넘기는 느낌이 그리웠으며 책의 중요한 부분을 표시하거나 필요한 설명을 쓰는 것이 불가능했다는 점을 보고했다.

이제 그 누구라도 수많은 전자책을 읽을 수 있게 되었다. 그러나 디지털화의 기술이 앞으로도 살아남을 것이라고 그 누가 장담할 수 있을까? 이전에 존재했던 수많은 기술들과 마찬가지로, 디지털 기술 역시 구시대의 산물이 될 수 있으며 세계 최대의 전자 도서관도 사실상의 이용은 불가능한 것이 될 수 있다. 하지만 디지털 세계는 이제 우리 삶의 일부이다. 불과 몇 년도 채 되지 않은 사이에 책은 자신을 속박하던 종이라는 계류장으로부터 떨어져 나와 자유로운 항해를 하려고 있다. 전자 혁명의 시대는 코덱스의 발명이나 인쇄술의 도래 그 어떤 것보다도 더 근본적인 방식으로 책을 탈바꿈시켰다.

맺음말

책의 새로운 시대

책의 역사는 곧 문해 능력 신장의 역사였다. 소수의 특권층이 지식과 정보를 독점하고 통제했던 계층적 사회 대신, 오늘날 우리가 살고 있는 세계는 보통 사람들이 문자 정보의 홍수 속에서 살고 있는, 보편적 문해 능력이 성취된 세계이다. 문해 능력의 향상 그리고 이와 함께 한 책의 발전은 언제나 평탄한 길을 걸어온 것은 아니었으며 많은 방해와 후퇴가 있었다. 예를 들어 산업 혁명기 동안 도시의 팽창은 글을 읽지도 쓰지도 못했던 농촌 인구의 유입으로 이어졌고, 오늘날은 서구 국가의 도시들이 읽기와 쓰기 능력의 수준이 낮은 개도국의 노동자들을 '수입' 하고 있는 실정이다.

1900년 인쇄물은 그 어떤 매체도 감히 경쟁할 수 없는 보편적인 의사소통의 도구로서 최고의 위치를 점하고 있었다. 바로 인쇄 문화의 황금기였던 것이다. 서구 사회에서 대부분의 인구는 글을 읽고 쓸 줄 알았고 라디오, 텔레비전 혹은 영화가 아직은 책의 위상에 도전장을 내놓을 만한 수준이 아니었다. 그 시절 오늘날의 전자 미디어를 바라보는 시각은 아직 실현되지 않은 유토피아의 환상, 혹은 더 많은 경우 불길한 미래의 악몽 그 자체였다. 인쇄물의 황금기는 고작 한 세대의 기간 동안 지속되었을 뿐이다. 현대의 디지털 시대, 책이 위기에 당면했다고 주장하는 이들이 있다. 책은 곧 무용지물

(왼쪽) 프랑크푸르트 도서전에서 서적이 진열된 모습. 프랑크푸르트 도서전에는 매년 7000여 개 전시업체와 25만여 명의 관람객이 몰려든다. 중세시대 서적상들이 모여 책을 거래하던 이곳에, 오늘날에는 프랑크푸르트 도서전을 통해 국제출판 거래와 라이선스 계약의 협상이 이뤄지고 있다.

(아래) 햇볕 아래 책장이 아래로 향한 채로 놓여져 있는 책의 모습. 어떤 애서가들은 소중히 여기고 보호해야 할 물건인 책을 이처럼 가볍게 취급하는 세태를 개탄하기도 한다.

한 에콰도르 여성이 카페에서 책을 읽으며 동시에 음악을 듣고 있다. 오늘날의 독자는 동시에 여러 개의 미디어에 관심을 분산시킬 수 있는 멀티태스킹에 익숙하다.

이 될 것이며, 문해 능력 수준의 퇴보가 우리가 우려해야 할 만큼 심각하다는 것이다.

과연 책의 위기가 정말로 닥친 것인가? 출판업계는 매년 더 많은 서적을 출간하고 있으며, 더 철저한 산림 관리가 필요할 정도로 전 세계의 종이 소비량은 천문학적인 수치를 기록하고 있다. 2000년대 중반 중국, 미국 그리고 영국은 각각 12만 종에 이르는 신간 서적을 매년 출간하고 있었으며, 이중 영국이 20만 종 이상을 출간하며 1위 자리를 차지했다. 일본에서만 매년 4만여 종이 출간되고 있으며, 그 수는 매년 더 증가하고 있다. 자가 출판 역시 폭발적인 증가세를 보이고 있다. 이러한 증거로 미루어 볼 때, 책의 종말이 목전에 임박했다는 주장은 현실을 너무나 과장하고 있는 듯하다.

좀 더 폭넓게 인쇄 문화 전반을 살펴보면, 인쇄 문화는 멸종과는 매우 거리가 멀다. 21세기 독자들은 책만 읽는 것이 아니라 잡지, DIY 매뉴얼 그리고 다양한 온라인 콘텐츠 역시 읽고 있다. 종종 젊은 이들을 책을 읽을 줄 모르는 독서 장애자라 폄하하지만, 이들은 단지 이전 세대와 다른 방식으로 읽고 있는 것뿐이다. 이들은 하나의 긴 이야기를 읽는 것이 아니라, 짧고 서로 연결된 많은 수의 텍스트를 읽으며 웹사이트를 검색한다. 또한 책을 읽으며 동시에 음악을 듣기도 한다. 이들에게 책이란 수많은 다양한 엔터테인먼트 매체 중 하나일 뿐이다.

책은 살아남는 데 성공했으나, 대신 고급문화의 산물이라는 확고한 지위를 포기하는 대가를 치러야 했다. 18세기 독자들은 책이 엉성하게 만들어지거나 인쇄업자가 실수로 페이지에 잉크 자국을 남기면 출판업자들에게 항의를 하곤 했다. 물론 오늘날 많은 훌륭한 책이 만들어지고 있기는 하나, 값싸고 손쉽게 구할 수 있는 페이퍼백이 표준화된 방식으로 대량 생산되는 오늘의 현실에서 독자들은 더 이상 책을 감정(connoisseurship)의 대상으로 여기지 않는다. 이를 대변해 주는 사실 하나가 오늘날 독자들은 과거에 비해 책의 물리적 완전성에 대해 그다지 존경심을 갖지 않는다는 점이다. 데이지 비라는 한 나이 지긋한 호주 여성은 최근 인터뷰에서 다음과 같이 말했다.

"우리는 아주 어린 시절부터 책을 잘 간수해야 한다고 배웠습니다.… 책을 찢는다거나 집 밖에 두고 온다거나 하는 일은 상상할 수도 없었지요."

한여름 일요일 시드니의 해변가에 가본 이라면 땡볕 아래 놓여져 있거나, 철썩철썩 튀는 바닷물을 고스란히 맞고 있거나 혹은 펼쳐진 면이 모래를 향한 채 놓여 있는 책을 수십 권 볼 수 있을 것이다. 책은 그 찬란한 왕좌를 포기했으나 그 어느 때보다도 우리의 일상생활에 깊숙이 자리하게 되었다.

흔히 이야기하는 '책의 위기'는 사실 서구 문학의 위기라 보는 것이 더 타당하다. 20세기 중반까지 국가 문학 전집을 출판할 때 포함될 작가를 선정하는 일은 그리 어렵지 않았다. 어떤 작가가 포함되어야 할 것인가에 대한 전반적인 합의가 이미 존재했기 때문이다. 하지만 지난 60여 년간, 오랜 기간 받아들여졌던 문화적 계층 질서가 점점 잠식되어 왔다. 누구도 문제시 삼지 않았던 '유럽의 지식인 남성'의 권위가 실추된 것이다. 그 결과로 21세기의 문학은 명확히 정의를 내리는 것이 어려워졌으나, 대신 훨씬 다양한 목소리를 담을 수 있게 되었다. 책의 위기를 주장하는 이들은 보통 전통적인 문화적 계층 질서의 실종에 가장 애통하게 탄식하는 이들인 경우가 많다.

이 모든 것은 경제적으로 풍요로운 서구 문화가 당면한 문제이다. 인쇄 서적의 죽음을 논의하는

2006년 12월 뭄바이에서 책 가판대 주인이 책 진열대를 정리하고 있다.

열띤 토론은 문맹률이 훨씬 높고 컴퓨터와 디지털 책에 대한 접근이 극도로 제한된 아프리카와 남아메리카 지역에서는 거의 들리지 않는다. 전 세계의 문맹률은 약 20퍼센트 수준에 계속 머무르고 있으며, 인구가 증가함에 따라 문맹 인구의 수도 함께 늘고 있다. 유네스코에 따르면, 7억 7600만 인구가 기본적인 문해 능력을 갖추지 못했으며, 이중 2/3는 여성이라고 한다. 문맹 인구는 사하라 이남 아프리카와 중동 지역에 널리 퍼져 있으며, 그 수는 증가하고 있다. 개도국 특히 여성의 문맹률을 낮추기 위한 캠페인은 삶의 질을 개선하기 위한 노력의 핵심이며, 경제적 생산성 향상과 기회의 증대, 영양과 보건 개선, 그리고 아동 사망률 감소와 연관되어 있다. 컴퓨터나 초고속 인터넷은 말할 것도 없고 안정적인 전력 공급도 부재한 이들 지역에서 전통적인 책의 기술이 가져다주는 혜택은 중요한 역할을 한다. 책은 휴대하기 편하고, 내구성이 있으며 재사용이 가능하다. 배터리를 충전하거나 보수 유지를 해야 할 필요가 없고 사용료를 지불할 필요도 없다.

서구에서는 독서와 관련해 이제 그 어떠한 규정도 존재하지 않는다는 사실에 개탄하는 이들과 환영하는 이들 사이에서 논란이 벌어지고 있다. 한편 그 밖의 세계에서는 더 많은 이들이 책을 접하고 책을 읽는 법을 배우는 것이 앞으로 수십 년 동안 헤쳐 나가야 할 거대한 해결 과제로 남을 것이다.

(위) 남아프리카 공화국의 한 언어 교육 시간으로 많은 학생들로 붐비고 있다. 개도국의 문맹률을 낮추는 일은 계속되는 도전 과제로 전 세계의 발전을 위해 시급히 해결해야 할 문제이다.

(왼쪽) 2002년 개관한 신알렉산드리아 도서관 내부 전경으로 책상과 컴퓨터가 놓여 있다. 첨단 기술을 응용해 지어진 문화의 중심지 신알렉산드리아 도서관은 고대 가장 위대했던 도서관에 표하는 경의에 다름 아니다.

용어해설

갤리 galley: 수작업으로 식자를 하는 데 쓰이는 상자로, 교정쇄를 인쇄하는데 사용했다.

게니자 genizah: 쓸모없어졌으나 종교적인 이유로 파기할 수 없는 히브리어로 쓰여진 경전 문서를 보관하는 장소.

고딕 소설 Gothic novel: 19세기 말 유행했던 소설 장르로 성, 지하 감옥, 고문 그리고 유령과 같은 모티프를 차용해 멜로드라마의 효과를 만들어냈다.

그래듀얼 Gradual: 축제 미사에 쓰이는 음악과 응창을 담은 책.

깃펜 quill: 보통 거위나 백조의 날개 깃털을 날카롭게 다듬어 만든 펜.

로열티 royalties: 계약에 의해 작가가 자신이 집필한 책이 벌어들인 수입의 일정 부분을 가져가는 것으로 판매 부수를 기반으로 산정한다.

목판인쇄술 xylography: 목판을 이용한 초기의 인쇄술로 잉크가 묻지 않을 부분을 도려내는 방식으로 나무에 이미지를 조각해 사용했다.

미사 전서 missal: 다양한 형태의 미사에 사용되는 순서와 글을 포함한 전례서.

벨럼 vellum: 송아지 가죽을 건조하고 세척한 후 다듬어 만든 고급 양피지.

볼루멘 volumen: 두루마리 형태의 전통적인 책.

불교 경전 sutra: 힌두교 혹은 불교의 종교 문헌에서 볼 수 있는 짧고 간결하나 함축적인 글로 보통 한 데로 묶어 모음집으로 만들어졌다.

비블리오테크 블뢰 bibliotheque bleue: 프랑스에서 출간된 챕북을 총칭하는 말로, 챕북의 제본 용지로 흔히 쓰였던 파란색의 설탕 포장지를 따 명명되었다.

석판 인쇄 lithography: 18세기 말 발명된 인쇄 공정으로 특히 신문사에서 사용되었다. 디자인을 매끄러운 석판 혹은 금속 인쇄관위에 직접 그린 후 배경 부분에 인쇄 잉크가 스며들지 못하도록 화학 용액으로 처리했다(오프셋 인쇄 참조).

소문자체와 대문자체 minuscule and majuscule: 필사본 제작에 사용되었던 두 가지 종류의 필기체로 각각 소문자와 대문자체를 가리켰다.

스크립토리움 scriptorium: 글을 쓰고 필사하는데 전용으로 쓰였던 공간으로 보통 수도원 내부에 위치했다.

스크립티오 콘티누아 scriptio continua: 고대 그리스와 로마에서 사용된 연속원고 방식으로 띄어쓰기, 구두점 혹은 줄갈이 없이 보통 대문자만을 이용해 글을 쓰는 방식이다.

스텔레 stele: 글이 쓰여져 있는 바로 선 석판으로 묘비가 한 예이다(복수형은 stelae).

신문연재소설 roman-feuilleton: 19세기 프랑스 신문의 연재 소설란.

쐐기문자 cuneiform: 수메르의 고대 문자로 부드러운 점토에 나무 쐐기를 눌러 기록했다.

안티포날 Antiphonal: 기독교 예배에서 노래하거나 암송하는 응창을 담은 책.

압반 platen: 인쇄기의 구성 요소로 잉크를 묻힌 활자 위로 인쇄 용지를 압착시키기 위해 사용되었던 평평하고 무거운 판.

양피지 parchment: 동물 가죽을 건조하고 다듬고 표백해 만든 내구성이 좋은 필기면으로 로마 후기와 중세 시대 전역에 걸쳐 널리 사용되었다.

언셜체 uncial: 중세 초기 필기체의 한 종류로 둥근 형태의 대문자를 서로 연결하지 않고 떼어 쓰는 방식으로 기록했다.

오프셋 인쇄 offset lithography: 오늘날 사용되는 컬러 인쇄 방법으로 네가티브를 고무 표면으로 옮기는 화학 공정을 이용한다(석판 인쇄 참조).

외전 apocrypha: 진위가 확실하지 않아 성경과 같은 경전의 정본에 포함되지 못하는 글.

이면 verso: 표면과 이면 참조.

인큐내뷸러 incunabula: 1501년 이전에 출간된 인쇄책을 총칭한다(단수형은 incunabulum).

전단지 broadsheet: 길거리에서 판매하던 큰 판형의 한 장짜리 출판물로 보통 목판화 이미지와 함께 발라드(ballad: 16세기 이후 영국에서 유행했던 이야기풍의 시의 일종-옮긴이), 논쟁거리 혹은 놀라운 사건에 관한 이야기 등이 실렸다.

조판 forme: 인쇄기의 구성 요소로 납작한 석조물 혹은 판 위에 갤리를 뉘여 인쇄를 하는데 쓰이는 틀.

좌우교대서법 boustrophedon: 소가 쟁기로 밭을 갈며 남기는 흔적처럼 왼쪽에서 오른쪽으로, 그 다음 줄은 오른쪽에서 왼쪽으로 방향을 교대로 바꿔가며 글을 기록하는 방식.

주서문 rubric: 빨간색 잉크로 인쇄된 표제 혹은 부제; 여기서 필사본 혹은 인쇄본의 첫 대문자를 빨간색으로 장식하는 주서(rubrication)라는 단어가 유래했다.

챈서리체 chancery hand: 행정 및 사업용으로 쓰였던 필기체의 일종으로 바티칸에서 처음 개발된 후 13세기에서 19세기에 걸쳐 유럽 전역에서 지역에 따라 변형되어 사용되었다.

챕북 chapbook: 하류층 독자를 겨냥한 값싼 출판물로 분량은 보통 4~24페이지 정도였으며 조악한 목판화와 함께 질 낮은 종이에 인쇄되었다.

코덱스 codex: 오늘날 볼 수 있는 책의 형태로 보통 왼쪽을 기준으로 한 면에 각 장을 제본한 것이다(복수형은 codices).

파피루스 papyrus: 가장 초기 형태의 종이로, 습지 식물에서 추출한 섬유질을 압착하는 방식으로 이집트에서 생산되어 지중해 전역으로 수출되었다.

판권지 colophon: 작가, 인쇄업자 혹은 출판업자의 이름이나 서명을 표시한 것으로 장식을 하기도 했으며 인쇄본의 표제지에 등장했다. 손으로 쓰여진 필사본의 경우 마지막 장에 필경사가 서명하는 것으로 판권지를 대신했다.

팰림프세스트 palimpsest: 이전에 쓴 글을 지우고 그 위에 덧쓰는 재활용 필기면.

페시아 제도 pecia system: 중세 후기의 필사본 제작법으로 동일한 필사본을 여러 부분으로 나누어 서로 다른 필경사에게 맡겨 작업하도록 했다. 이들 필경사는 계약직으로 일했으며 임금을 받기 위해 일하는 일반인으로 구성되기도 했다.

표면과 이면 recto and verso: 한 페이지의 앞면과 뒷면을 각각 이른다.

필리에고 수엘토 pliegos sueltos: 스페인의 챕북을 이르는 용어로 말 그대로 '제본되지 않은 종이 더미'를 뜻하며 종이를 접어 소책자로 만든 것이다.

12절판 duodecimo(in-12o): 전지를 접어 12장 24페이지가 나오도록 하는 책의 형태로 책의 크기는 대략 19×13 cm(7×5 인치)이다(2절판, 4절판, 8절판, 18절판 참조).

18절판 octodecimo(in-18o): 전지를 접어 18장 36페이지가 나오는 작은 판형으로 19세기 소설에서 애용되었으며 크기는 대략 16×10 cm (6.3×4 인치)이다(12절판, 2절판, 4절판, 8절판 참조).

2절판 folio: 전지를 한 번 접어 2장 4페이지가 다양한 크기로 나오는 가장 큰 판형의 책으로 크기는 대략 48×30 cm(19×12 인치)이다(12절판, 4절판, 8절판, 18절판 참조).

3부작 소설 three-decker novel: 18-19세기 도서관에서 유통 부수를 극대화하기 위해 사용되었던 소설 출간 방식.

4절판 quarto(in-4o): 전지를 두 번 접어 4장 8페이지가 나오는 판형으로 크기는 대략 30×24 cm (12×9.5 인치)이다(12절판, 2절판, 8절판, 18절판 참조).

8절판 octavo(in-8o): 전지를 세 번 접어 8장 16페이지가 나오는 판형으로 크기는 대략 23×15 cm(9×6 인치)이다(12절판, 2절판, 4절판, 18절판 참조).

추천문헌

Altick, Richard D., The English Common Reader: A social history of the mass reading public, 1800–1900 (Chicago: Chicago University Press, 1957).

Barbier, Frédéric, L'Empire du livre: Le Livre imprimé et la construction de l'Allemagne contemporaine, 1815–1914 (Paris : Cerf, 1995).
Bechtel, Guy, Gutenberg et l'invention de l'imprimerie: une enquête (Paris: Fayard, 1992).
Bell, Bill, David Finkelstein and Alistair McCleery, The Edinburgh History of the Book in Scotland, vols. 3 and 4, (Edinburgh: Edinburgh University Press, 2007).
Blasselle, Bruno, Histoire du livre, 2 vols. (Paris: Gallimard/Découverte, 1997–98).
Bollème, Geneviève, La Bibliothèque bleue: Littérature populaire en France du 17e au 19e siècle (Paris: Julliard, 1971).
Brooks, Jeffrey, When Russia Learned to Read: Literacy and popular literature, 1861–1917 (Princeton: Princeton University Press, 1985).

Capp, Bernard, Astrology and the Popular Press: English almanacs, 1500–1800 (London: Faber & Faber, 1979).
Cavallo, Guglielmo and Roger Chartier, eds, A History of Reading in the West (Cambridge: Polity, 1999).
Chartier, Roger, The Order of Books: Readers, authors and libraries
in Europe between the 14th and the 18th centuries (Cambridge: Polity, 1993).
Chartier, Roger and Henri-Jean Martin, eds, Histoire de l'edition française, 4 vols., edited in collaboration with Jean-Pierre Vivet (Paris: Promodis/Cercle de la Librairie, 1982–86; revised edition Paris: Fayard, 1989–91).

Darnton, Robert, The Business of Enlightenment: A publishing history of the Encyclopédie 1775–1800 (Cambridge, Massachusetts: Belknap, 1979).
Darnton, Robert, The Forbidden Best-Sellers of Pre-Revolutionary France (New York: W. W. Norton, 1995.
Darnton, Robert, The Case for Books: Past, present and future (New York: PublicAffairs Books, 2009).
Davidson, Cathy N., Revolution and the Word: The rise of the novel in America (New York: Oxford University Press, 1986).

Eisenstein, Elizabeth L., The Printing Revolution (Cambridge: Cambridge University Press, 1983).
Eliot, Simon and Jonathan Rose, eds, A Companion to the History of the Book (Oxford: Blackwell, 2007).

Febvre, Lucien and Henri-Jean Martin, The Coming of the Book: The impact of printing, 1450–1800 (London: New Left Book Club, 1976).
Finkelstein, David and Alistair McCreery, eds, The Book History Reader (London and New York: Routledge, 2002).
Fishburn, Matthew, Burning Books (Basingstoke: Palgrave Macmillan, 2008).
Fleming, Patricia L., et al, eds, History of the Book in Canada, 3 vols. (Toronto: University of Toronto Press, 2004).
Flint, Kate, The Woman Reader, 1837–1914 (Oxford: Clarendon Press, 1993).
Furet, Francois and Ozouf, Jacques, Reading and Writing: Literacy in France from Calvin to Jules Ferry (Cambridge: Cambridge University Press/Maison des Sciences de l'Homme, 1982).

Goody, Jack, ed., Literacy in Traditional Societies (Cambridge: Cambridge University Press, 1968).
Graff, Harvey, ed., Literacy and Social Development in the West:
A reader (Cambridge: Cambridge University Press, 1981).
Gravett, Paul, Manga: Sixty years of Japanese comics (London: Laurence King, 2004).

Hall, David D., Cultures of Print: Essays in the history of the book (Amherst, Massachusetts: University of Massachusetts Press, 1996).
Hall, David D., ed., A History of the Book in America, 5 vols. (Cambridge: Cambridge University Press, 2000–; Chapel Hill, University of North Carolina Press, published in association with the American Antiquarian Society, 2000–).
Hofmeyr, Isabel, The Portable Bunyan: A transnational history of The Pilgrim's Progress (Princeton: Princeton University

Press, 2004).
Houston, Robert, A Literacy in Early Modern Europe: Culture and education, 1500–1800 (London: Longman, 1992).

Infantes, Víctor, François Lopez and Jean-François Botrel, eds, Historia de la Edición y de la Lectura en España, 1472–1914 (Madrid: Fundación Germán Sánchez Ruipérez, 2003).

Johns, Adrian, The Nature of the Book: Print and Knowledge in the Making (Chicago: Chicago University Press, 1998).

Kaestle, Carl F. et al., Literacy in the United States: Readers and Reading since 1880 (New Haven: Yale University Press, 1991).
Kornicki, Peter, The Book in Japan: A cultural history from the beginnings to the 19th century (Leiden: Brill, 1998).
Kovac, Miha, Never Mind the Web: Here Comes the Book (Oxford: Chandos, 2008).

Lovell, Stephen, The Russian Reading Revolution: Print culture
    in the Soviet and post-Soviet eras (Basingstoke: Macmillan, 2000; New York: St. Martin's Press, 2000).
Lowry, Martin, The World of Aldus Manutius: Business and scholarship in Renaissance Venice (Ithaca, New York: Cornell University Press, 1979).
Lyons, Martyn, Le Triomphe du Livre: Une Histoire sociologique de la lecture dans la France du 19e siècle (Paris: Promodis/Cercle de la Librairie, 1987).
Lyons, Martyn, Readers and Society in Nineteenth-Century France: Workers, Women, Peasants (Basingstoke and New York: Palgrave, 2001).
Lyons, Martyn, John Arnold, Craig Munro and Robyn Sheahan-Bright, eds, A History of the Book in Australia, vols. 2 and 3 (St Lucia, Queensland, Australia: University of Queensland Press, 2001–6).

Manguel, Alberto, A History of Reading (London: HarperCollins, 1986).
Martin, Henri-Jean, The History and Power of Writing, trans. Lydia G. Cochrane (Chicago : Chicago University Press, 1994) [French orig., Histoire et pouvoirs de l'écrit (Paris : Perrin, 1988)].
McAleer, Joseph, Popular Reading and Publishing in Britain, 1914–50 (Oxford: Clarendon Press, 1992).
McKenzie, D. F., Bibliography and the Sociology of Texts (Cambridge: Cambridge University Press, 1999 and 2004).
McKenzie, D. F., D. J. McKitterick and I. R. Willison, eds, The Cambridge History of the Book in Britain, 7 vols. (Cambridge: Cambridge University Press, 1999–)
Mollier, Jean-Yves, L'Argent et les lettres: Histoire et capitalisme d'édition, 1880–1920, (Paris: Fayard, 1988).
Monaghan, E. Jennifer, Learning to Read and Write in Colonial America (Amherst, Massachusetts: University of Massachusetts Press, 2005).

Patten, Robert L., Charles Dickens and his Publishers (Oxford: Clarendon Press, 1978).
Pedersen, Johannes, The Arabic Book (Princeton: Princeton University Press, 1984).

Reuveni, Gideon, Reading Germany: Literature and Consumer Culture in Germany before 1933 (New York: Berghahn, 2006).
Rose, Jonathan, The Intellectual Life of the British Working Classes (New Haven: Yale University Press, 2001).

St. Clair, William, The Reading Nation in the Romantic Period (Cambridge: Cambridge University Press, 2004).
Spufford, Margaret, Small Books and Pleasant Histories: Popular fiction and its readership in 17th-century England (Cambridge: Cambridge University Press, 1981).

Thomas, Rosalind, Literacy and Orality in Ancient Greece (Cambridge: Cambridge University Press, 1993).
Tsien, Tsuen-Hsuin, Written on Bamboo and Silk, 2nd edition with an afterword by Edward L. Shaughnessy (Chicago: Chicago University Press, 2004).
Turi, Gabriele, ed., Storia dell'editoria nell'Italia contemporanea (Florence: Giunti, 1997).

Waquet, Françoise, Latin, or The Empire of a Sign from the 16th to the 20th Centuries (London: Verso, 2001).

삽화제공

a=above, b=below, l=left, r=right

Advertising Archives 177; akg-images 103, 114r, 127, 145, 151, 169a, 176; akg-images/Archives CDA/St-Genès 113; akg-images/Cameraphoto 35b; akg-images/Electa, 26; akg-images/Imagi Animation Studios/Imagi 180; akg-images/Imagno/Anonym 175; akg-images/Erich Lessing 11, 14, 54-55, 107, 108b; akg-images/North Wind Picture Archives 152; The Art Archive/Alamy 28; Mary Evans Picture Library/Alamy 165; Tony French/Alamy 181b; Hemis/Alamy 212; Interfoto/Alamy 99, 111; Richard Levine/Alamy 206; NetPics/Alamy 207; Optikat/Alamy 181a; Pictorial Press Ltd./Alamy 201; Serdar/Alamy 197; TAO Images Limited/Alamy 34; Nik Taylor/Alamy 198; Rijksprentenkabinet, Amsterdam 106; Museum Plantin-Moretus, Antwerp 82a; Associated Press 200; Agora Museum, Athens 25b; Institute of Archaeology, CASS, Beijing 18, 19; Courtesy The Lilly Library, Indiana University, Bloomington 62, 63; Staatsbibliothek Bremen 40; Bridgeman Art Library 83; Ashmolean Museum, University of Oxford/Bridgeman Art Library 96; Bibliothèque Nationale de France, Paris/Bridgeman Art Library 75; Christie's Images/Bridgeman Art Library 97; Musée Carnavalet, Paris/Archives Charmet/Bridgeman Art Library 89; Nordiska Museet, Stockholm/Bridgeman Art Library 98; Private Collection/Agnew's, London/Bridgeman Art Library 89; Private Collection/Archives Charmet/Bridgeman Art Library 130; Parker Library, Corpus Christi College, Cambridge 41; National Library of Australia, Canberra 74, 137; State Museum, Cetinje 128; Musée Condé, Chantilly 46; Corbis 125, 172; Tony Anderson/Corbis 209; Fabrizio Bensch/Reuters/Corbis 185r; Bettmann/Corbis 142, 185l; Walter Bibikow/Corbis 149; Stefano Blanchetti/Corbis 138; Christie's Images/Corbis 126; Pascal Deloche/Godong/Corbis 52r; Macduff Everton/Corbis 12; Yves Gellie/Corbis 27b; Thomas Hartwell/Sygma/Corbis 182a; Lindsay Hebberd/Corbis 13; Historical Picture Archive/Corbis 143; E.O. Hoppé/Corbis 184; Hulton-Deutsch/Corbis 174b; Georges de Keerle/Sygma/Corbis 203; Anuruddha Lokuhapuarachchi/Reuters/Corbis 211; John Lund/Marc Romanelli/Blend Images/Corbis 210; David Pollack/Corbis 150; Qi Heng/Xinhua Press/Corbis 205; Hans Georg Roth/Corbis 166; Leonard de Selva/Corbis 33; Sygma/Corbis 202; Martial Trezzini/epa/Corbis 196; K.M. Westermann/Corbis 182b; Sächsische Landesbibliothek – Staats- und Universitätsbibliothek, Dresden 84; Trinity College, Dublin 43, 44; University Library, Michigan State University, East Lansing 79r; National Library of Scotland, Edinburgh 76l; Mary Evans Picture Library 148a; Illustrated London News Ltd/Mary Evans Picture Library 104; Joseph Barrack/AFP/Getty Images 185; Thomas Lohnes/AFP/Getty Images 208; Leon Neal/AFP/Getty Images 204; Pressens Bild/AFP/Getty Images 188; City Press/Gallo Images/Getty Images 213; Peter Macdiarmid/Getty Images 189; Niedersächsische Staats- und Universitätsbibliothek Göttingen 78a; Hereford Cathedral 39; Ironbridge Gorge Museum Trust, Ironbridge 131, 132; Israel Antiquities Authority, Jerusalem 50; British Library, London 20, 23, 24, 36, 38, 45, 49a, 52l, 53, 57b, 58, 59, 62, 65, 66, 68, 70, 77, 81, 82a, 110, 112, 164, 190, 191; British Museum, London 16, 17, 21, 25a, 31r, 69, 90, 102, 105, 117, 124, 125b, 144, 148b; Museum of London 100b; The National Archives, London 37; St. Bride's Printing Library, London 122; Musée des Beaux-Arts, Lyons 9; Biblioteca Nacional, Madrid 121r; Gutenberg Museum, Mainz 57a; John Paul Getty Museum, Malibu 35a; State Library of Victoria, Melbourne 160; Museo Archeologico Nazionale, Naples 5; Library of the Jewish Theological Seminary of America, New York 51; Germanisches Nationalmuseum, Nuremberg 22; Bodleian Library, University of Oxford, Oxford 85; Oxford University Press, Oxford 170a; Archives Hachette, Paris 174a; Bibliothèque de l'Assemblée Nationale, Paris 86; Bibliothèque Nationale de France, Paris 32, 42, 48, 49b, 67, 87l, 100a, 125a; Musée Carnavalet, Paris 132; Musée du Louvre, Paris 108a; © 1950 Phaidon Press Limited, www.phaidon.com 193; Národní knihovna České republiky, Prague 71b; Private Collection 158, 159; RMN/Gérard Blot 6, 121l; Photo Scala, Florence/Fotografica Foglia – courtesy of the Ministero Beni e Att. Culturali 29; Metropolitan Museum of Art/Art Resource/Scala, Florence 27a; © Thames & Hudson Limited 194; Christopher Simon Sykes/TIA Digital Ltd. 2-3; Tokugawa Art Museum, Tokugawa 30; National Library, Tunis 47; Library of Congress, Washington, D.C., 31l, 71a, 80, 129r, 161, 162.

찾아보기

이탤릭체로 처리된 페이지 번호는 삽화를 포함한 페이지이다.

ㄱ

가동 활자 moveable type 20, 49, 55, 56-58, 60-61
가라몽 서체 Garamond font 113
가라몽, 클로드 Gramond, Claude 81, 113, *113*
가르찬티 Garzanti 195
가상책 virtual books 13, 204-5
가톨릭 교회 Catholic Church 10; 금서목록 Index of Prohibited Books 83, *83*, 171; 종교재판 Inquisition 72, 80, 81, 83, 200; 교황 면죄부 papal indulgences 58; 방언 성경 vernacular Bibles 67
갈레노스 Galen 26
갈리마르 Gallimard, Editions 195
갈릴레오 갈릴레이 Galileo Galilei 65-67, 71, *71*, 72, 75, 79, 80
강판화 steel-engraving 135
개신교 종교개혁 Protestant Reformation 67, 68-70, 83
거북이 복갑 turtle plastrons *18*
검열 censorship 200-202; 계몽주의 시대 Age of Enlightenment 95, 101-2; 프랑스 금서 banned books in France 103; 분서 book-burning 200-201, *200*, *202*; 독일과 오스트리아 제국 Germany and the Austrian Empire 144; 금서 목록 Index of Prohibited Books 83, *83*, 171; 나치 Nazis 200-201; 성적 묘사를 포함한 서적 sexual content 201-2; 소비에트 연방 Soviet Union 201
겐지 이야기 The Tale of Genji 30-31, *30-31*
계몽주의 Enlightenment 7, 74, 89, 95, 101-2, 107
고도프, 앤 Godoff, Ann 198
고디머, 나딘 Gordimer, Nadine 185
고딕 문자 Gothic script 45, *46*
고딕 서체 Gothic type 113-15, *114*, *115*
고딕 소설 Gothic novels 95
고르바초프, 미하일 Gorbachev, Mikhail 201
고리키, 막심 Gorky, Maxim 155
고슬랭 Gosselin 127
골드스미스, 올리버 Goldsmith, Oliver 106
곰브리치, 에른스트 Gombrich, Ernst 193, *193*
공자 Confucius 18
공화국들(엘제비어) Republics(Elzevir) 80
과세 taxation 199
과학 혁명 Scientific Revolution 7, 71-72
괴테, 요한 볼프강 폰 Goethe, Johann Wolfgang von 175
교리문답서 catechisms 64, 95, 98
교정 proofreading 61, 81-82, 99
교황 면죄부 papal indulgences 58, *58*
구글 북스 Google Books 206-7, *207*
구독 subscriptions 105, *105*
구바르 서체 gubar script 49
구약 Old Testament 26, 52, 67, 69
구텐베르크, 요한 Gutenberg, Johann 11, 20, 55, 56-58, *56-58*, 62, 75, 167
굴드, 존 Gould, John 136, 137, *137*
굿이어 Goodyear 150
권두삽화 frontispieces 75, *75*

그라비어 인쇄 photogravure process 190
그랑 칼란드리에 에콤포스 데 벨퀘 Le Veritable messager boiteux 124
그랑 칼란드리에 Grand Calendrier 123-24
그랑종, 로베르 Granjon, Robert 113
그래듀얼 Gradual 40
그래픽-샤 Graphic-Sha
그리스 정교회 Greek Orthodox Church 128
그리스, 고대 Greece, Ancient 15, 21, 23-25, 27
그림 동화 Grimm's Fairy Tales 151-52, *151*, *152*
글 texts 12
글로벌 미디어 global media 197-98
글로벌화 globalization 199
금강경 Diamond Sutra 20, *20*
금서 목록 Index of Prohibited Books 72, 83, *83*, 171
금서 banned books 103
기도, 서 hours, books of 45-46, *45*, *46*
기도서 books of hours 45-46, *45*, *46*
기도서 prayer books 95
기독교 Christianity 7, 8, 36, 38-40
기록 scripts 쓰기(writing) 참조
길가메시 Gilgamesh 17, *17*
길드, 인쇄업자 guilds, printers' 61, 99, 100, 138
길핀, 토마스 Gilpin, Thomas 133

ㄴ

나보코프, 블라디미르 Nabokov, Vladimir 202
나우아(아즈텍) Nahua(Aztecs) 84, *85*, *86*
나이트, 찰스 Knight, Charles 124
나치 Nazis 115, 176, 200-201, *200*
나폴레옹 1세, 황제 Napoleon I, Emperor 63, 102, 112
낙서 graffiti 28, *28*
남아메리카 South America 211-12
낭만주의 Romantic movement 12, 125, 151
네덜란드 Netherlands 62, 70, 79-80, 81-82
'네덜란드의 기적' 'Dutch miracle' 79-80
네루다, 파블로 Neruda, Pablo 185
노벨 문학상 Nobel Prize for Literature 184-85
노예 slaves 10
노자 Laozi 19
논어 Analects of Confucius 20
누보 라루스 일러스트 Nouveau Larousse Illustre 171
뉴 잉글랜드 New England 63, 70, 96-97, 144
뉴라스, 월터 Neurath, Walter 193-94, *194*, 195
뉴사우스웨일스 철도 연구소 New South Wales Railway Institute 150
뉴질랜드 백과사전 Cyclopaedia of New Zealand 172
뉴질랜드 New Zealand 74, 172
뉴튼, 헬무트 Newton, Helmut 196
니네베 Nineveh 17, *17*

ㄷ

다국어 성서 polyglot Bible 81-82, *81*, *82*
다다이즘 Dadaism 191-92

다색석판술 chromolithography 190
다윈, 찰스 Darwin, Charles 137
다이크, 바르텔르미 Eyck, Barthelemy d' 45
다임 소설 dime novels 156-57, *156-57*
다카 Dhaka 166
단테 알리기에리 Dante Alighieri 78
달 알-아답 Dar al-Adab 182
달 알-피크르 Dar al-Fikr 183
달랑베르, 장 Alembert, Jean d' 107
대나무 bamboo 18, *19*
대출 도서관 lending libraries 147, 148-50, *148-50*, 188
더께 불경인쇄소 Dege Sutra Printing House *34*
더튼 Dutton 207
데 로블레스가 de Robles family 88
데네르트, 에바하르트 Dennert, Eberhard *172*
데모스테네스 Demosthenes 27
데즈카, 오사무 Tezuka, Osamu *180*, *181*
데카르트, 르네 Descartes, Rene 80
도교 Taoism 19
도니체티, 가에타노 Donizetti, Gaetano 127
도레, 구스타브 Dore, Gustave 89, 135, *135*
도미에, 오노레 Daumier, Honore 89, *89*
도서관 libraries: 순회 도서관 circulating libraries 147-48, *147*, *178*; 디지털화 digitization 206; 알렉산드리아 도서관 Great Library of Alexandria 26-27, *26*; 이슬람 Islamic 49; 한국 Korean 33; 대출 도서관 lending libraries 147, 148-50, *148-50*, 188; 수도원 monastic 38-40; 로마 Rome 29
도일, 아서 코난 Doyle, Arthur Conan 165
도자기, 그리스 pottery, Greek 25, *25*
독서 reading 12; 전자책 e-books 10, 11, 167, 204-5, 206, *206*, 209-10; 문해율 literacy 10, 96-98, 134, 209, 211-13, *213*; 음독 reading aloud 9, 15, 24-25, 29; '읽기 혁명' 'reading revolution' 9-10; 묵독 silent reading 9, 15
독서실 reading rooms 105
독일 Germany: 연감 almanacs 123; 연간 책 생산량 annual book production 169; 아르스 모리엔디 Ars moriendi 91; 서점 book-shops 145, *146*; 검열 censorship 200-201; 챕 북 chapbooks 121; 소비자 문화 consumer culture 175-76; 그림 동화 Grimm's Fairy Tales 151-52; *151*, *152*; 화보집 illustrated books 195, *196*; 인쇄술의 발명 56-58, 62; 라틴어책 Latin books 65; 도서관 libraries 149, 150; 루터 성경 Luther's Bible 68-70; 인쇄의 기계화 mechanization of printing 133, 134; 소설 novels 127, 163; 페이퍼백 paperbacks 173; 출판업자 publishers 139-40; 로마체 vs 고딕체 roman versus Gothic type 115
독일체 Fraktur type 115
돈 키호테(세르반테스) Don Quixote(Cervantes) 87-89, *87-89*, 125
동시 출판 co-editions 193
동유럽 Eastern Europe 97, 129, 195, 200-201
동화 fairy tales 186, 188
두루마리 scrolls 8, 15, 29, *29*, 35, *35*, 37, 51-52, *52*
둠스데이북 Domesday Book 37, *37*
뒤마, 알렉상드르 Dumas, Alexandre 153, *153*, *154*, 155
뒤몽 샤우베르크, 엠 Dumont Schauberg, M. 195

드레스덴 고사본 Dresden Codex 84, 85-86
드롬, 니콜라 드니 Derome, Nicolas Denis 112
드포콩프레, 오귀스트 Defauconpret, Auguste 127
드프랑스, 레오나르 Defrance, Leonard 9
디도가 Didot family 111, 111-12
디드로, 드니 Diderot, Denis 1, 102, 107-9, 107-9, 170
디자인 design 190-92, 190-92
디지털화 digitization 206-7
디킨스, 찰스 Dickens, Charles 125, 148, 155, 155
디포, 대니얼 Defoe, Daniel 106, 116, 116, 127

ㄹ

라 투르, 모리스 켕탱 드 La Tour, Maurice Quentin de 108
라 퐁텐, 장 드 La Fontaine, Jean de 186
라루스 Larousse 197-98
라루스, 피에르 Larousse, Pierre 131, 171, 171, 172
라르손, 스티그 Larsson, Stieg 199, 199
라메신, 니콜라 드 Larmessih, Nicolas de 100
라보카, 피에르 프랑수아 Ladvocat, Pierre-Francois 126-27
라블레, 프랑수아 Rabelais, Francois 83, 135
라스코 동굴 Lascaux caves 16
라시 Rashi 53
라신, 장 Racine, Jean 112
라이노타이프 Linotype machine 168, 168
라이프치히 Leipzig 138, 146
라인지방 Rhineland 62
라킨, 조지 Larkin, George 124
라틴어 Latin language 65-67
란즈호프, 프리츠와 안드레아스 Landshoff, Fritz and Andreas 195
래컴, 아서 Rackham, Arthur 187
래킹턴 서점, 런던 Lackington's bookshop, London 144
랜덤 하우스 Random House 198
랜스턴, 톨버트 Lanston, Tolbert 168
랭브르 형제 Limbourg brothers 45-46
러셀, 버트란드 Russel, Bertrand 184
러시아 Russia: 연간 책생산량 annual book production 129; 책 디자인 book design 192; 검열 censorship 201; 인쇄술 도입 introduction of printing 129; 루보크 서적 lubki prints 158-59, 158-59; 소설 novels 155
런던 London 63, 72, 99-100, 122, 123
런던, 잭 London, Jack 177
레마르크, 에리히 Remarque, Erich Maria 114, 115, 175
레바논 Lebanon 182-83
레비 형제 Levy brothers 139
레싱, 고트홀트 에프라임 Lessing, Gotthold Ephraim 175
레오폴드 2세, 토스카나의 대공 Leopold, Duke of Tuscany 109
레이던 Leiden 72, 74, 79
레인, 알렌 Lane, Allen 173-74
레클람 Reclam 175, 175
로렌스, 성 Lawrence, St 35
로렌스, D. H. Lawrence, D. H. 173, 174, 174, 201
로마 제국 Roman Empire 15, 21, 22, 28-29, 28-29
로마체 roman type 113-15, 113
로맨스 소설 romance novels 177-78, 178-79
로버, 야코부스 Robbers, Jacobus 80
로열티 royalties 10, 104, 141-43, 204
로운트리 Rowntree 150
로이비히, 에서하트 Reuwich, Erhard 74
로티, 피에르 Loti, Pierre 141, 143

롤라드파 Lollards 7
롤런드슨, 토마스 Rowlandson, Thomas 117
롤링, J. K. Rowling, J. K. 189, 189
롱맨 Longmans 139
롱펠로, 헨리 워즈워스 Longfellow, Henry Wadsworth 117
루, 루이 미셸 반 Loo, Louis-Michel van 107
루뱅 대학 도서목록 University of Louvain Indexes 83
루벤스, 페테르 Rubens, Peter Paul 82
루보크 서적 lubki prints 158-59, 158-59
루소, 장 자크 Rousseau, Jean-Jacques 101, 104, 107
루슈디, 살만 Rushdie, Salman 202, 202
루이 15세, 프랑스의 왕 Louis XV, King of France 102
루이스, 싱클레어 Lewis, Sinclair 185
루쿨루스 Lucullus 29
루터, 마틴 Luther, Martin 58, 58, 68-70, 68-70, 75, 113
류블랴나 Ljubljana 63
르 몽드 Le Monde 115, 115
르 쁘띠 알베르 Le Petit Albert 7
르 탕 Le Temps 101
르네상스 Renaissance 7, 45, 77, 113, 115
르루, 가스통 Leroux, Gaston 177
르사주, 알랭 Lesage, Alain-Rene 125
르페브르 데타플레, 자크 Lefevre d' Etaples, Jacques 67, 67
리마 Lima 63
리보프 Lvov 53
리시츠키, 엘 Lissitzky, El 192, 192
리옹 Lyon 63, 92
리졸리 Rizzoli 195
리즈 Leeds 148
리즈벨트, 야콥 반 Liesvelt, Jacob van 66
리차드슨, 사뮤엘 Richardson, Samuel 99, 125
린네, 칼 Linnaeus, Carl 114
린드, 제니 Lind, Jenny 127
린드그렌, 아스트리드 Lindgren, Astrid 186-88, 188

ㅁ

마니푸르 승려 Manipuri priests 13
마닐라 Manila 63, 64
마르케스, 가브리엘 가르시아 Marquez, Gabriel Garcia 185, 185
마르크스, 칼 Marx, Karl 153
마리앙투아네트, 프랑스의 왕비 Marie Antoinette, Queen of France 103, 103
마야 Mayans 7, 84-86, 84
마야콥스키, 블라디미르 Mayakovsky, Vladimir 192, 192
마이, 카를 May, Karl 163, 163
마인츠 시편집 Mainz Psalter 57
마인츠 Mainz 56, 57
마케, 오귀스트 Maquet, Auguste 155
마키아벨리, 니콜로 Machiavelli, Niccolo 83
마푸즈, 나기브 Mahfouz, Naguib 182, 182, 185
마호메트, 예언자 Mohammed, Prophet 47, 48
만, 토마스 Mann, Thomas 176, 176, 184
만화(일본 만화 책) manga(Japanese comic books) 31, 180-81, 180-81
말제브르 Malesherbes 102
매리엇, 프레드릭 Marryat, Frederick 154
맥린, 토마스 MacLean, Thomas 102
맥밀란 Macmillan 139
맨드레이크 출판사 Mandrake Press 201

맬러리, 토마스 Malory, Thomas 191, 191
머그레브 국가 Maghreb nations 183
머레이 3세, 존 Murray, John III 140
머레이경, 제임스 A. H. Murray, Sir James A. H. 170, 171
메난드로스 Menander 23
메디치의 토스카나 대공 Medici, Ferdinand II de' 72
메르겐탈러, 오트마르 Mergenthaler, Ottmar 168
메소아메리카 고사본 Mesoamerican codices 84-86, 84-86
메소포타미아 Mesopotamia 16-17, 16-17
메테르니히, 클레멘스 폰 Metternich, Klemens von 144
멕시코 Mexico 63, 63, 84, 86
멘도사 고사본 Codex Mendoza 85, 86
모네, 클로드 Monet, Claude 162
모네다스 동굴 Cueva de las Monedas 16
모노타이프 Monotype machine 168, 169
모레투스, 얀 Moretus, Jan 82
모리스, 윌리엄 Morris, William 190, 191-92
모세 Moses 51, 53
모스크바 Moscow 63, 158
모하메드 알리, 이집트의 왕 Mohammed Ali, Pasha of Egypt 49
목판인쇄술 wood-block printing 135; 중국 China 20, 20, 58; 루보크 서적 lubki prints 158-59, 158-59; 우키요에 목판화 ukiyo-e prints 160-62, 160-62
목판인쇄술 xylography 20, 58
몬다도리 Mondadori 195
몬테 카시노 Monte Cassino 38, 38
몬테주마 Montezuma 86
몰런드, 조지 Morland, George 97
몰리나, 알론소 데 Molina, Alonso de 63
몰리에르 Moliere 87
몰린크로트, 베르나르두스 Mallinckrodt, Bernardus 75
몽고메리, L. M. Montgomery, L. M. 188
몽골 Mongolia 33
몽골어 Mongols 49
몽테스키외, 샤를 드 세공다, 남작 Montesquieu, Charles de Secondat, Baron de 102
몽트니, 조제트 드 Montenay, Georgette de 93, 93
무디 셀렉트 도서관 Mudie's Select Library 147, 148
무라사키 시키부 Murasaki Shikibu 30-31, 30-31
무슬림 Muslims 202, 202
문해율 literacy 10, 96-98, 134, 209, 211-13, 213
문화 정체성 cultural identity 199
뮈르제, 앙리 Murger, Henri 139
뮐러, 헤르타 Muller, Herta 185, 185
미나, 하나 Mina, Hanna 182
미술공예 운동 Arts and Crafts movement 191
미스트랄, 가브리엘라 Mistral, Gabriela 185
미합중국 United States of America: 연간 책생산량 210; 서점 bookstores 144, 197, 198; 카네기 도서관 Carnegie libraries 149; 저작권 copyright 117; 다임 소설 dime novels 156-57, 156-57; 전자책 e-books 206; 화보집 illustrated books 195; 노예 slaves 10
밀랍판 wax tablets 22, 23
밀러, 앤드류 Myllar, Andrew 76
밀러, 헨리 Miller, Henry 202
밀스 & 분 Mills & Boon 177-78, 178-79
밀턴, 존 Milton John 106
밍청, 중국의 황제 Ming Tsung, Emperor of China 20

ㅂ

바그다드 Baghdad 49
바르샤바 Warsaw 53
바버, 에드몽장 프랑수아 Barbier, Edmond-Jean-Francois 103
바스커빌, 존 Baskerville, John 110-11, *110*
바야돌리드 Valladolid 63
바오로 3세, 교황 Paul III, Pope 83
바우하우스 Bauhaus 115, 191-92
바이덴펠트 & 니콜슨 Weidenfeld & Nicolson 202
바이런, 경 Byron, Lord 105, 147
바이킹 Vikings 15, 43
바젤 Basle 63
반 렌슬레어 데이, 프레드릭 Van Rensselaer Dey, Frederic 157
반스 & 노블 Barnes & Noble 197
반유대주의 anti-Semitism 53
반종교개혁 Counter-Reformation 63, 82, 83, 84
반탐 Bantam 173
발라드 파트너스 Ballad Partners 121
발라드, 니콜라스 Vallard, Nicholas 74
발레리, 폴 Valery, Paul 184
발자크, 오노레 드 Balzac, Honore de 126, 135, *135*
발칸 Balkans 128-29
방글라데시 Bangladesh 166
방언 vernacular languages 67
백과사전 encyclopaedias 170-72, *170-72*
백과전서 Encyclopedie I, 107-9, *108-9*, 170
밴 윙클, 코르넬리우스 Van Winkle, Cornelius 127
밸런타인 & Co. Ballantyne & Co. 75
버니언, 존 Bunyan, John 118-20, *118-20*
버팔로 빌 Buffalo Bill 157, *157*
번-존스, 에드워드 Burne-Jones, Edward 191
법안, 저작권 legislation, copyright 116-17
베네딕토파 수도원 Bnedictine monasteries 38
베네치아 Venice 53, 62, 71, 78, 128
베데커, 카를 Baedeker, Karl 131, 139-40, *139*, *140*
베르길리우스 Virgil 29, 77, *77*, 78, *79*, 80, *110*, 111
베르사이유 Versailles 103
베르텔스만 Bertelsmann AG 197
베른 협약 Bern International Copyright Convention(1886) 117, 143
베른, 쥘 Verne, Jules 131, *163*, 164, *164*
베를린 Berlin 146, 149
베리, 공작 Berry, Jean, Duke of 45
베리공작의 기도서 Les tres riches heures du Duc de Berry 45, *46*
베살리우스, 안드레아 Vesalius, Andreas 81
베야지트 II세, 술탄 Bayazid II, Sultan 49, 128
베이던, 로히어르 판 데르 Weyden, Rogier van der 6
베이루트 Beirut 49, 182-83, *183*
베케트, 사뮈엘 Beckett, Samuel 184
벤아비도르(에이브라함 라입 샤르코비치) Ben-Avigdor(Avraham Leib Shalkovich) 53
벤, 오토 반 Veen, Otto van *93*
벤틀리, 조지 Bentley, George 165
벨럼 vellum 22, 43, 57
보댕, 니콜라 Baudin, Nicolas 74
보르보니쿠스 고사본 Codex Bornonicus 86, *86*
보부아르, 시몬 드 Beauvoir, Simone de 195
보비오 Bobbio 38
보스니아 Bosnia 202
보스텔 & 라이마루스 Borstell & Reimarus 149
복음서 Gospels 43-44, *43*, *44*
본옴므 Bonhomme 92
볼테르, 프랑수아 마리 아루에 드 Voltaire, Francois Marie Arouet de 101, 102, 103, 105, 107
부츠 대출도서관 Boots's circulating library 178
'부유하는 세계', 목판화 'floating world', woodblock prints 160-62, *160-62*
북미 North America: 초기 인쇄기 early printing presses 63; 문해율 literacy 96-97; 소설 novels 127; 캐나다 참조 Canada; 미국 United States of America
북클럽 book clubs 167
분빌 Bourneville 150
분서 book-burning 200-201, *200*, 202
불경 Sutras 32, 33-34
불교 Buddhism 20, 30, 32-34, *32*
브라이덴바하, 베른하르트 폰 Breydenbach, Bernhard von 74
브라찬스카, 소프로니 Vrachanska, Sofronii *129*
브라헤, 티코 Brahe, Tycho 71-72, *71*
브레히트, 베르톨트 Brecht, Bertolt 11-12
브뤼셀 Brussels 81, 89
브리태니커 백과사전 Encyclopaedia Britannica 170-71, *170*, 172
블라외, 빌렘 얀스존 Blaeu, Willem Janszoon 72
비들, 에라스투스와 어윈 Beadle, Erastus and Irwin 156-57, *156*
비블리오테크 데 쉬멩 드 페 Bibliotheques des Chemins de Fer 146
비스마르크, 공 Bismarck, Prince 149
비스프레, 프랑수아 Vispre, Francois *96*
비어즐리, 오브리 Beardsley, Aubrey 191, *191*
비엔나 Vienna 53, 128
비잔티움 Byzantium *38*
비튼, 부인 Beeton, Mrs *169*
빅토리아, 영국의 여왕 Victoria, Queen of England 165
빈켈스, 라이너 Vinkeles, Reinier *106*
빌뉴스 Vilnius 53
빌레, 얀 반 Vliet, Jan van *123*

ㅅ

사라예보, 국립 도서관 Sarajevo, National Library of 202, *203*
사르트르, 장 폴 Sartre, Jean-Paul 184, 185, 195
사보이 공작 Charles, Duke of Savoy 46
사우디 아라비아 Saudi Arabia 183
사전 dictionaries 63, 171
사해문서 Dead Sea Scrolls 50, *50*
산세리프체 sans serif fonts 192
살스버리, 토마스 Salusbury, Thomas 75
삼장 Tripitaka 32, *33*
삽화가 illustrators 135-37, 189, 190-192, *190-192*
새커리, 윌리엄 메이크피스 Thackeray, William Makepeace 125, 155
샤르팡티에, 조르주 Charpentier, Georges 143
샤토브리앙, 프랑수아 르네 Chateaubriand, Francois-Rene 153
서예 calligraphy 20, 48, 49
서적상 booksellers 10; 아랍 세계 Arab World 182; 칼망-레비 서점 Calmann-Levy's bookshop *138*; 다른 유통 판로와의 경쟁 competition from other outlets 169, 198; 초기 서적상 early booksellers 64, *138*; 인도 India *211*; 대형 서점 mega-bookstores *197*, 198; 19세기 19th-century 94, 144-46, *144-46*; 주문형 도서출판 Print on Demand(POD) publications 204, *204*; 수퍼마켓 supermarkets 198, *198*
서적출판업조합 Stationers' Company 61, 67, 100, 123
서체 fonts 활자 참조
석판화 lithography 135
성경 Bible 60, 61; 구분체계 divisions 76; 네덜란드어 성경 Dutch Bible 66, 67; 초기 코덱스 early codices 36, *36*; 프랑스어 성경 67, *67*; 구텐베르크 성경 Gutenberg Bible 57-58, *57*; 킹제임스역 King James Authorized Version 67; 문해율 literacy 96, 97, 98; 루터 성경 Luther's Bible 68-70, *68*; 신약 New Testament 8, *65*, 67, 67, 69, *76*, 80; 구약 Old Testament 26, 52, 67, 69; 다국어 성경 polygot Bible 81-82, *81*, *82*; 개신교 종교개혁 Protestant Reformation 67; 불가타 성경 Vulgate Bible 65
세계 1차 대전 First World War 165
세계대백과사전 Grand dictionnaire universel 171
세네카 Seneca 29
세르반테스, 미구엘 데 Cervantes Saavedra, Miguel de 87-89, *87-89*, 125
세르비아 Serbia 202
세이어스, 도로시 L. Sayers, Dorothy L. 173
센닥, 모리스 Sendak, Maurice 189
셈어 Semitic languages 23, 24, 80
셰익스피어, 윌리엄 Shakespeare, William 7, 87, 98, 135
소르본느 Sorbonne 83
소비에트 연방 USSR 201; 러시아 참조
소설 novels: 다임 소설 dime novels 156-57, *156-57*; 고딕 소설 Gothic novels 95; 도서관 libraries 147-48, *148*, 150; 대중 시장 mass market 163-65; 독서실 reading rooms 105; 로맨스 소설 romance novels 177-78, *178-79*; 연재 소설 serialization 153-55; 3부작 소설 three-decker novels *104*, 105, 147, 155; 월터 스콧 Walter Scott 125-27
소잉카, 월레 Soyinka, Wole 185
솔로몬, 이스라엘의 왕 Solomon, King of Israel 52
솔제니친, 알렉산드르 Solzhenitsyn, Aleksandr 185, 201, *201*
송아지 가죽 calfskins 22, 43, 57
쇠퍼, 페터 Schoffer, Peter 56
수, 유진 Sue, Eugene 135, 153
수도원 monasteries 15, 38-40, 67
수메르 Sumer 16, *16*
수틴, I. D. Sytin, I. D. 158
수퍼마켓 supermarkets 198, *198*
순회 도서관 circulating libraries 147, 48, *147*, 178
쉐흐터, 솔로몬 Schechter, Solomon *51*
쉘튼, 토마스 Shelton, Thomas 87
슈비터스, 쿠르트 Schwitters, Kurt 192
스리랑카 Sri Lanka 33, 34
스멜리, 윌리엄 Smellie, William 171
스미스, W. H. Smith, W. H. 146, *146*, 178
스미요시 히로미치 Sumiyoshi Hiromichi *31*
스웨덴 Sweden 97, 114, *114*, 188
스위스 Switzerland: 연감 almanacs 124; 검열의 회피 avoidance of censorship 102, 103; 백과전서 Encyclopedie 108; 루터책의 불법 표절물 pirate versions of Luther's work 70; 인쇄의 중심지 printing centres 63
스칸디나비아 Scandinavia 69-70, 97
스코틀랜드 Scotland 116, *122*, 199
스콧, 월터 Scott, Walter 13, 125-27, *125*, *126*, 147

스키라 Skira 193
스타인벡, 존 Steinbeck, John 185
스탕달 Stendhal 131
스탠호프 인쇄기 Stanhope press 132, *132*
스토, 해리엇 비처 Stowe, Harriet Beecher 117, *142*, *143*
스트라스부르 Strasbourg 56, 67
스트리트 & 스미스 Street & Smith 157
스티븐스, 앤 S. Stephens, Ann S. 156-57
스티븐슨, 로버트 루이스 Stevenson, Robert Louis 157, 188
스티븐슨, 잉키 Stephensen, Inky 201
스파르타 Sparta 23
스페인 정복자 conquistadors 84
스페인 Spain: 챕북 chapbooks 121, *121*, 스페인정복자 conquistadors 84, 86; 돈키호테 Don Quixote 87-89; 히브리어책 Hebrew books 53, *53*; 화보집 illustrated books 196; 종교 재판 Inquisition 83; 인쇄의 기계화 mechanization of printing 133; 다국어 성경 polyglot Bible 81-82; 인쇄의 중심지 printing centres 63
스펜서, 에드먼드 Spenser, Edmund 106
스피놀라가 Spinola family 46
시그넷 Signet 173
시나이 사본 Codex Sinaiticus 36
시드니 모닝 헤럴드 The Sydney Morning Herald 115
시리아 Syria 183
시온주의 Zionist movement 53
시편 psalters 38
식자공 compositors 59, *59*, *61*, 99, 100, 168
신문 newspapers 115, *115*, 168, *168*, 205
신문연재소설란 roman-feuilleton 153
신알렉산드리아 도서관, 알렉산드리아 Bibliotheca Alexandrina, Alexandria 27, *27*, 212
신약 New Testament 8, *65*, 67, *67*, 69, *76*, 80
실러, 프리드리히 Schiller, Friedrich 175
실루엣 북스 Silhouette Books 177, 178
실크 silk 18
쐐기 문자 cuneiform script 16-17, *16-17*
쓰기 writing: 서예 calligraphy 20, 48, 49; 카롤링거소문자체 Carolingian minuscule script 42, *42*; 중국어 Chinese 18; 쐐기문자 cuneiform 16-17, *16-17*; 키릴 문자 Cyrillic script 128-29; 고딕 문자 Gothic script 45, 46; 그리스어 Greek 23, 24-25; 구바르 서체 gubar script *49*; 인술러체 Insular script 43; 쿠픽 문자 Kufic script *47*; 마야어 Mayan 84; 필경사 scribes 33-34, 40, 41-42, *41*

ㅇ
아동 서적 children's books 186-89, *186-89*, 193, 199
아두아트, 디에고 드 Aduarte, Diego de 64
아람어 Aramaic language 23
아랍 세계 Arab world 22, 182-83, *182-83*
아랍 에미리트 United Arab Emirates 183
아랍어 Arabic language 48-49
아르스 모리엔디 Ars moriendi 90-91, *90-91*
아르투아, 백작 Artois, Count of 111
아르티아 Artia 195
아르프, 장 Arp, Jean 192
아리스토텔레스 Aristotle *24*, 77
아마존 닷컴 Amazon.com 12
아만, 요스트 Amman, Jost *60*,*61*
아바스 출판사 Havas Publications 198

아부 바크르, 칼리프 Abu Bakr, Caliph 47
아셰트, 루이 Hachette, Louis 146
아셰트, Hachette 173, *174*, 198
아슈르바니팔, 니네베의 왕 Ashurbanipal, King of Nineveh 17
아스트로 보이 Astro Boy *180*,*181*
아시리아 Assyria 17
아아, 피터 반 데르 Aa, Pieter van der 74
아이슬랜드 Iceland 97-98
아우구스투스, 황제 Augustus, Emperor 29
아우렐리아누스, 황제 Aurelianus, Emperor 27
아우크스부르크 Augsburg 92
아이오나 Iona 43
아이패드 iPad 204-5, *205*
아일랜드 Ireland 43-44, 199
아즈텍 Aztecs 84, 85, 86
아케스토리데스화가 Akestorides painter 35
아테네 헌법 Constitution of Athens 24
아테네 Athens 23, 25
아토스산 Mount Athos 38
아프리카 Africa 211-13
안데르센, 한스 크리스티안 Andersen, Hans Christian 186, *187*
안트바르펀 Antwerp 54, 67, 81
안티쿠아체 Antiqua font 113
안티포날 Antiphonals 40
알 짜야, 라티파 al-Zayyat, Latifa 182
알두스 마누티우스 Aldus Manutius 13, 54, 77, 78, *78*, 113
알렉산드라, 러시아 여제 Alexandra, Empress of Russia 165
알렉산드리아 Alexandria 26-27, *26*, *27*, 212
알렉시스, 빌리발트 Alexis, Willibald 127
알바, 공 Alva, Duke of 81
알바트로스 출판사 Albatros Verlag 173
알-아즈하르 대학, 카이로 Al-Azhar University, Cairo 182
알치아티, 안드레아 Alciato, Andrea 92, *92*
알카디 Arkady 195
알칼라 데 에나레스 Alcala de Henares 63
알콧, 루이자 메이 Alcott, Louisa May 157, 188
알파벳 alphabets 15, 23
암벽화 rock paintings 16
암스테르담 Amsterdam 53, 72, 79
암흑기 'Dark Ages' 15
애플 Apple 204-5, *205*
애플거스 인쇄기 Applegarth press *133*
앵거스 & 로벗슨 Angus & Robertson 172
야마모토, 하루마사 Yamamoto, Harumasa 31
야먀모토, 순쇼 Yamamoto, Shunsho *31*
야지마, 고가쿠 Yajima, Gogaku 162
양치기의 연감 Calendrier des bergers 124
양피지 parchment 21-22, *22*
어셔, 제임스, 아마주의 대주교 Ussher, James, Archbishop of Armagh 44, 98
언어 language: 아람어 Arabic 48-49; 프랑스어 French 95; 라틴어 Latin 65-67; 셈어 Semitic 23, 24, 80; 방언 vernacular 67
에라스뮈스 Erasmus 75, 76, 80, 83, 91
에밀리우스 파울루스 Aemilius Paulus 29
에우리피데스 Euripides 23-24, 27
에이브럼즈, 해리 N. Abrams, Harry N. 195
에첼, J & 씨에 Hetzel, J. & Cie *130*, *164*
에티엔느, 로베르 Estienne, Robert 76, *76*, 113
에페수스 Ephesus 27

에히터나흐 Echternach 40
엘렉타 Electa 195
엘리스, 에드워드 S. Ellis, Edward S. 157
엘리엇, 조지 Eliot, George 125
엘제비어가 Elzevir family 72, 79-80, *79*, *80*
엠블럼집 emblem books 92-93, *92-93*
여행 안내서 travel guides 80, 139-40, *140*, 193, 198
연감 almanacs 64, 123-24
연재소설, 소설 serialization, novels 153-55
연판기술 stereotyping 105-6
영국 내전 English Civil War 10
영국 연감 British Almanac 124
영국 Britain: 연감 almanacs 123, 124, *124*; 연간 책생산량 annual book production 169, 210; 서적 판매 bookselling 198; 챕북 chapbooks 121, 122; 저작권 copyright 116-17; 백과사전 encyclopaedias 170, 171; 최초의 인쇄기 first printing press 62; 도서관 libraries 147-48; 문해율 literacy 10, 96, 98; 인쇄의 기계화 mechanization of printing 132-33; 소설 novels 155, 164-65; 출판업체 publishers 139; 로맨스 소설 romance novels 177-78
예수회 Jesuits 63, 93
예카테리나 II세, 러시아 여제 Catherine II, Empress of Russia 102, 129
오닐, 유진 O'Neill, Eugene 185
오듀본, 존 제임스 Audubon, John James 136-37, *136*
오르텔리우스, 아브라함 Ortelius, Abraham 73-74, *73*
오말, 공작 Aumale, Duke of 46
오비디우스 Ovid 29, 77
오비에도 이 발데스, 곤살로 페르난데스 데 Oviedo y Valdes, Gonzalo Fernandez de 7
오스만, 하피즈 Osman, Hafiz 48
오스티아 Ostia 28
오스틴, 제인 Austen, Jane 125
오웰, 조지 Orwell, George 173
오쥐, 클로드 Auge, Claude 171
오크스, 수잔나 Oakes, Susanna *147*
오토만 제국 Ottoman Empire 49, *49*, 128
오펜바흐, 자크 Offenbach, Jacques 164
오프셋 인쇄술 offset lithography 190-91, 193
옥스퍼드 영어 사전 Oxford English Dictionary 171
옥시린쿠스 Oxyrhynchus 27
올바크, 남작 Holbach, Baron d' 103, 104
와일드, 오스카 Wilde, Oscar 191
와일리, 찰스 Wiley, Charles 127
왈라키아 Wallachia 128
왓맨, 제임스 Whatman, James 110-11
왕립학회 Royal Society 72
외설물 pornography 103
요르단 Jordan 183
우도 Oudot 121-22
우먼스 오운 Woman's Own 177
우스만, 칼리프 Uthman, Caliph 47
우키요에 목판화 ukiyo-e prints 160-62, *160-62*
워싱턴 포스트 The Washington Post 115
워즈워스, 윌리엄 Wordsworth, William 9, 105
월터 윤전기 Walter Rotary press *133*
웰스, H. G. Wells, H. G. 165
위고, 빅토르 Hugo, Victor 126

위클리프, 존 Wycliffe, John 58
위키피디아 Wikipedia 172
위트레흐트 Utrecht 79
윈체스터 성경 Winchester Bible 22
유교 Confucianism 20
유대교 서적 Jewish books 50-53, *50-53*
유대교 Judaism 7, 36, 50-53
유대교회당 synagogues 52-53
윤전식 인쇄기 rotary presses 133, *133*
율법서 Torah 36, 51-52, *52*, 53
이드리스, 유수프 Idris, Yusuf 182
이라크 Iraq 183
이바라, 호아킨 Ibarra, Joaquin *88*, 89
이성의 시대 Age of Reason 95
이솝 Aesop 81, 92, 186
이슬람 Islam 7, 47-49, 183, 202
이젤부르크, 피터 Isselburg, Peter 93
이집트 Egypt 63, 112, 182, 183
이집트, 고대 Egypt, Ancient 15, 21, 21, 26-27, *26*
이탈리아 Italy: 연감 almanacs 123, 124; 연간 책생산량 169; 챕북 chapbooks 121; 백과사전 encyclopaedias 109, 172; 최초의 인쇄기 first printing presses 62; 화보집 illustrated books 195; 소설 novels 127
이탤릭체 italic type *77*, 78
인쇄 printing: 컬러 인쇄 clour printing 190-191, 193; 길드 guilds 61, *99*, 100, 138; 구텐베르크 Gutenberg 56-58; 루보크 서적 lubki prints 158-59, *158-59*; 기계화 mechanization 10, 132-34, *132-34*; 가동 활자 moveable type 20, 49, 55, 56-58, 60-61; 인쇄기 printing presses 10, 11, 56; 수익 profits 104-6; 확산 spread 62-64; 목판인쇄술 wood-block printing 20, 58, 160-62, *160-62*; 인쇄소 workshops 59-61, *59*, 99-100
인쇄업자, 판권지 printers, colophons 75, *76*, 78
인쇄책 printed page 75-76
인슐러 서체 Insular script 43
인큐내뷸러 incunabula 65
인터넷 internet 10, 11, 167, 205, 210
일리아드 Iliad 25
일본 Japan: 연간 책생산량 annual book production 210; 컨서티나 책 concertina books 30-31; 초기 인쇄기 early printing presses 63; 화보집 illustrated books 196; 만화 manga 31, 180-181, *180-181*; 목판화 woodblock prints 160-162, *160-62*
임팔, 스리 고빈다지 사원 Imphal, Sri Govindaji temple 13
입센, 헨리크 Ibsen, Henrik 184
잉그램, 대령 프렌티스 Ingraham, Colonel Prentiss 157
잉글리쉬 스톡 English Stock 61
잉크 ink 43, 56, 57, 99

ㅈ

잡스, 스티브 Jobs, Steve *205*
재판본 reprints 105-6, 148
잰슨, H. W. Janson, H. W. 195
저드슨, 에드워드 Judson, Edward 157
저작권 copyright 10, 104, 116-17, 141-43, 175, 204, 206-7
전자책 e-books 10, 11, 167, 204-5, 206, *206*, 209-10
점토판 tablets: 쐐기 문자 cuneiform 16-17, *16-17*; 밀랍 wax 22, 23
접책 screenfold books 84, 86
정오표 errata slips 76
제네바 Geneva 63, 67, 102, *196*

제네펠더, 알로이스 Senefelder, Alois 135
제롬, 성 Jerome, St *41*, 42
제본 bookbinding 61, *106*, 112, *112*, 133
젤로느 성사집 Gellone Sacramentary 42
조이스, 제임스 Joyce, James 195, 200
졸라, 에밀 Zola, Emile 142-43, *143*, 184
종교 개혁 Reformation 7, 67, 68-70
종교 재판 Inquisition 72, 80, 81, 83, 200
종교책자협회 Religious Tract Society 120, *120*
종려나무잎 palm leaves *32*, 34
종이 paper 99; 표백 bleaching 134; 비용 cost 55, 104, 133-34; 수제 종이 handmade paper 60, *60*; 산업 생산 industrial production 133-34, *134*; 발명 invention 15, 18-20, 22; 이슬람 세계 Islamic world 49; 메소아메리카 mesoamerican 84; 그물무늬 종이 wove paper 111
주문형 도서출판 Print on Demand(POD) publications 204, *204*
주이커, 앤소니 Zuiker, Anthony 207
중국 China 18-20; 연간 책생산량 annual book production 210; 글을 새긴 석판 carved stone slabs 20; 유교 Confucianism 20; 전자책 e-books 206; 종이의 발명 invention of paper 15, 18-20, 22; 지엔처(대나무 두루마리) jiance(bamboo rolls) 18, *19*; 가동 활자 movable type 20, 58; 문자 script 18, 23; 목 관인쇄술 wood-block printing 20, *20*, 58
중앙아메리카 Central America 84-86
지도 maps 73-74, *73*, 74
지도제작법 cartography 73-74, *73*, 74
지도책 atlases 73-74

ㅊ

채륜 Cai Lun 18
채털리 부인의 사랑(로렌스) Lady Chatterley's Lover(Lawrence) 174, *174*, 201, 202
채프먼 & 홀 Chapman & Hall 155
책을 사슬로 연결한 도서관 chained libraries 38, *39*
챕북 chapbooks 95, 121-22, *121*, *122*, 158
처칠, 윈스턴 Churchill, Winston 185
천로역정(버니언) The Pilgrim's Progress(Bunyan) 118-20, *118-20*
철도 railways 10, 134, 146
체임버스, 에프라임 Chambers, Ephraim 170, 172
체홉, 안톤 Chekhov, Anton 155
초서, 제프리 Chaucer, Geoffrey 62, 106, *190*, 191
초현실주의 surrealism 191-92
출판업체 publishers 131; 글로벌화 globalization 197-98, 199; 19세기 138-40
침묵의 왕 윌리엄, 오렌지 왕자 William the Silent, Prince of Orange 82

ㅋ

카네기 도서관 Carnegie libraries 149, *149*
카롤링거 소문자체 Carolingian minuscule script 42, *42*
카를 5세 Charles V, Emperor 67, 86, 92
카리브 Caribbean 7
카무치니, 빈센초 Camuccini, Vincenzo *26*
카뮈, 알베르 Camus, Albert 184
카스티야의 후아나 왕비 Joanna I of Castile 45
카이로 Cairo 49, *51*, 51, 182, *182*, 183
카이사르, 율리우스 Caesar, Julius 27, 29
카타르파 Cathars 7

카프카, 프란츠 Kafka, Franz 184, 195
칸트, 임마누엘 Kant, Immanuel 175
칼리마쿠스 Callimachus 26
칼망-레비 Calmann-Levy *138*, 139, *141*
칼빈주의 Calvinism 63, 67, 69-70, 79, 81
캐나다 Canada 199
캐럴, 루이스 Carroll, Lewis 186, *186*, 189
캐리, 매튜 Carey, Matthew 127
캐슬론, 윌리엄 Caslon, William 110
캑스턴, 윌리엄 Caxton, William 62, *62*
캠브리지 대학 University of Cambridge 111
컨서티나 책 concertina books 30-31
컨스터블, 아치볼드 & Co. Constable, Archibald & Co. 126
컬러 인쇄 colour printing 190-91, 193
케루악, 잭 Kerouac, Jack 195
케플러, 요하네스 Kepler, Johannes *72*, 72
켈름스콧 출판사 Kelmscott Press *190*, 191
켈스의 서 Book of Kells 43-44, *43*, 44
코기 Corgi 173
코덱스 아우레우스 Codex Aureus 22
코덱스 Codex 코디스(codices) 참조
코디스 codices 12-13, 55; 발명 invention 8, 11, 15, 35-37; 코란 Koran 48; 메소아메리카 Mesoamerican 84-86, *84-86*
코란 Koran 47-48, *47*, *48*, 183
코렐리, 마리 Corelli, Marie 163, 164-65, *165*
코르도바 Cordoba 49
코르비나 키아도 Corvina Kiado 195
코르테스, 에르난도 Cortes, Hernando 86
코린토스 Corinth 27
코뿔소경 Rhinoceros Sutra 33
코페르니쿠스, 니콜라우스 Copernicus, Nicolaus 71, *71*, 72
콕센, 엘리자베스 Coxen, Elizabeth 137
콘스탄티노플 Constantinople 63, 128
콘스탄티누스, 대제 Constantine, Emperor 36
콜럼버스, 크리스토퍼 Columbus, Christopher 73
콜로디, 카를로 Collodi, Carlo 186
콜룸바, 성 Columba, St 38, 43
콜린스 Collins 173, 194
콜린스, 윌키 Collins, Wilkie 155
콩디야크, 에티엔 보노 Condillac, Etienne Bonnot de 102
쾨니히, 프리드리히 Koenig, Friedrich 132
쾰른 Cologne 145
쿠체, J. M. Coetzee, J. M. 185
쿠퍼, 제임스 페니모어 Cooper, James Fenimore 126
쿠픽 문자 Kufic script 47
쿡, 제임스 Cook, James 74
크라나흐, 루카스 Cranach, Lucas 68, 69
크루셰프, 니키타 Khrushchev, Nikita 201
크루프 Krupp's 150
크룩생크, 조지 Cruikshank, George 155
클레오프라데스의 화가 Kleophrades painter 25
키너스비, 토마스 Kinnersby, Thomas 100
키릴 문자 Cyrillic script 128-29
키저, 메르텐 드 Keyser, Merten de 65
키케로 Cicero 21, 29, 77, 81
킹, 스티븐 King, Stephen 198

ㅌ

타고르, 라빈드라나트 Tagore, Rabindranath 184, *185*

타셴 Taschen 196
타임즈뉴로만체 Times New Roman font 113
타임즈 The Times 132, 133, *133*
탈무드 Talmud 52, 53
탠, 숀 Tan, Shaun 189
테니얼, 존 Tenniel, John *186*, 189
테미스토클레스 Themistocles 25
템스 & 허드슨 Thames & Hudson 194, *194*
톨레도 Toledo 63
톨스토이, 레오 Tolstoy, Leo 185
투르게네프, 이반 Turgenev, Ivan 155
투생, 프랑수아 Toussaint, Francois-Vincent 103
투시야 Tushiyah 53
투키디데스 Thucydides 21
트리엔트 공회의 Council of Trent 65
티무르 Timur 49
틴들, 윌리엄 Tyndale, William *65*, 67

ㅍ

파리 Paris 8, *8*, 53, 62-63, 102, 103, 202
파브르, 다니엘 Fabre, Daniel 7
파브리 Fabbri 195
파스테르나크, 보리스 Pasternak, Boris 185
파이돈 출판사 Phaidon Press 193, *193*
파피루스 papyrus 21, *21*, 22
판권지 colophons 75, *76*, 78
팔렉스포 도서전, 제네바 Palexpo Book Fair, Geneva *196*
팡쿠크, 찰스 조셉 Panckoucke, Charles-Joseph 170
팬 출판사 Pan Books 173
팰림프세스트 palimpsest 22
팸플릿 pamphlets 70, *70*
퍼트넘스, G. P. 선즈 Putnam, G. P.'s Sons 202
펄프 픽션 pulp fiction 156-7, *163*, 167, 173, 178
페니키아 알파벳 Phoenician alphabet 23
페로, 샤를 Perrault, Charles 152, 186
페르가뭄 Pergamum 27
페르세우스, 마케도니아의 왕 Perseus, King of Macedonia 29
페이지 번호 page numbers 75
페이퍼백 paperbacks 173-74, *173*, *174*, 210
페트라르카 Petrarch 78
펠리오, 폴 Pelliot, Paul *32*
펠리페 2세, 스페인의 왕 Philip II, King of Spain 81, 82, 83
펭귄 북스 Penguin Books 173-74, *173*
포드 Ford 150
포스터, E.M. Forster, E. M. 174
포이히트방, 에바 Feuchtwang, Eva 194
포크너, 윌리엄 Faulkner, William 185
포트선라이트 Port Sunlight 150
포프, 알렉산더 Pope, Alexander 106
폴리그라파, 에디시옹- Poligrafa, Ediciones 196
폼페이 Pompeii *3*, 28, *28*, 29
퐁파두르, 부인 Pompadour, Madame de 107, *108*
표지 covers 169
표트르 대제, 러시아 황제 Peter the Great, Tsar 129
푸스트, 요한 Fust, Johann 56
푸어드리니어, 헨리 Fourdrinier, Henry 133
푸치니, 지아코모 Puccini, Giacomo 139, *141*
푸코, 미셸 Foucault, Michel 195
프라우다 Pravda *168*

프랑수아 1세, 프랑스 왕 Francois I, King of France 67
프랑스 국립도서관 Bibliotheque Nationale de France 134
프랑스 혁명 French Revolution 7, 10, 95, 97, 98, 101-2, 129
프랑스 France: 연감 almanacs 123-24; 연간 책생산량 annual book production 169; 금서 banned books 103; 서적상 booksellers 144-46; 챕 북 chapbooks 121-22, *121*; 백과 사전 encyclopaedias 170, 171; 영국 소설 English novels 126-27; 계몽주의 Enlightenment 95, 101-2; 프랑스 혁명 French Revolution 7, 10, 95, 97, 98, 101-2; 화보집 illustrated books 195; 언어 language 95; 문해율 literacy 10, 97, 98; 인쇄의 기계화 mechanization of printing 133, 134; 소설 novels 153, 164; 인쇄업자 조합 printer's guild 100; 출판업체 publishers 139; 출판업중심지 publishing centers 63
프랑스어 French language 95
프랑크푸르트 도서전 Frankfurt Book Fair 72, *208*
프랭클린, 벤자민 Franklin, Benjamin 111
프레스텔 Prestel 195
프루스트, 마르셀 Proust, Marcel 184, 195
프뤼돔, 슐리 Prudhomme, Sully 184
프린스턴 대학 Princeton University 207
프톨레마이오스 1세 소테르, 이집트의 왕 Ptolemy I Soter, King of Egypt 26
프톨레마이오스 2세 필라델푸스, 이집트의 왕 Ptolemy II Philadelphus, King of Egypt 26-27, *26*
프톨레미 Ptolemy 71, 73
플라마리옹 Flammarion 195
플라톤 Plato 21, 77
플랑탱, 크리스토퍼 Plantin, Christopher 13, *54*, 79, 81-82, *81*, *82*, 113
플루타르크 Plutarch 29, 92
플룩슈리프텐(전단지) Flugschriften(flysheets) 70, *70*
플리니우스 Pliny 77
플리머스 무료 도서관 Plymouth Free Library 148
피만, 도로테아 Viehmann, Dorothea *151*
피어슨 롱맨 Pearson Longman 199
피어슨 Pearson 173
피엔콥스키, 얀 Pienkowski, Jan 189
피카소, 파블로 Picasso, Pablo 89
피퍼 Piper 193
피프스, 사무엘 Pepys, Samuel 121
픽션 fiction 소설 참조
핀란드 Finland 97
필경사 scribes 33-34, 40, 41-42, *41*
필딩, 헨리 Fielding, Henry 125
필사본(삽화) manuscript(illustrated) 41, *41*, *43-46*, 43-44, 45-46

ㅎ

하워드, 리차드 Howard, Richard 2
하이퍼텍스트 hypertext 13
하인시우스, 다니엘 Heinsius, Daniel 93
하트, 브렛 Harte, Bret 157
하티에칸츠 Hatje Cantz 195
한국 Korea 58, *58*
한센, 콘스탄틴 H문두, Constantin *98*
할리퀸 Harlequin 177, *178*, *179*
해리 포터 시리즈 Harry Potter series 189, *189*, 198
해인사, 한국 Haeinsa Temple, Korea *33*
헌트, 찰스 Hunt, Charles *126*
헝가리 Hungary 98
헤르더, 요한 로트프리트 폰 Herder, Johann Gottfried von 151,

175
헤르쿨라네움 Herculaneum 28
헤리퍼드 대성당 Hereford Cathedral *39*
헤밍웨이, 어니스트 Hemingway, Ernest 185
헤벨리우스, 요하네스 Hevelius, Johannes 74
헤시오도스 Hesiod *35*
헤이그 The Hague 79
헨리 8세, 영국의 왕 Henry VIII, King of England 67
호라티우스 Horace 29, 77, 78, 96, *111*, 112
호렌바우트, 제라드 Horenbout, Gerard *45*
호머 Homer 25, 27
호주 Australia 169; 원주민 Aborigines 16; 호주 백과사전 Australian Encyclopaedia 172; 최초의 인쇄기 first printing press 63; 도서관 libraries 150; 지도 maps 74, *74*
호쿠사이 카츠시카 Hokusai, Katsushika *160*, 162, 180
혼북 horn-books 186
화보 art books 193-96
화보집 illustrated books 193-96, *193-96*
화이트, 패트릭 White, Patrick 185
활자 type: 초기 인쇄술 early printing 59-61, *60*; 이탤릭체 italic type 77, 78; 납활자 lead type 99; 식자의 기계화 mechanization of typesetting 133, 168-69, *168*, *169*; 가동 활자 moveable type 20, 49, 55, 56-58, 60-61; 디도 포인트제 point system 111; 로마체 vs 고딕체 roman versus Gothic type 113-15, 산세리프체 sans serif fonts 192; 연판기술 stereotyping 105-6; 타이포그라피 typography 110-12
황금 성서 A la Bible d' or 111
황금 하가다 Golden Haggadah 53
후네퍼의 사자의 서 Book of the Dead of Hunefer *21*
후스, 마티아스 Huss, Mathias 59
후퍼 & 잭슨 Hooper & Jackson 172
히로시게 우타가와 Hiroshige, Utagawa *161*
히브리어 Hebrew language 23
히브리어책 Hebrew books 50-53, *50-53*
히시가와 모로노부 Hishikawa Moronobu 160
힐머 Hirmer 195

기타

NBA Net Book Agreement(1899) 139
5경 Pentateuch 36, 51
5대 고전(유교) Five Classics(Confucianism) 20
8선법 Octoechos *128*